浙江省社科联社科普及课题成果

# 抗日战争时期的空战与历史记忆

黄正光 著

国家图书馆出版社

**图书在版编目(CIP)数据**

抗日战争时期的空战与历史记忆/黄正光著. —北京:国家图书馆出版社,
2023.12

ISBN 978 – 7 – 5013 – 7665 – 0

I.①抗… II.①黄… III.①抗日战争—空战—史料—中国 IV.①E296.93
②E296.54

中国版本图书馆 CIP 数据核字(2022)第 215127 号

| | | |
|---|---|---|
| **书　　名** | 抗日战争时期的空战与历史记忆 | |
| **著　　者** | 黄正光　著 | |
| **责任编辑** | 李　强 | |
| **封面设计** | 爱图工作室 | |

**出版发行** 国家图书馆出版社(北京市西城区文津街 7 号　100034)
　　　　　　(原书目文献出版社 北京图书馆出版社)
　　　　　　010 – 66114536　63802249　nlcpress@ nlc.cn(邮购)

**网　　址** http://www.nlcpress.com

**排　　版** 京荷(北京)科技有限公司

**印　　装** 北京金康利印刷有限公司

**版次印次** 2023 年 12 月第 1 版　2023 年 12 月第 1 次印刷

**开　　本** 710×1000(毫米)　1/16

**印　　张** 14.5

**字　　数** 234 千字

**书　　号** 978 – 7 – 5013 – 7665 – 0

**定　　价** 88.00 元

# 序

国家主席习近平强调:"历史是最好的教科书。对我们共产党人来说,中国革命历史是最好的营养剂。"发生在 20 世纪三四十年代的抗日战争,历经 14 年烽火硝烟,中华民族成功抵御了日本法西斯的侵略。这是近代以来中华民族屡遭外辱、屡战屡败之后取得的一次伟大胜利,洗刷了百年民族屈辱。然而,中华民族为此付出了惨重的代价。牢记这段历史,目的在于颂扬抗日英烈,传承抗战精神,面向美好未来。

在伟大的抗日战争中,包括空军将士在内的中国军民,为捍卫祖国领土主权和民族尊严,奋勇抗击日寇,展现了惊天地、泣鬼神的英雄气概,创造了彪炳千秋、永撼人心的丰功伟绩。中国空军将士们在极端艰难的条件下,抱着决死的信念,在空中与来犯之敌进行了殊死的拼杀,成就了中国历史上第一场伟大的空中御敌壮歌。在中国空军抗战的艰难时期,志愿来华作战的苏联、美国等国的飞行员们,也组建起飞行队,翱翔于中国战场上。他们与中国同行一起并肩作战、合力杀敌,他们的奉献牺牲,他们的精彩故事,他们用生命和鲜血谱写的国际主义颂歌,动人心弦,长流世间。

2013 年 3 月 23 日,国家主席习近平在莫斯科国际关系学院演讲时说:"国之交在于民相亲……抗日战争时期,苏联飞行大队长库里申科来华同中国人民并肩作战,他动情地说:'我像体验我的祖国的灾难一样,体验着中国劳动人民正在遭受的灾难。'他英勇牺牲在中国大地上。中国人民没有忘记这位英雄,一对普通的中国母子已为他守陵半个多世纪。"

是的,中国人民永远不会忘记那些不远千里志愿来华的空军志愿者们,他们同中国空军将士们并肩浴血奋战,在世界反法西斯的东方战场上,为了世界和平而献出了年轻的生命。他们也是中国人民心目中的英雄。

通过这段历史，我们能够更加深刻地认识到，日本妄图用武力野蛮征服他国，搞穷兵黩武、强权独霸，最终只能走上一条灭亡的不归路。中国人民同爱好和平的世界人民团结起来，通过艰苦卓绝的斗争，最终取得了反法西斯战争的胜利。中国空军将士们用生命践行了中央航空学校的校训——"我们的身体飞机和炸弹，当与敌人兵舰阵地同归于尽！"

2015 年 5 月 7 日，在出席俄罗斯纪念卫国战争胜利 70 周年庆典并访问俄罗斯前夕，国家主席习近平在《俄罗斯报》发表题为《铭记历史，开创未来》的文章，指出："第二次世界大战的惨痛教训告诉人们，弱肉强食、丛林法则不是人类共存之道。穷兵黩武、强权独霸不是人类和平之策。赢者通吃、零和博弈不是人类发展之路。和平而不是战争，合作而不是对抗，共赢而不是零和，才是人类社会和平、进步、发展的永恒主题。"如今，我们回眸历史，重温过去，一个非常重要的目的就是要吸取教训，在人类命运共同体的理念下，实现世界各民族和平共处，开创全人类更加美好的未来。

黄正光同志的作品《抗日战争时期的空战与历史记忆》，恰恰就是这样一部较为全面记述、展现中国空军抗战的专著。该书方法新颖、视角独特、史料翔实，为我们打开了中国抗日空战研究的新视野。作者在论著中旁征博引，思考深邃，并且文笔流畅。全书史论结合，"战""忆"相辅，寓论于实证，熔"战"于"忆"中，具有创新性和前沿性。本书与以往中国抗日空战研究有所不同，主要体现在以下两个"新"上。

一是研究路径寻"新"。史学理论和观念的不断发展，为研究历史提供了更加丰富的史学研究视角和方法。面对同样的、全部的历史事实，不同史学家的历史建构也会大相径庭。历史事实是基本构建，但非全部，对历史构建起作用的，则是史识和理论及方法。本书内容有空战的综合论述，亦有英烈亲属的回忆与无差别轰炸所带来的惨痛历史记忆。关于抗战时期空战的研究，学界大多以"纪实""实录""口述""回忆"等形式呈现，重点往往放在对空战过程进行翔实的考察，取得了一定的成果。自 20 世纪 90 年代以来，学界通过对新史料的不断整理和研究方法的不断创新，特别是把跨学科理论和方法引入抗日战争研究后，在史实与新理论相融合方面进行了积极探索,如运用军事战略学深刻分析空战的生成逻辑,运用记忆史学方法理论对空战中的民众记忆(社会个体、集体的心理、思想感情和行为等)进行透视性研究;运用法律史学考察空战中无差别轰炸对国际法的公然践踏,以及中日双方以法律为武器在国际法领域的较量等等。按此思路,该书从军事史学、记忆史学和法律史学等多重维度,探析战时民众历史记忆和空战之间的关系,以期深化对"战争历史记忆"的认知。

二是史料实证求"新"。布洛赫说:"历史是历史学家的暴君,它自觉或不自觉地严禁史学家了解任何它没有透露的东西。"①这需要历史学研究者除具备应有的扎实史学功底外,还需要打破各种禁锢,努力探寻历史真相。诚然,大量史料的收集、钩沉与甄别(实证)必不可少。大家知道,用于史学研究的史料范围甚广:按照史料表现形式,将历史史料分为文献史料、实物史料和口述史料等;按照史料价值不同,分为第一手史料(直接史料、原始材料)和第二手史料(间接史料)。史料实证是研究历史问题的基本方法之一。历史学研究者认识历史,主要凭借历代遗留下来的史料。正如柯林武德所言:"历史学是通过对证据的解释而进行的:证据在这里是那些个别地就叫作文献的东西的总称;文献是此时此地存在的东西,它是那样一种东西,历史学家加以思维就能够得到对他有关过去事件所询问的问题的答案……历史学的程序或方法根本上就在于解释证据。"②通读全书,可以真切地感受到,史料实证在这部著作中得到充分体现,显示了作者值得信赖的史学功底。黄正光同志在研究、写作过程中,勤于搜集,善于整理,先后去南京中山烈士陵园和孙中山纪念馆、中国第二历史档案馆、南京图书馆、南京抗日航空烈士纪念馆等查阅馆藏档案,在书中引用了部分空军前辈留存的史料如照片、书信、日记、飞行日志等。同时,论著视野开阔,还引用了日、美、苏等相关国家的一些新披露的档案史料。

作为一项史学研究实践,推陈出新是基本原则。黄正光同志的这部新著,并

---

① 布洛赫.历史学家的技艺[M].张和声,程郁,译.上海:上海社会科学院出版社,1992:46.

② 柯林武德.历史的观念[M],何兆武,张文杰,译.北京:中国社会科学出版社,1986:10.

非单纯的史料累积,在方法创新、考证深入等方面还未能全部超越群俦,但其胜处在于视野广阔、眼光透彻、善分析、具通识,论述周到严密,于诸多史学理论亦独具慧眼,有裁断、有取舍,实属不易。因此期待黄正光同志能够不辞劳烦,继续深入挖掘整理,在相关史学研究中得识新的宝藏,奉献新的成果。

是为序。

渠长根①

农历庚子年仲春记于杭州西溪留下

---

① 渠长根,历史学博士、教授、硕士生导师,浙江理工大学马克思主义学院院长,浙江省当代国际问题研究会副会长,浙江现代革命历史文化研究基地主任,浙江省高校中青年学科带头人。

# 目　　录

# 第一章 特别记忆:抗日战场上的中国空军

长风吹云了无痕,英雄壮举记犹新;

笕桥空战取首胜,捍卫国权看雏鹰。

苏美援华抗日侵,武汉重庆传佳音;

群英奋起如流星,血染长空鬼神惊!

中国当时最优秀的年轻人,他们穿上戎装,在空中战场用生命践行了中央航空学校的校训——"我们的身体飞机和炸弹,当与敌人兵舰阵地同归于尽!"今天,我们在南京、武汉、重庆等地航空烈士陵园瞻仰英烈时,他们的事迹穿越时空,开启了我们的记忆之场!

## 一、记忆之场:南京航空烈士公墓

我们不应该忘记这里!

南京紫金山北麓王家湾的航空烈士公墓,茂林修竹,碧草如茵。两块 15 米高的花岗岩纪念碑并立成代表胜利的"V"形,两尊中苏、中美飞行员携手合体的雕像仰望苍穹,刚毅的表情中透露出叱咤风云的豪迈。在抗战烽火中,面对数倍于己的日军战机,他们毫无畏惧,迎着强敌腾空而起,在空中与日军进行殊死搏斗。在世界人民反法西斯战争史上,他们用年轻的生命为人类争取和平解放谱写了绚丽华章。在纪念碑后侧呈扇形展开的碑林上,镌刻着中外 4296 名空军烈士的英名和生平事迹,其中中国烈士 1468 名、美国烈士 2590 名、苏联烈士 236 名、韩国烈士 2 名。这些空军英烈们,为了捍卫中国的领空,在同日本法西斯侵略者的空中格斗中献出了宝贵的年轻生命,从而成为盘旋于历史长空中的雄鹰。他们为人类正义而战的精神永远值得我们敬仰!

为了纪念牺牲在中国战场上的空军英烈们,国民党政府在南京修建了航空烈士公墓,在公墓陵园的牌坊正面两侧楹柱上,书写着抗战时期中国战区陆军总司令何应钦题写的"捍国骋长空,伟绩光昭青史册;凯旋埋烈骨,丰碑美媲黄花岗。"楹联背面则是抗战时期中国战区最高统帅蒋介石所题的"英名万古传飞将,正气千秋壮国魂",横额是"精忠报国"。空中俯瞰下的南京航空烈士公墓,宛如一把张开的降落伞镶嵌在绿色山林中。除南京航空烈士公墓外,在曾经发生过激烈空战的重庆、成都、兰州、昆明、广州、桂林、武汉、柳州等地,也都修建了空军烈士陵园或烈士公墓,让我们这些后人有了缅怀空军先烈们英雄事迹的场所。

图 1　航空烈士公墓牌坊正面①

图 2　航空烈士公墓牌坊背面

① 南京航空烈士公墓主建筑有牌坊、两庑、碑亭、祭堂、纪念塔、坟茔等,最初由国民政府军政部航空署筹建,用于纪念抗战中牺牲的中国及援华的美国、苏联等国的飞行员。

图 3　抗日航空烈士纪念碑

图 4　陵园中的"航空救国"碑亭①

历史不应该忘记这段艰苦卓绝的岁月!

飞机自 20 世纪初期被发明并试飞成功后,很快就在第一次世界大战中被普遍投入到战场,成为参战各国夺取战争胜利的重要战略武器。随着航空技术的发展,参战国对敌方国家的无辜民众和非军事目标城镇进行的无差别轰炸,逐渐成为严重的问题。日本军人石原莞尔在 20 世纪 20 年代研究杜黑的轰炸理论后,提出"最终战争论",他声称可以运用环球飞行器,打一场"前所未有让世人震惊

---

①　"航空救国"是孙中山当年为"乐士文"号飞机试飞成功而题写的。

的大战争,由此而求得人类文明的最终统一",他认为"战争破坏文明,同时又是新文明诞生之母"①,狂热鼓吹日本要"尽我们全部所能,无论思想、金钱和武力等,要倾注全部精力进行战争"②。

1931年日军在发动九一八事变后对锦州进行了无差别轰炸,让国人首次"领略"到日军的"空中"残暴,这是日军首次对中国城市无辜居民进行的野蛮轰炸。中国空军和日本航空队最早进行的正面冲突始于1932年的一·二八事变,当时国民党政府的空军建设刚起步,基本上没有力量与日军展开空中格斗,只有小规模的空中遭遇战。但为了支持上海的十九路军的地面作战,广东空军曾一度北上。日军对锦州的无差别轰炸和一·二八事变中对上海的突袭,不仅给中国民众带来生命财产损失和精神创伤,也使国民党政府感受到了来自日本的空中军事威胁,认识到空防在近代国防中的重要性,从而开始着手制定军事航空发展计划,投入一定的物力、财力建设空军。

国家不应该忘记这群风华正茂的年轻人!

十四年抗战中,中国千余位飞行员壮烈牺牲,他们绝大部分都是30岁以下的年轻人,很多出身于名门望族或富裕家庭。他们是时代的精英,但时代只给了他们两种选择:屈辱地活着或光荣地战死!他们毅然地选择了后者。杭州笕桥的中央航空学校内,最扣人心弦的标语是"我们的身体飞机和炸弹,当与敌人兵舰阵地同归于尽!"时代选择了这些热血青年,这些青年开创了这个悲壮而又伟大的时代。

清华大学土木工程系的沈崇海,出身富裕家庭,父亲沈家彝是著名的大法官(曾任上海特别市高等法院院长),他还是清华大学足球和棒球队主力队员,可以说是那个时代的"高富帅"。1932年毕业后,他为救国毅然报名从军,考入中央航校,因成绩优秀留校任教官。他常以"救国莫急于防空。吾辈今后当翱翔碧空,与日寇争一短长,方能雪耻复仇也"激励学员。1937年8月19日,26岁的沈崇海在驾机轰炸长江口的日舰时壮烈殉国,他就是电影《无问西东》中那个驾机撞向日舰、从容就义的空军飞行员沈光耀的原型。

在抗日战争中,投笔从戎的飞行员还有齐鲁大学的乐以琴,金陵大学的孟广

---

① 角田顺. 石原にっこり资料·国防伦理策[M]. 东京:原书房,1972:58-59.

② 角田顺. 石原にっこり资料·国防伦理策[M]. 东京:原书房,1972:3.

信、毛瀛初,东吴大学的陈恩伟,之江大学的姜献祥,北京大学的孙仲岳,北平师范大学的张光明,南开中学的张锡祜(南开大学创办者张伯苓的四子)等。他们凭借着优秀的身体素质和文化水平,应征为中央航校学员,后都成长为优秀飞行员,在捍卫国家领空的战斗中献出了年轻的生命。

20世纪30年代和40年代,中国正是因为有了这些年轻人的时代担当,抗日战争才迎来了胜利的曙光! 当时相传"空军航校毕业后能活过六个月的飞行员就算长寿了",年轻的中国空军将士们用鲜血和生命在祖国的天空谱写了一曲曲壮烈的战歌。对于中国这支新型的部队,周恩来给予了高度评价:"我国的空军,确是个新的神鹰队伍。正因为他们历史短而没有坏的传统,所以民族意识特别浓厚,而能建树了如此多的伟大战绩,这更增加了我们的敬意!"①他们功垂千古,英名永载史册。

## 二、搏击长空:雏鹰奋起捍卫制空权

全国抗战初始,鉴于中国空军力量极其薄弱的状况,国民政府积极制定了各项发展空军的计划,虽然由于时局变化未能全部实现,然而,毕竟按此计划初步完成了空军力量的整合,明确了防御对象,形成了以首都南京为中心的空军基地和防空网。这段时期中国空军只有飞机300余架,而日本仅用于侵华的飞机就达800多架。整体处于绝对劣势的中国空军主动出击,不畏强敌,勇敢顽强,置生死于度外,在京沪杭一带取得不俗战绩。此后,在上海、南京、武汉等地保卫战中,又多次重创日军。全国抗战第一年,中国空军就击落日机209架,有力地打击了日本帝国主义的侵略气焰,谱写了可歌可泣的壮烈诗篇。1938年,在中国空军抗战最艰苦的时刻,苏联给予中国国际主义援助,可谓雪中送炭,他们向中国政府提供了一定数量的飞机,同时还派遣空军志愿队来华,与中国空军将士并肩作战。在武汉空战中,中苏空军重创日本海军航空队,取得若干空中战斗的胜利,有力地配合了地面陆军作战。中国空军打乱了日本对华"速战速决"的侵略计划,鼓舞了中国人民的抗日斗志。

---

① 马艳,李继红.抗日大空战:中国空军抗战影像全纪录[M].北京:长城出版社,2015:1-2.

日军占领武汉、广州后，以此为基地向中国西南、西北地区实施空袭，大后方遭到日本海军航空队持续不断的战略轰炸。随着日本三菱公司生产的性能卓越的零式飞机投入中国战场，中国军机的劣势更加明显。《苏日中立条约》签订及苏联卫国战争爆发后，外援遂告断绝。中国空军在此期间损失惨重，无论是飞机还是飞行与技术人员都难以得到补充，度过了最为惨淡的"困战"阶段。太平洋战争爆发后，随着美国的参战，美国空军志愿队与中国空军并肩作战，共同抗击日本法西斯侵略者。1942 年，中美空军和中国航空公司团结奋斗，克服了重重困难，开辟了一条由印度通往云南的"驼峰航线"，美国对华援助物资特别是军事物资通过此航线陆续运达国内，中国空军力量得到有效补充，战斗力有了较大提升，有力地支援了中国抗战。由于国共两党建立抗日民族统一战线，正面和敌后两个战场联合作战，加上苏美的援助及反法西斯联盟的大力支援，中国人民终于打败了日本帝国主义，赢得了自鸦片战争以来反侵略战争的重大胜利。在长达十四年的抗战艰苦岁月中，中国、苏联、美国的优秀飞行员与日军激战于蓝天，血洒长空，为中国抗日战争和世界反法西斯战争的胜利献出了宝贵生命。

图 5　南京抗日航空烈士纪念馆正门①

① 南京抗日航空烈士纪念馆于 2009 年落成，内设 4 个展馆，从空中看，如两架正在展翅飞翔的飞机，与相邻的航空烈士公墓的"降落伞"互相映衬。

图6  南京抗日航空烈士纪念馆的"正义之神"雕塑①

根据战后国民政府将领何应钦提供的数据,在整个抗日战争期间,国民政府出动飞机共 18509 架次,作战达 4027 次,空战中击毁敌机 568 架,地面击毁敌机 599 架,具体战果如表 1 所示。

表 1  抗战以来空军作战次数及成果统计②

| 使用飞机与作战情况 | 使用飞机数 | 驱逐机 | 15888 架次 |
| --- | --- | --- | --- |
| | | 轰炸机 | 2604 架次 |
| | | 侦察机 | 8 架次 |
| | | 运输机 | 9 架次 |
| | | 合计 | 18509 架次 |
| | 作战次数 | 出击 | 3417 次 |
| | | 制空 | 95 次 |
| | | 侦察 | 161 次 |
| | | 防空 | 312 次 |
| | | 投送 | 42 次 |
| | | 合计 | 4027 次 |

① "正义之神"青铜雕塑是借中国古代"后羿射日"神话传说,采用西方艺术表现形式创作而成,三头六臂的"正义之神"骑在飞虎之上,手持弓箭奋力向空中射去。雕塑象征着中、苏、美空军在反法西斯战争中结成正义之盟,联手抗击德、意、日等国发动的侵略战争,正义的力量是不可战胜的。

② 何应钦.八年抗战之经过[M].台北:文海出版社,1972:附录.

续表

| | | |
|---|---|---|
| 空中作战成果 | 击毁日机 | 568 架 |
| | 可能击毁日机 | 27 架 |
| | 创伤日机 | 63 架 |
| 地面作战成果 | 地面日机 | 毁 599 架,可能毁 10 架,创 137 架 |
| | 击毁日军人马 | 伤师团长 1 名,毙步兵 38282 名,毙骑兵 2800 名,毙日军马 5427 匹伤军马 45 匹 |
| | 日据城市与村落 | 炸城市 170 次;毁村落 172 处,创 110 处;毁院落 31 处,创 31 处 |
| | 日军兵营 | 毁营房 469 所,创 47 所;毁房屋 6236 栋,创 383 栋 |
| | 军火库与仓库 | 毁军火库 135 所,创 79 所;毁油弹库 87 所,创 4 所;毁建筑 537 所,创 113 所;毁敌司令部 33 所,创 3 所;毁工厂 3 所;毁碉堡 48 个;毁帐篷 10 个;毁辎重 123 担 |
| | 日军阵地 | 毁桥梁 229 座,创 85 座;毁机场阵地 154 个,创 51 个;毁高射炮阵地 118 个,创 24 个;毁炮兵阵地 135 个,创 48 个;毁野炮阵地 90 个,创 86 个 |
| | 电台与车站 | 毁电台 8 台;毁火车站 7 个,创 29 个;毁车场 91 个,创 23 个;毁堆料 24 个,创 24 个;焚汽油 1199 桶;创水塔 1 个;创防空塔 1 个;毁瞭望哨所 5 个 |
| | 车辆 | 毁火车头及车厢 2584 节;毁各种车辆 5123 辆,创 1103 辆 |
| | 投掷 | 投下弹药、密件、地图共 20000 公斤 |
| 海上作战成果 | 军舰 | 毁军舰 29 艘,航空母舰 1 艘,各种船只 252 艘,码头 9 处,船埠 1 处;创伤军舰 42 艘,各种船只 1348 艘,码头 2 处 |

　　除此战绩外,盟军空军在中国战场共击落日机 808 架,炸毁日机 545 架。中国地上高射器部队击落日机 162 架,陆军袭击损毁日机 195 架,炮兵击毁 38 架。日机自行迫降 178 架,被击落而行踪不明或受重伤迫降敌阵地者 222 架。日军战

机损失总数为 2148 架①。

　　战时中国防空力量不但击落、击毁众多日军飞机,而且也使侵华日军的陆海军航空队付出了较大的人员伤亡代价。据国民政府航空委员会参谋处统计,在全国抗战的 8 年里,日本海军航空人员在中国境内被击毙和被俘以及逃走者共计 2764 人②。其中不少还是比较重要的将官,尤其值得一提的是时为海军大将的大角岑生(曾任日本内阁海军大臣),如表 2 所示。1941 年 2 月 5 日,大角岑生及其随员乘坐海军运输机微风号,在 6 架战斗机的护航下返航经过广东省中山县(今中山市)大赤坎乡时,被中国第 12 集团军第 3 纵队发现,后被地面重机枪射击击中而失去控制,坠毁于黄杨山的山坳中。大角岑生成为抗日战争期间在中国战场上被中国军队击毙的日本海军最高级别将领。

表 2　被我击毙的日本空军将校及著名战斗员统计表③

| 姓名 | 军衔 | 日期 | 地点 | 备考 |
| --- | --- | --- | --- | --- |
| 三轮宽 | 少佐 | 1937 年 9 月 18 日 | 山西忻县北 | 敌陆军航空队"驱逐之王" |
| 潮田良平 | 大尉 | 1937 年 12 月 22 日 | 江西都昌附近 | 敌海军航空队驱逐队"四大天王"之一 |
| 白相定男 | 大尉 | 1937 年 12 月 17 日 | 江苏苏州 | 敌海军航空队驱逐队"四大天王"之一 |
| 南乡茂章 | 大尉 | 1938 年 6 月 28 日 | 江西南昌 | 敌海军航空队驱逐队"四大天王"之一 |
| 高桥宪一 | 军曹 | 1938 年 4 月 29 日 | 江西湖口附近 | 敌称之为"红武士" |
| 渡边广太郎 | 少佐 | 1938 年 2 月 2 日 | 湖北钟祥沙家集 | 敌陆军航空兵团司令部兵器部部长 |

　　①　敌机在我境内损失总计一览表[A]//中国第二历史档案馆. 抗日战争正面战场:下. 南京:凤凰出版社,2005:2022 - 2023.

　　②　敌空军在我境内被俘或击毙及行踪不明统计一览表[A]//中国第二历史档案馆. 抗日战争正面战场:下. 南京:凤凰出版社,2005:2021.

　　③　此表的数据来源主要包括:被我击毙之敌空军将校及著名战斗员统计表[M]//航空委员会政治部. 空军抗战三周年纪念专册. 重庆:航空委员会,1940:138;敌空中巨魁的殒落[A]//中国第二历史档案馆. 抗日战争正面战场:下. 南京:凤凰出版社,2005:2042 - 2043.

续表

| 姓名 | 军衔 | 日期 | 地点 | 备考 |
|---|---|---|---|---|
| 藤田雄藏 | 少佐 | 1938 年 2 月 2 日 | 湖北钟祥沙家集 | 敌空军中最负盛名之巨型机试飞员,保有长时间不降落飞行之世界纪录 |
| 高桥福次郎 | 准尉 | 1938 年 2 月 2 日 | 湖北钟祥沙家集 | 为藤田之助手,乃藤田事业之唯一继承人 |
| 外村义雄 | 中尉 | 1939 年 4 月 29 日 | 陕西南郑 | 擅长编队战术,有名于敌陆军航空队 |
| 原敬三郎 | 中佐 | 1939 年 10 月 16 日 | 山西昔阳安丰 | 与藤田少佐齐名,有陆军航空队栋梁之称,为敌六十战队之队附 |
| 奥田喜久司 | 大佐 | 1939 年 11 月 4 日 | 成都 | 敌海军航空队"轰炸之王",为十三航空队司令 |
| 森千代次 | 大尉 | 1939 年 11 月 4 日 | 成都 | 敌海军十三航空队中队长 |
| 细川直三郎 | 大尉 | 1939 年 11 月 4 日 | 成都 | 敌海军十三航空队中队长 |
| 国津光雄 | 少尉 | 1939 年 12 月 15 日 | 封川古城 | 敌陆军航空队铃木驱逐队之至宝 |
| 小谷雄二 | 少佐 | 1940 年 6 月 10 日 | 重庆 | 敌海军十三航空队指挥官 |
| 大角岑生 | 大将 | 1941 年 2 月 5 日 | 广东罗定 | 敌海军大将,曾任日本内阁海军大臣 |

中国空军在取得上述战果的同时,也付出了极为惨重的代价,如表 3 所示。在全国抗战的 8 年中,中国空军官兵阵亡 4321 名,负伤 347 名[1]。另据陈诚提供的数据,在 8 年全国抗战期间我方空军伤亡官兵 14037 人,损失飞机 1813 架[2]。

**表 3　抗战以来军事损失统计(空军部分)[3]**

| 项目 | 数量 | 国币 | 美金 |
|---|---|---|---|
| 官兵伤亡抚恤 | 14,037 | 4,912,950,000 | 116,842,402 |

---

① ③　何应钦.八年抗战之经过[M].台北:文海出版社,1972:附录.
②　陈诚.陈诚回忆录:抗日战争[M].北京:东方出版社,2009:149.

续表

| 项目 | 数量 | 国币 | 美金 |
|---|---|---|---|
| 飞机 | 1,813 架 | | |
| 武器 | 1,359 件 | 1,298,090 | 4,572,472 |
| 弹药 | 1,312,531 | 5,043,735 | 2,580,000 |
| 装具 | 军粮被服等从略 | 20,401,799 | |
| 器材 | 单位繁多从略 | 5,674,403 | 21,376,928 |
| 油料 | 7,370,598 加仑,10,089 磅 | | 4,408,747,109,720 |
| 医药 | 2,967 种 | 54,859,750 | |
| 车辆 | 447 辆 | 71,850,500 | |
| 仓库 | 3 座 | 106,169,000 | |
| 工厂 | 19,771 英方 | 325,455,400 | |
| 机场 | 损失程度不等,从略 | 5,147,374,490 | 10,300 |
| 营舍 | 124 栋,22,086 磅,860 座 | 1,698,551,130 | |
| 防空设备 | | 2,470,673 | 2,500 |
| 其他 | 单位繁多从略 | 1,653,192,209 | 345,089 |

附注:(1)本表系依航空委员会所送表册汇列;(2)本表自二十六年八月十四日至三十四年八月十四日;(3)官兵伤亡抚恤费依据抚恤委员会颁布之抚恤给予标准,平均每人 35 万元计算汇列;(4)各项损失价值除官兵抚恤费系按胜利后纸币值计算外,其余均按原报价汇列;(5)如各项损失价值(国币部分)均按胜利后纸币值计算,共计应为 3,123,595,974,397 元。

日本发起的侵华战争是一场法西斯侵略战争,面对来自陆海空的劲敌,国共两党组织民众进行了英勇抵抗,尤其是起步较晚、相对实力悬殊的空军和防空力量,在战场上表现异常勇猛,对取得抗日战争的胜利发挥了重要作用。

中国空军英勇阻击了日军的空中进犯并打乱了其迅速灭亡中国的狂妄战略计划。抗日战争全面爆发前,日本侵略者凭借其强大的经济、军事实力,嚣张地宣称要在 3 个月内灭亡中国。1937 年 7 月卢沟桥事变后,日军按照速战速决的战略方针,在强大的空中力量配合下,调动大规模的陆军、海军部队向中国发动了全面侵略战争。日本陆、海军航空队连续出动大批战机持续轰炸中国空军机场、海军基地、交通枢纽和重要城市,妄图迅速摧毁中国的抵抗力量。自 1937 年 8 月 14 日起,中国空军多次紧急出动,连续向日军指挥机构、日占机场和码头、海上舰船等军事目标实施轰炸，并与入侵的日军航空队展开激烈的空中格斗。在淞沪会战期间，中国空军多次组织了相当规模的战斗，给予日军以重大打击。中国地面部队在空军的积极支援下，也坚持了近3个月，直至11月8日蒋介石下令全线退却。中国空军主动出击，配合地面陆军部队进行顽强抵抗，粉碎了日军"三个月灭亡中国"的妄想，使日军不得不调整其侵略作战计划。

中国空军沉重打击了日军的侵略气焰，大大鼓舞了中国军民的抗战士气。自九一八事变和一·二八事变起，日本海军航空队对我国东北和滨海城市进行了肆无忌惮的无差别轰炸。1937年8月14日杭州笕桥上空的一场空战，中国空军取得了0比3的辉煌战绩，给狂妄的日军航空队以沉重的打击。1937年8月15日，日本海军航空队对南京进行轰炸时低空投弹，不料被我地面防空高射炮队抓个正着，一次击落6架、击伤数十架，使日军航空队不敢再以低空投弹方式进行空袭，开始有所顾忌。在8年全国抗战时期的空中战场上，中国空军和防空部队先后将日本陆、海军航空队的所谓"四大天王"及部分重要将领击毙，使其丧生于异国他乡，其中包括日本天皇宠臣海军大将大角岑生，他曾经策划入侵东南亚及发动太平洋战争。这些敌军空中巨魁的陨落，极大地提振了中国防空部队的作战信心和激情，增强了中国军民抗战的信心和决心。

中国空军协同陆海军完成防御和反攻作战，并配合盟军取得反日本法西斯战争的胜利。中国空军和防空部队的重要任务就是配合陆海军作战，抗击日军航空队，无论是在全面战争爆发初的淞沪会战，还是南京保卫战以及后来的武汉会战等战场上，他们都能积极投入战斗，并有力地打击空中来犯之敌。全国抗战前期，中国空军在苏联空军志愿队的帮助下英勇杀敌，后期与美国空军志愿队并肩作战，逐步夺回制空权并取得战争的完全胜利。

中国空军抗战是抗日战争以及世界反法西斯战争的重要组成部分。在这场由法西斯国家发起的战争中，德国凭借其强大的空军在欧洲战场上展开了闪电战，日本在亚太战场上也想利用其空中力量完成迅速灭亡中国的战略计划。太平洋战争爆发后，美国正式加入世界反法西斯阵营，美国空军志愿队与中国空军一起在空中战场和日军展开格斗，最终取得了胜利。

## 三、引以为戒:国民政府对日空战的教训

国民政府在抗日战争中对日空战虽然取得了一定成效,但也有很多教训值得反思。

国防工业落后、航空和防空人才匮乏是中国过早丧失制空权的根本原因。现代战争从某种意义上讲是生产能力和知识技能的较量。20 世纪 30 年代的中国,现代国防工业基础相当薄弱,而国民党政府长期推行"攘外必先安内"的国策,将大量财力用于内战,导致财政吃紧,对外购买能力有限,军事工业基础根本无法满足国防需要。1932 年一·二八事变后,虽然国民党政府与欧美航空强国开展合作,先后组建了杭州飞机制造厂、南昌飞机制造厂等数家飞机制造厂,但生产能力相当有限,许多器材和原料还得靠国外进口,这些飞机制造厂更多的任务是承担维修工作。至于重要的防空武器如高射炮、高射机枪等,也都是从国外购买,就连情报监视哨所使用的望远镜等常规器材也全部从国外进口。另外,飞机从不同国家购买而来,型号与性能不统一,质量参差不齐,严重影响了中国空军的作战效能。全国抗战爆发时,中国只拥有不同型号的飞机 600 架左右,而能战斗的仅有 305 架,不及日本数量的三分之一,更不用说质量和装备上的差距了。

中国国防教育的落后直接导致航空和防空人才的短缺。国民党政府虽在 20 世纪 30 年代初期就创办了航空学校和防空学校,开始进行航空人才和防空人才的培养,但受教育基础设施和教练人才短缺等因素的影响,培养能力非常有限。全国抗战爆发时,毕业的飞行员只有 620 名,能够升空进行战斗的飞行员还不到 300 人。战争的巨大伤亡很快就使空军人员紧缺,中国空军因人才和地面防空部队无法得到有效的补充而陷入被动,而战争中快速培养出来的飞行员由于训练不够和战斗经验不足,作战能力有很大的局限。防空学校由于建立时间晚,到全国抗战爆发时,培训毕业的合格防空专业人员还不到万人,相对于领土广袤的中国来说,也根本满足不了战争需求。防空设施的专门人才也奇缺,导致在构筑防空工程时存在许多设计和质量问题,出现民众在躲避日军大轰炸时,因涌入人员过多、防空洞内通风不畅而造成大量人员窒息死亡的事件。

防空战略战术上的失误也是导致中国过早丧失制空权的重要原因。全国抗战初期,中国空军无论在数量上还是武器装备上都明显处于劣势,要有效地抵抗日军的进攻,在战略指导上应采取积极防御的战略方针,合理部署兵力。然而,全国抗战开始后,中国空军却采取高度集中部署与敌人正面打消耗战的作战方式。淞沪会战前,蒋介石将驻华北的空军部队大部分调往华东集中部署,与日军摆开了对抗的架势,实际上迎合了日军速战速决的需要,所以淞沪会战开始后三个月的空战就使中国空军的飞机所剩无几。在兵力使用上,中国空军没有集中兵力打击对我威胁最大的轰炸机,而是过多注重与日军战斗机的格斗,这就使得日军将更多的轰炸机用于对中国民众的无差别轰炸。中国空军在空战中也不注意运用集中兵力的原则,往往是以一对二、对三,这就造成了空中力量对比整体和局部优势全部被日军掌握,增大了中国空军的损耗,也严重地影响了空军的战绩。此外,中国空军是在各地军阀空军的基础上组建起来的,在全国抗战开始之前才基本上有了统一指挥,各系统的空军之间的协同还存在很多问题,严重制约着中国空军作战效能的发挥。防空部队与陆军部队在指挥和配合上也存在不一致现象,防空部队和机关团体的协调也不够。

国民政府的国民防空组织与宣传也不够。国民政府在防空建设中的相关国民防空工作存在许多不足,如各地防护团的组织都比较松散,防护人员平时缺少训练,更为致命的是大多数成员都是临时招募而来,并没有经过严格的教育培训,专业素质差而又纪律松弛,当敌机空袭来临时组织不力,很容易出现混乱现象,有的甚至酿成更大灾难,最为突出的是重庆大隧道惨案,一次就出现了上千人死亡的重大事故。由于对日军无差别轰炸的残酷性认识不足,缺乏必要的安全防空知识,很多民众在空袭警报拉响后没有及时躲避,或者为了保护自己仅存的财产而返回住所,在日军进行的反复轰炸中就出现了大量的伤亡。

国民政府在防空建设上缺少战略纵深准备。针对日本全面侵华的战略部署,中国空军在自己力量处于劣势的情况下,只把东部沿海地区的防空演习和建设作为重点,忽视或没有来得及做好中西部地区的战略防御准备,且由于战前地方割据势力的存在,国民政府统治力量很难到达中西部。全国抗战爆发后,国民政府随着战局的发展和演变而逐步西撤,在撤退过程中中西部地区的防空组织和设施建设都比较仓促,这就导致了战争中一直被动挨打而很难有还手之力。

日本陆海军航空队在发起全面侵华战争后,对我国战略重地、军事设施和大中城市以及平民居住区进行了无差别大轰炸,特别是在其发动太平洋战争前的几年里,为了完成速战速决灭亡中国的目的,对中国进行战略性的大轰炸,使中国民众遭受了沉重灾难并形成了恐怖的历史记忆。

# 第二章 分殊:中日空军发展的差异

20 世纪初,飞机在发明后不久就被作为战争工具和武器投入到欧洲战场上,并在第一次世界大战中表现出了巨大的战斗力和战略威慑力。意大利军事理论家杜黑提出的"制空权"理论,又为各国发展空军力量提供了理论支撑。中日两国也开始效仿欧美列强,走上发展航空力量之路。由于两国国情不同,其发展轨迹出现分殊,差距也在不断扩大。

## 一、孕育:世界航空业的蓬勃兴起

世界上第一架实用飞机是美国莱特兄弟在 1905 年制造的飞鸟 3 号,它成功地持续飞行了 38 分钟,飞行距离达到了 38.6 千米,这标志着实用飞机时代的到来。飞机作为战争武器最早出现在 1912 年的意土战争中,双方在战场上均把飞机作为制胜的重要工具,在敌方阵地上空投放炸弹,给敌军造成空中威胁。传统战争由原来的陆海平面战争向陆海空立体化方向发展,从而带来了战术和战略方面的新变化。在第一次世界大战中,以德、奥为首的同盟国和以英、法为首的协约国都在战场上投入了大量的飞机作战,人类战争史上首次出现了大规模的空中战斗,飞机在战争中的重要战略地位和作用充分显现出来。在军事航空工业时代开启之时,世界各国特别是西方列强们更加深刻地认识到了"空军对于各军,不论攻防,均能发挥其卓越之威力,在有受敌袭击之虞之国,实为重要而不可缺之一兵种也"①。空军在第一次世界大战后成为较为发达的国家大力发展的一种新型军种,世界航空业和空军的发展也促进了相关军事理论的产生。

意大利军事理论家朱利奥·杜黑结合自己在一战中的亲身经历和观察,在1920 年出版的《制空权》一书中指出:"掌握制空权表示一种态势,能阻止敌人飞

---

① 陈绍祖.长空搏击的飞机[M].南京:江苏科学技术出版社,2004:1.

行,同时能保持自己飞行。……一个掌握制空权的国家能保护自己领土不受敌人空中攻击,还能阻止敌人支援其陆海军作战的辅助空中活动无法进行。这种空中进攻不但能切断敌陆海军与其作战基地的联系,还能对敌国内地进行毁灭性的轰炸,使其人民物质和精神的抵抗趋于崩溃。"①这本书强调了制空权对一个国家的重要性,为法西斯国家对他国进行无差别轰炸和大规模的空袭提供了理论支撑。

随着现代战争的发展,谁拥有强大的空军,谁就会在未来的战争中占有绝对的"制空权"。世界上主要工业化国家在第一次世界大战后都开始重点发展空军力量。在面对来自空中的威胁时,各国也加强了地面防空力量的建设。在现代战争中,空军打击敌方的首要目标往往选在人口密集的大都市,如第一次世界大战中德国空军就对人口密集的丹凯尔克小城进行了200多次的空袭,造成了4000多人的死伤。其次是对重要工业区和重大军事目标进行轰炸,如第一次世界大战中协约国空军对德国的莱茵河畔工业区进行了600次以上的轰炸,致使这些被空袭的都市和工业区蒙受了巨大的物质损失。同时,"因空袭而与交战国人民精神上之打击,则非文字所能形容矣"②。空袭中的惨痛教训使战后各国都开始加强对政治、经济中心城市和人口众多的城镇的防空规划和建设,如加强城市建筑物的消防设施配备,建设防空避难所等,甚至有些国家对平民住宅建设也作出了具体要求,如苏联就要求:"(1)房屋楼梯部分须独立;(2)房屋窗门所用玻璃,其抵抗力须强大;(3)空气滤过器须设备,以便迅速造成团体的防护室。"③

第一次世界大战后,各军事强国都认识到飞机作为战略武器的重要性,纷纷加大了对军事战机的研制和生产。20世纪30年代初期,美国已经建设了28个航空制造工厂,每月产量可达到75架,如果战争爆发,这些航空工厂满负荷开工,每月可生产上千架。苏联拥有16家航空制造厂,每月平均可以制造各类飞

---

① 杜黑. 制空权[M]. 曹毅风,华人杰,译. 北京:解放军出版社,1986:19.
② 张宰臣. 空袭与防空[J]. 航空杂志:防空专号(上),1934:3.
③ 杨哲明. 都市防空问题的检讨[J]. 东方杂志,1934,31(4):50.

机 60 架,若战争爆发,通过半年的扩产,每月生产量可提高到 300 架①。强大的工业基础和飞机制造能力,为这些军事强国发展空军提供了武器保障。

## 二、雏鹰:中国空军的艰难起步

冯如是中国从事飞机研制和飞行的第一人。1906 年,冯如在美国纽约学习飞机制造时就暗自立下誓言:"是(指制造机器)岂足以救国者! 吾闻军用利器莫飞机若。誓必身为之倡,成一绝艺,以归饷祖国。苟无成,毋宁死。"②1909 年,冯如研制的"冯如 1 号"飞机成功地飞行了 800 米,从而揭开了我国研制飞机等动力载人飞行器的序幕,冯如也因此被美国报纸盛赞为"东方莱特"。1911 年 1 月,冯如设计制造的当时世界领先的"冯如 2 号"试飞成功,他于次月带领助手携 2 架飞机回国。1911 年 11 月广东军政府成立后,冯如参加辛亥革命并出任广东军政府飞机长,在广州燕塘建立广东飞行器公司,加紧制造飞机支持革命③。

1910 年,清政府开始关注世界军事发展大势,并着手招募学习飞行技术的留学人员回国,准备让他们研制飞机。为此,特意在北京南苑军营内设立飞机修理厂,而且还修筑了飞机场,南苑机场作为中国的第一个飞机场,就这样诞生了。1913 年,北洋政府在北京南苑机场和飞机修理厂附近创办南苑航空学校,并拨专款购买了 12 架法国的高德隆教练机,提供给航空学校师生训练使用。南苑航空学校是中国近现代史上出现的第一所航空学校。1914 年,南苑飞机修理厂厂长潘世忠自行研发的武装飞机试验成功,这是一架 80 匹马力推进式飞机,机头部位安装了一挺机关枪,是中国人自己制造的第一架武装飞机。为了便于管理航空业务,北洋政府于 1918 年设立筹办航空事宜处,归属于交通部,并从英国购买了几架爱弗罗和汉德利·佩季式飞机。1919 年,北洋政府设立航空事务处,掌管全国军民航空事务,后又陆续购进了小维梅、爱弗罗 504K、维克斯·大维梅等数种型号的英国飞机来扩充航空力量。

---

① 史美章.中国防空应有的准备和观察[M]//黄镇球.国民防空须知.南京:国民周刊社,1936:212.

② 梁家林.冯如[J].历史教学,1981(12):46.

③ 何岸.中国航空之父冯如[J].源流,2009(9):79.

北洋政府时期,飞机开始投入战场进行实战,其作用主要是配合陆军完成特定任务,飞机和飞行员都是从航空学校临时抽调,完成任务后就解散,没有全国统一番号的空军编制。但是,地方军阀为了争抢地盘扩张势力范围,先后开始组建自己的空军。1921年,奉系军阀张作霖在部队中成立东北空军,花巨资先后从国外购进各种类型飞机240架,拥有飞行员146人。在20世纪30年代初,东北空军已成为我国规模最大、实力最强的一支地方空军,可惜在1931年的九一八事变中被日军占为己有。1921年8月,直系军阀曹锟组建保定航空队,在1922年和1924年的两次直奉战争中投入战斗。1925年,冯玉祥和阎锡山也都拥有了自己的空军。

孙中山在早期的革命活动中较早地认识到飞机在未来战争中的重要作用。1911年9月14日,孙中山在给萧汉卫的复函中谈到"飞机一物,自是大利于行军,唯以无尺寸之地之党人,未有用武之地以用此耳"①。辛亥革命期间,孙中山在与革命友人的通信中多次谈到"研求和谋购飞机","谋设飞船(机)队,极合现时之用,务期协力助成,以为国出力"②。孙中山在革命活动中非常重视军事航空的发展,大力倡导和资助华人华侨创办航校培育飞行人员,希望这些受过航空飞行培训的年轻人能够学成回国参加革命,改变祖国落后受欺的命运。许多爱国华侨从国外购置飞机,学成飞行技术后连人带机回国效力。1915年孙中山通过几年的运筹努力,在日本滋贺县近江八日市创办了"中华革命党航空学校",并聘请日本、美国航空专家来校担任教练或顾问,为国内革命培养和输送航空专业人才。同年,美洲飞行学校在孙中山等革命党人的努力下在美国成立了,在美华人华侨子弟们踊跃报名参加。这些海外航空学校培养的学员,有相当一部分毕业后回国参战或从事航空教学,迅速成为中国空军的开创者和骨干力量,为祖国的航空事业和空军建设做出了巨大贡献。中国空军的驱逐机飞行员中,华侨占将近四分之三,广东空军从队长到队员几乎全是华侨子弟③。

---

① 广东省社会科学院历史研究所,中国社会科学院近代史研究所中华民国史研究室,中山大学历史系孙中山研究室.孙中山全集:第1卷[M].北京:中华书局,2011:539.

② 孟赤兵,李周书.神鹰凌空:中国航空史话[M].北京:北京航空航天大学出版社,2003:27.

③ 陈文敬.华侨"航空救国"建功勋[J].福建党史月刊,1995(6):26−28.

孙中山在倡导"航空救国"的同时,还对未来中国航空事业的发展进行了长远谋划。在 1921 年写给廖仲恺的信函中,孙中山对未来的国防计划进行了详细的叙述。在国防计划中,孙中山就航空建设方面提出了 9 项设想,主要包括飞机的制造研发、飞机场等基础设施的建设、航空工业人才和飞行员的培养、国家军队编制中独立的空军建设、空防与国防的关系等①,这些都较系统地体现了孙中山先生的"航空救国"思想。

1922 年,夏威夷著名侨商杨著昆变卖家产购置 4 架飞机,与其他侨胞捐购的 8 架飞机一起运回广州,组成"国民党飞机队"和"中山飞机队"。杨著昆之子杨仙逸被孙中山任命为航空局局长兼广东飞机制造厂厂长。1923 年 5 月,广东飞机制造厂成功装配了第一架可用于侦察和教练的军用飞机,孙中山为主持该飞机设计制造的杨仙逸题写了"志在冲天"和"天下为公"的条幅。1923 年 8 月 10 日,孙中山偕同夫人宋庆龄乘船至广州大沙头航空局,并在航空局自制的一号机前摄影留念。航空局局长杨仙逸在观众的提议下,将该飞机以宋庆龄女士在美国学习时的用名 ROSAMONDE 命名为"乐士文"1 号。其后,该厂共生产了 60 多架飞机,是当时我国较有成效的飞机制造工厂②。

1924 年国共实现了第一次合作,广东政府得到苏联援助,在援助的物资中,苏联除供给飞机、弹药、器械外,还派出教官帮助孙中山培训人才。1924 年 7 月,广东航空学校在广州大沙头落成。航校成立后,选派了丁纪徐、黄光锐等教官和常乾坤、王叔铭等学员共 30 多人,先后奔赴苏联进行飞机驾驶技术和航空教育等知识的学习。这些派出人员学成回国后,大多成为中国空军的骨干力量。

1924 年黄埔陆军军官学校创建时,孙中山先生在开学典礼上讲道:"自航空机参加战斗序列后,在国际主权之划分言之,往昔所争之领土、领水,今有领空之划分,造地球成形以来之异象,就其效力言之,已打破兵舰、潜艇、战车等之偏枯性能,极控制三界之能事。故欲因应现代国防之需要,非扩充空军力量不

---

① 中山大学历史系孙中山研究室,广东省社会科学院历史研究所,中国社会科学院近代史研究所中华民国史研究室. 孙中山全集:第 5 卷[M]. 北京:中华书局,1985:572.
② 程薇薇. 孙中山与航空救国[J]. 档案与建设,2016(10):42 - 43.

为功。"①

　　1926 年广东革命政府出师北伐,北伐军在总司令部设立了航空处,林伟成任处长,张静愚任党代表。7 月 22 日航空处成立,国民革命军总司令蒋介石出席了典礼。航空处下设北伐航空队,航空队由广东空军中抽调的部分人员和 3 架英制地海威兰飞机及 1 架容克斯水上飞机组成,林伟成兼任队长②。由于航空队力量弱小,在北伐期间只在两湖、江西等战场上进行了空中侦察,配合陆军进行了个别战区的轰炸。1927 年春北伐军攻占江浙后,接收了军阀孙传芳的飞机队并将其并入北伐航空队。随着 1927 年 4 月国民党政府成立及战事的进展,北伐航空队的规模得以不断扩充。到 1928 年"二次北伐"时,张静愚出任第一集团军航空总司令,下辖 3 个航空队,配置 9 架飞机③。1928 年底,国民革命军进占北京后,北洋军阀政府的各航空机构被接管,此后国民党政府的航空建设进入一个新时期。

　　1928 年初,蒋介石在南京国民党政府军政部下设航空署,管辖 4 个航空队,拥有各类飞机 24 架。《整理军事案》于 1928 年 8 月在国民党二届五中全会上通过,建设空军和发展海军成为当时国防计划的亮点。同年 11 月,军政部下辖的航空署、陆军署和海军署成为同级并列的机构,这标志着空军成为与陆海军同等重要的一支国防力量。航空署设立教育、军务、航务、机械、文书等科室,熊斌出任署长一职,副署长由张静愚担任。1929 年 6 月,国民党三届二中全会对航空署的职责作了进一步的明确——"除空中运邮外,全国之军用民用,一切航空事业,统归军政部航空署管理"④。但实际情况是,各地军阀所建立的军用和民用航空因国民党还未能完全实现统一,仍处于各自为政的状态。作为全国航空管理机构的航空署仅管辖 3 个航空队:第一航空队配备 5 架飞机,包括高德隆、贝莱盖、地海威兰等型号;第二航空队配备 5 架飞机,包括莱茵、贝莱盖等型号;第三航空队配备 11 架飞机,包括容克斯、赤鹤、摩斯等型号。航空署另辖一支水上飞机队,配

---

①　唐学锋.中国空军抗战史[M].成都:四川大学出版社,2006:9.
②　刘凤翰.国民党军事制度史:上册[M].北京:中国大百科全书出版社,2009:440.
③　刘凤翰.国民党军事制度史:上册[M].北京:中国大百科全书出版社,2009:454.
④　李宏增.中央航空行政设施与未来之发展计划[J].航空杂志,1929,1(5):1.

备 9 架容克斯型水上飞机。同时,航空署还管理着南京中央陆军军官学校航空队的几架飞机。从当时的统计数据看,全国共有各种用途的飞机 320 架,航空署统管 60 架左右,广东地方政府有 40 余架,滇军拥有 15 架,东北军拥有 180 余架,福建地方政府有 12 架,山西军阀拥有 20 架,航空署并没有完全控制全国的航空力量①。

　　1929 年 9 月,军政部航空署为了促进中国航空事业特别是军事航空业的发展,在南京组织召开了中华航空协进会第二届全国代表大会,决定大力发展军用航空,会上初步确立了未来空军建设的目标:空军编制以师为最大单位,以中队为基干,每师设 2 个旅,每个旅设 3 个大队,每个大队设 3 个中队。此外,每师再设 1 个汽车队、1 个气球队、1 个电信队、1 个测候队、1 所航空医院、1 个警卫队。如有必要时,还可编制独立旅或独立大队。该计划拟定在"训政"时期的 6 年里,发展空军常备兵 5 个师、9 个独立旅,现役飞行员达到 4000 人左右,常备飞机约 2000 架②。此外,还提出了在南京、北平、广州三处建立航空学校及扩充航空工厂的设想③。1929 年,在南京的中央陆军军官学校内附设航空班,招收学员 100 人,3 月 15 日正式开学。到 1931 年 1 月,有 83 名飞行员毕业。1930 年,蒋介石为发展空军、训练航空人才,决定建立正规航空学校,派毛邦初赴日本参观。1931 年,航空班扩大规模,改称军政部航空学校,校址设在杭州笕桥,先后购买了美制道格拉斯、可塞、霍克、诺斯罗普等各式飞机,进行飞行训练。

　　南京国民党政府统一全国后,开始对各地空军进行收容整编。1931 年,整编后的国民党政府空军力量主要由以下几部分组成:山东方面军,拥有驱逐机 4 队、侦察机 2 队、轰炸机(时称"爆击机")1 队;江浙方面军,拥有驱逐机 6 队、侦察机 4 队、轰炸机 2 队;福建方面军,拥有驱逐机 3 队、侦察机 2 队、轰炸机 1 队。全国航空基础设施方面,共计有航空驻地及飞机场 42 处、短波无线电台 7 座、飞机修理厂 5 家。飞机燃料供应和储备方面,有飞机专供油塔两座,设在南京的明

---

①　李宏增. 中央航空行政设施与未来之发展计划[J]. 航空杂志,1929,1(5):3.
②　李宏增. 中央航空行政设施与未来之发展计划[J]. 航空杂志,1929,1(5):2 - 3.
③　李宏增. 中央航空行政设施与未来之发展计划[J]. 航空杂志,1929,1(5):4.

故宫和大校场两处机场①。

综上可知,九一八事变爆发前,因国民党内部派系斗争激烈,新军阀之间频繁争斗,军政部航空署推进全国航空统一、发展和壮大空军如空中楼阁,难以实现。正如时任航空署署长张惠长所言:

> 我国航空,虽已创办有年,但因国家多难、军政未修,对于航空军备,迄无相当建设。即现有之空军,各省因受军事影响,大都各自为政,以言编制,互相歧异,以言系统,更形支离,因此不独对于补充训练,感受困难,即调遣指挥,尤多滞碍。当此外患日亟、内忧踵起之时,空防又属重要,若长此以往,无强固军力,将何以图自卫。我国陆海两军,纵有相当准备,然未来空中战争,势所难免,若不亟谋统一,必至空军力弱,寡不敌众。②

20 世纪 30 年代初中国空军的力量还相当薄弱,整合也没有完成,更没有形成针对列强侵略的国防计划,仅凭这些分散、不发达的空军力量,根本无法保障领空安全。

## 三、崛起:日本空军的迅猛发展

日本是较早关注飞行器军事实用价值的国家。在飞机发明前的 19 世纪末,日本成立了专门的气艇气球队,并在 1904 年的日俄战争中投入战场,在空中对俄国的军事阵地进行了全方位的侦察,为日军把控战场局面和战略战术部署提供了大量直观依据。在初次尝试将热气球投入战场即收到良好的实战效果后,日本军方在 1909 年成立了军用气球研究委员会,以深入探索气球的军事价值③。

1910 年,日本陆军派出两名军官前往法国学习飞机驾驶技术,在学成归国时,他们采购了一架法国飞机带回到日本。这两名军官在日本各地进行了多场

---

① 空军作战防空计划、军事航空港站计划草案等文件[A].中国第二历史档案馆,卷号 787 – 16970,1931.

② 李宏增.中央航空行政设施与未来之发展计划[J].航空杂志,1929,1(5):1.

③ 李德顺.航空兵与空战[M].北京:航空工业出版社,2007:352.

飞行表演,日本民众在观看后,认识到了飞机的奇妙,加之政府和军队的适时宣传,民间很快就掀起了一股"航空热"。日本政府在军方的推动下,也认识到飞机在未来战争中的巨大实用价值,很快就在陆军和海军中建立航空队,陆军飞机场建在所泽市,海军航空港选址在横须贺兵工厂附近。

日本在第一次世界大战期间借机对德国宣战,出动 12 架海军航空队飞机对德国占领的中国山东青岛进行了侦察、测量等军事活动,并配合日本陆军作战[①]。飞机在山东战场上,特别是一战时期欧洲战场上发挥出的巨大作用,极大地激发了日本发展航空业的野心。

1919 年,日本政府为加快军事航空工业的发展,开始高薪聘请德国、荷兰等世界飞机工业强国的专家到日本飞机厂进行生产指导。同时,日本也通过各种途径,从世界上先进的飞机制造公司购买工程图纸,采用多种手段来提高飞机制造水平。另外,为了提高空军战斗水平,日本还邀请法国参谋部的航空教官和英国的海军飞行教官,分别到陆军航空队、海军航空队指导军事战术和军事演练。1920 年,日本政府为了加强海军建设,出台了"八八舰计划"(目标是建设 8 艘战列舰和 8 艘装甲巡洋舰),其中也包括扩充各种舰载机的配置数量。从 1921 年起,日本军方加大了军事训练强度,又聘请 30 名英国飞行教练来日本指导训练[②]。在 1923 年 2 月至 3 月间,凤翔号航母出港开始为日本海军服役时,就迫不及待地进行了两次舰载机的起降试验并取得了成功。随后,日本国会通过法案,批准海军在大村町、霞浦、横须贺和佐世保四个地方建立四个航空队,从 1925 年起计划每年投入军费约 1000 万英镑。1925 年 5 月,日本海军通过几年的努力,自主研发的 F5 式水上飞机下线,并完成了从佐世保出发,途经中国青岛最终抵达上海的飞行[③]。1927 年,日本海军部在机构设置上新增了航空本部,负责管理新成立的海军航空队。1928 年,日本海军将凤翔号和赤城号两艘航母组编成第一航空队[④]。为了提高实战能力,1929 年第一航空队在日本海海面上进行了综合军事演习。

世界军事强国在 20 世纪二三十年代展开了军备竞赛,为了防止恶性竞争,

---

①②③ 松永寿雄.日本海军航空队发展史考[J].黄实君,译.日本评论,1942,3(8):73.

④ 李德顺.航空兵与空战[M].北京:航空工业出版社,2007:352.

1930 年 4 月,英、意、法、美、日五国签署了限制海军无限恶性竞争的《伦敦海军条约》,日本以该条约只对海军设限而并没有限制空军为突破点,准备在原有的基础上把海军航空队的规模再扩大 70%①。

日本在建设海军航空兵的同时,也开展了陆军航空兵建设。1919 年,57 名法国航空教官被日本陆军省聘请,来到日本从事航空教学和飞机制造②。为了适应现代化战争的发展,日本陆军国防战略从 20 世纪 20 年代起进行了重大改革,由原来传统的重视陆军数量转变为重点发展新兵种航空兵。1925 年,日本陆军部制订了一个建设 26 支飞行中队、6000 名飞行员和技术人员的航空发展计划。1930 年 1 月,日本陆军航空兵用了不到 5 年的时间就建成了 8 个飞行联队(共计 26 个中队),目标超额完成③。在经费投入方面,日本陆军航空兵在 1931—1932 年度的预算达到 6500 万日元,并计划进一步扩充陆军航空兵,在以后的 5 年内再支出 5 亿日元④。

日本航空兵的发展反过来又推动了飞机制造工业的发展。1931 年九一八事变后,日本国内 30 家以上的飞机制造厂及其配件厂为了赶制战机,各生产线都开足了马力日夜运转。其中规模最大的当属三菱飞机制造厂,该厂仅在生产一线的技术工人就有 3000 余名⑤,其后来研发并生产的零式战斗机在当时处于世界领先水平。正如日本评论家所说:"航空工业虽可称为空军之母,可是日本从前却只有羡慕欧洲各国和美国的繁盛。到了现在,日本的制造技术才渐渐地追上了欧美各国,而达到军需工业独立的地位了。"⑥

飞机制造业的军民融合发展体制,也是促进日本军事航空工业迅猛发展的一个重要因素。日本陆军与海军在飞机制造工业方面的竞争,在 20 世纪初引进飞机时就展开了。随着军事航空工业的发展,民间制造厂进入军工生产领域,并与军方展开竞争。日本军方飞机制造厂方面,陆军创办的航空企业主要有位于

① 王检. 日本空军的发展经过及其现势[J]. 空军,1933(25):10.
② 松永寿雄. 日本海军航空队发展史考[J]. 黄实君,译. 日本评论,1942,3(8):73.
③ 防衛庁防衛研究所戦史室. 満州方面陸軍航空作戦[M]. 東京:朝雲新聞社,1972:11.
④ 卓献书. 战时国土防空之理论与实际[M]. 上海:商务印书馆,1934:51.
⑤ 西报述日本航空事业[J]. 航空杂志,1933,3(12):20.
⑥ 平田晋策. 日本陆军读本[M]. 训练总监部军学编译处,译. 南京:军用图书社,1936:176 – 177.

名古屋、以制造飞机发动机为主的千种机器制造所和东京的炮具制造所;海军航空企业主要有海军航空本部制图工厂、广海工厂等。日本民营企业进入军工生产的工厂主要有中岛飞机制造所、三菱航空制造公司、川崎造船所等。这些民间航空企业所造飞机质量优秀、产量可观,仅军用飞机方面的产值就高达 1243 万日元①,在日本军费采购订单中的比例到 1932 年高达 53.1%,已经超过日本军方企业。日本的军事评论家平田晋策这样写道:"日本的航空工业,现在也正是踏上惊人的技术跃进期,各公司却正在演着激烈的竞争呢。"他认为中岛、川崎这两家民办工厂所生产的战斗机"足以夸耀全世界"②。

急速扩大的军需和先进的军工生产体制,特别是发达的工业生产基础,为飞机制造技术水平的提高提供了优越的条件。日本的飞机制造虽然起步晚,但凭借发达的现代制造工业技术,很快就成为后起之秀。1923 年,刚起步的日本航空工厂就研发出了 KO - 1 型双翼双座教练机,并且投入生产了 57 架。在轰炸机的研制方面,日本也取得了较大的成就,如 1926 年研发出的单发轻型鹭式轰炸机首飞试验成功后,1927 年就建成生产线开始批量生产。大批教练机的生产和投入教学,促进了日本空军的作战水平和作战能力的提高,如 1928 年日本就生产了 145 架 Ki - 1 型教练机。为使日本的飞机制造达到世界先进水平,日本的三菱、川崎、中岛等飞机制造公司不惜以高价不断地从德国和英国引进航空工业技术,陆续研制出了九〇、九一式侦察机,八九、九二式轰炸机,九一式双机飞船等先进机型,1930 年以后都投入批量生产,成为日本海军航空兵的军事装备。同样,先进的八七式暴击机(轰炸机)和八八式侦察机也装备了日本陆军航空兵③。1931 年 9 月 10 日,日本政府在向国际联盟提交的军备现状报告书中提到的飞机数量是 838 架,其中正常使用的飞机 584 架,备用补充飞机 254 架,另外约有 300 架正在生产过程中。

日本民众的战争狂热也是促进日本空军发展的一个重要因素。1931 年九一八事变后,在没有空中威胁的日本掀起了一股募捐购机运动,战争狂热使日本民

---

① 吉士.日本军事航空之现势[J].航空杂志,1936,6(3):11.
② 平田晋策.日本陆军读本[M].训练总监部军学编译处,译.南京:军用图书社,1936:177 - 178.
③ 防衛庁防衛研究所戦史室.陸軍航空兵器[M].東京:朝雲新聞社,1975:78.

众纷纷捐款购买"爱国飞机",用来援助在中国作战的日本陆军。当时日本国内出现了这种景象:4000 多名女招待把她们平时在东京银行座街各咖啡店工作场所收集到的 6000 余斤的啤酒盖、留声机针等废品 6000 余斤,捐献给日本"义勇飞行会",日本的小学生、邮政局职员等也都被发动了起来,他们所捐赠的废品可以制造两架军用飞机①。据当时的官方统计,日本的富裕阶层和公共机关的捐款总额可以购买 100 多架飞机。为了扩大宣传和影响,每逢给捐款飞机命名时,日本民众都会举行盛大典礼。

　　为了发动全面侵华战争,日本在航空兵力部署方面也做了细密周全的准备。除在本土加强陆、海军航空兵建设外,还在其占领的中国台湾地区建造军用机场和空军基地,"以七十万工程费七年之岁月,从事建筑中之台北大飞机场……此项飞机场之面积,虽仅二万八千余亩,然而其设备之科学化、机能之大,已为日本第一云"②。日本在其占领的台湾地区建设飞机场和空军基地,直接威胁着中国东南沿海的国防安全。

　　经过 20 多年的谋划与建设,到 20 世纪 30 年代初,日本的航空工业和空军力量已发展到可与美国、苏联和德国等一流强国相匹敌的程度。

---

① 鲁.世界空讯:日本女招待捐废物备制造飞机[J].航空杂志,1936,6(2):220.
② 鲁.世界空讯:台北建筑大飞机场告成[J].航空杂志,1936,6(4):209.

# 第三章　肇始:日军从锦州至上海的空袭

随着航空力量的快速崛起,日本海军航空队在1931年九一八事变期间对中国东北的锦州城实施了空袭,拉开了对中国进行无差别轰炸的序幕。1932年一·二八事变期间,日本海军航空队又对上海及其周边地区进行了空袭,对上海租界的民用设施等实施了大规模的无差别轰炸。在国民党政府的抗议和揭露下,国际社会对日军的这种残忍行径虽然进行了谴责,但是日本并没有停下侵略的步伐,反而加快军事航空业的发展,扩大对中国领土的空袭和轰炸。

## 一、锦州:日军无差别轰炸滥觞

日本走上工业强国道路后,其发展受到国内原料和市场的限制,需要通过向外扩张来获得发展的空间,侵占中国资源和廉价劳动力就成为其首要目标,发动侵华战争也成为日本的既定国策。1927年,日本在东京召开的东方会议上明确把"征服满蒙"作为武装侵略方针,军部作为侵华急先锋,与经济危机下正需要转移国内注意力的日本政府上演了一出"双簧戏"。军部首先展开军事作战,表面上制造"没有退路的态势",日本政府假装"被迫"追认既成事实,"不得不"出台"方针"或"纲要"之类。另一方面,日本军方所谓的"功利心"膨胀,经常"独断专行"排斥不扩大方针,每当利用速战速决的战术获得小胜后,政府在外交方面就"失去"回旋余地。

如何把侵华计划变成既成事实呢? 毫无疑问,把航空兵的作战方法用于实战,是最好的尝试。刚诞生的航空部队在日本驻外军队的独断专行和速战速决中发挥了明显的作用。初期,鉴于中国空军非常弱势的现实,日军利用其巨大的空军优势,使用了意大利空袭埃塞俄比亚的方式,在地理范围和作战强度方面轻易超越了日本政府的"红线",将战线扩大。随后,以"政略攻击"为名,对中国城市进行无差别轰炸。

1931 年日军侵占中国东北沈阳等要地后,中国东北边防军司令长官公署及辽宁省政府等军政部门皆移至锦州办公,集结于该地的兵力约 2 万人。日军参谋本部决定对东北边防军进行剿杀:"只有消灭锦州附近的张学良势力,才能有希望解决满洲事变。"①日军在其派遣的伪军攻击锦州被中国边防军击溃后,开始派遣日本士兵直接发起攻击。

在日本关东军的编制中是没有独立的飞行队的,若遇到重大事件发生,关东军司令部可以根据陆军年度作战计划紧急调派驻扎在朝鲜平壤的飞行第六联队②。在 1931 年九一八事变爆发后的第二天清晨,日军参谋本部下令第六联队抽调 6 架侦察机和 8 架战斗机组成独立飞行第八、第十中队,派往沈阳听从关东军司令官的指挥③。20 日下午,日军新组编的两个飞行中队先后进驻沈阳东塔机场。21 日,日军第八中队飞往长春,第十中队飞往沈阳,分别协助日本陆军部队作战。根据当时北宁路的报告,日军第十中队在北宁线一带向普通民众进行扫射和投放炸弹,造成多起人员伤亡。

关东军石原莞尔命令独立飞行第十中队对锦州实行长距离轰炸,在攻击东北军的同时,以强有力的既成事实触动日本政府和军部,彻底粉碎"软弱外交"和日本当局不扩大事态的训令。

10 月 8 日下午,日军 6 架八八式侦察机和从东北军手中收缴的 5 架包特式 25 型轻型轰炸机组建成 4 个战斗编队,奔赴锦州参战。日本关东军参谋石原莞尔亲自乘坐客机同行,观察空中轰炸的效果。八八式侦察机载着照明设备,包特式 25 型轻型轰炸机携带着炸弹,在到达目的上空时,靠投弹手目测进行投弹,原计划要把相当于 1.8 吨 TNT 炸药的 75 枚炸弹全部投到锦州。日军飞机的 4 个编队在下午 1 时 40 分飞临锦州上空,相继向锦州西北部的东北交通大学以及第二十八师兵营投下大量炸弹,命中第二十八师兵营 7 枚、炮兵营 5 枚、东北交通大学 10 枚④。10 月 9 日,国民党政府在向国联控告日军罪行的报告中,对这一轰炸造成的灾难进行了统计:日军独立飞行第十中队对锦州的轰炸造成 16 人死

① 防衞厅防衞研究所戦史室.大本营陆军省[M].东京:朝云新闻社,1983:324.
② 防衞厅防衞研究所戦史室.满州方面陆军航空作战[M].东京:朝云新闻社,1983:6.
③ 防衞厅防衞研究所戦史室.满州方面陆军航空作战[M].东京:朝云新闻社,1983:16.
④ 防衞厅防衞研究所戦史室.满州方面陆军航空作战[M].东京:朝云新闻社,1983:18.

亡,20 余人受伤。在死亡的 16 名人员中,除一名俄籍人员和一名中国士兵外,其余的 14 人都是无辜的中国平民。东北交通大学、火车站和民宅等建筑物损毁严重。日本军方避谈对平民的轰炸,只承认:"8 日下午 2 时前,飞行队轰炸了该地中国军队,给予其一定损失。"①

从战略角度来看,这次日军对锦州的轰炸不过是临阵磨枪式的动作。然而,这次行动使中国方面产生了恐慌,而且对抗了日本政府的不扩大方针,制造了"没有退路的态势",实现了事变发动者们希望的战略目标。因此可以说,关东军的航空部队达到了预定目的。

从整场战争的角度来看此次事件,锦州轰炸实际上铺设了一条为后来通往重庆,然后通往广岛、长崎的道岔。日军对锦州进行的无差别轰炸成为"终点的起点",这在当时是不能想象的。

对锦州的轰炸立刻引起国际社会的强烈反响。"锦州被轰炸"的消息不胫而走,引起中国各大城市的恐慌,人们开始做避难准备,军队把防备空袭的野战炮指向天空,外电也不断将消息传给世界。经历过第一次世界大战空袭痛苦的欧洲各国,纷纷发出指责日本的声音。

美国国务卿史汀生对日本的信赖也开始动摇,他以严肃的态度对日本驻美大使出渊胜次说:"此前,我一直相信日本政府的声明,现在美国政界一部分人发出抗议的声音,我们将密切关注时局的变化。"②不久,史汀生建议美国政府派代表出席国联行政院有关中日两国冲突的讨论。1931 年 10 月 13 日,美国代表赴锦州就日机轰炸情况作进一步调查③。

1931 年 10 月 10 日,在日军对锦州实施轰炸后的第二天,驻东京的英、法、意、西等外国大使共同向日本政府提出严正抗议,同意在中国政府的提议下就日本在中国东北进行的无差别轰炸召开国际联盟理事会进行公开讨论。日本对锦州的无差别轰炸,带有把战火扩大到全中国的意图,这显然影响到了各国的在华利益。

---

① 关宽治,岛田俊彦.满洲事变[M].王振锁,王家骅,译.上海:上海译文出版社,1983:333.

② 岳谦厚.顾维钧与抗日外交[M].石家庄:河北人民出版社,1998:120.

③ 美使馆派要员赴东北[N].申报,1931 – 10 – 17(8).

在国联听取中、日双方代表为期一天的陈述后,美国由于对此事的关心,提出以观察员的身份参加讨论。在审议该案时,日本主张美国不是国联的会员国,没有资格参与讨论。之后的表决以 13∶1 的票数通过了美国派观察员的提案,后来的理事会上美国代表也一直出席。美国是日本侵华的重要阻碍,而且以锦州轰炸为开端的对中国各城市的无差别轰炸,使得日本的外交被空前孤立①。

## 二、上海:空袭、空战与无差别轰炸扩大

20 世纪 20 年代,野心勃勃的日本海军凭借其强大的实力,利用与中国签订的一系列不平等条约,为完全侵吞中国做了更加全面系统的军事部署。九一八事变后,日本海军航空兵早已跃跃欲试,希望尽快投入实战。1931 年 12 月 27 日,日本海军能登吕号水上飞机母舰为配合关东军作战,从日本开往中国青岛港,舰载飞机飞往绥中和锦州上空进行军事侦察。

日军为了巩固九一八事变在东北取得的侵略成果,转移国际视线,于 1932 年 1 月 18 日在上海策划了"日僧事件",随后以保护日本在上海的侨民为借口,在 1 月 23 日及次日分别调遣大井号巡洋舰、第十五驱逐队和能登吕号水上飞机母舰进驻上海周边海域②。1 月 31 日至 2 月 1 日,日本海军第一航空战队(由加贺号和凤翔号航空母舰舰载机组成)和第二驱逐队也相继到达长江口,日本在上海及长江口的海军力量不断增强。在 1932 年一·二八事变爆发初期,日本海军航空兵已有 80 架各类飞机部署在上海(国民党政府军方情报是 50 架)。

一·二八事变前,国民党政府的航空兵力虽然在编制上有驱逐机 13 队、侦察机 8 队、轰炸机 4 队,主要部署于山东、江苏、浙江与福建,但实际上能够用于实战的机队很少。至于海军方面的航空力量几乎可忽略不计,事变前只有从国

① 《产经新闻》社.蒋介石秘录:第 3 卷[M].《蒋介石秘录》翻译组,译.长沙:湖南人民出版社,1988:132.
② 关宽治,岛田俊彦.满洲事变[M].王振锁,王家骅,译.上海:上海译文出版社,1983:369.

外购买的 10 余架早期生产的教练机,根本不能用于实战①。

1932 年 1 月 28 日,驻防在上海闸北一带的国民党政府十九路军遭到日本海军陆战队的攻击,震惊中外的一·二八事变爆发了。日本海军航空队飞机 29 日凌晨 4 时起从能登吕号水上飞机母舰起飞,对上海火车站等人口密集区进行轮番轰炸。当天下午,上海火车站内的货栈中弹起火,车站内停放的军火和军用铁甲车也在火海中爆炸。日军对上海进行的轰炸造成的财产损失当时估值在百万元以上②。

1 月 31 日,在上海市市长的请求下,英美两国驻沪领事就交战双方临时停战问题出面调停。2 月 1 日,在英美领事的协调下,中日双方初步达成了停战意向。在双方进行停战商谈期间,日本海军航空队不断派出飞机对上海进行军事侦察和轰炸,在对上海的国际电台进行轰炸时,遭到我驻地军队的高射炮射击,不但没能摧毁电台反而自损 2 架战机③。2 月 3 日中午,日本海军航空队又出动 9 架战斗机、3 架轰炸机对吴淞要塞南北炮台进行轰炸。

面对日本无视双方谈判协议而继续进行肆无忌惮轰炸的行径,上海市政府向日本领事提出强烈抗议,并把日军对上海平民进行轰炸的行为通告各国领事馆,请他们出面主持公道。2 月 4 日,中国外交部照会日本驻华大使,提出严正抗议:"似此违约背信,故意扩大事变,实属蔑视国际公法、国际公约及国联迭次议决案。所有因此发生一切责任,应由日方完全负担。"④

面对来自日本海军航空队的空中威胁,是否出动空军进行抵抗的问题就被提上日程。1932 年 2 月 1 日,蒋介石在给何应钦的答复中说:"如日军再次开战时,飞机亦应参加,请照军委会电令办理为盼。"⑤2 月 4 日,在陈铭枢汇报日军在上海的兵力变化情况时,蒋介石再次表示:"如倭以两师以上陆军登陆作战,则我

① 杨志本. 中华民国海军史料[M]. 北京:海洋出版社,1987:940 - 941.
② 北车站被日机轰炸[N]. 申报,1932 - 01 - 30(2).
③ 昨日到沪日舰[N]. 申报,1932 - 02 - 01(7).
④ 中华民国外交问题研究会. 日军侵犯上海与进攻华北[G]//高明芳. 中华民国史事纪要:初稿 中华民国二十一年(1932)一至六月份. 台北:中华民国史料研究中心,1984:237.
⑤ 秦孝仪. 中华民国重要史料初编:对日抗战时期(绪编 1)[G]. 台北:中国国民党中央委员会党史委员会,1981:445.

方应另定计划与之作战,飞机与陆军须预定协同作战计划,突然进攻使敌猝不及防也。"①2 月 5 日,蒋介石面对复杂的战场形势,数次作出派遣空军参战的部署:"如吴淞要塞陷落,日本陆军登陆参战时,则我飞机应即参加沪战,但南京飞机应全移蚌埠与杭州为要。"②在另一份电报中他又称:"我空军加入沪战时,除与陆军预定协同动作外,而空军动作,总以飘忽无定出没无常,使敌猝不及防为要。第一日须以全力向其空军进攻,一决胜负,以后每日或隔日而向其突击,并在其阵地与虹口日人之重要机关轰炸。"③

国民党政府军政部航空署在有了蒋介石的上述命令后,才开始着手部署航空队参战。中国空军的战斗机续航时间最多不超过三小时,如果往返于南京与上海之间,不仅距离远容易疲劳驾驶,而且很难取得预期的作战效果,如果作战时间过长,飞机油量耗尽,就有迫降的危险。为了能从容作战,国民党政府必须在上海附近建设军事机场,以便战机获得补给后再投入战斗。鉴于日本海军航空队飞机已多次轰炸上海虹桥机场,航空署于 2 月 4 日至 16 日在苏州觅渡桥紧急修建了军用机场,设立指挥所,以作兼顾南京和上海的防护之用。同时,为了进一步保护首都南京和杭州笕桥空军基地,国民党政府又在江苏句容和杭州乔司分别建设了一个备用机场。2 月 15 日,广东航空队第二中队中队长丁纪徐为了民族大义,在没有被国民党政府编入国家空军系列的情况下,带领 7 架飞机降落南昌机场,向国民党政府请战。

日本海军航空队的飞行基地在作战过程中也在不断地进行调整,主要分为两个阶段:第一阶段,日本海军陆战队的飞机以水上飞机母舰为起降地,时间是从 1 月 29 日到 2 月 5 日,此举虽然可以不断变换地点,但容易受到天气和自然环境的影响;第二阶段,从 2 月 7 日起,日本海军航空队抢修陆上机场和跑道,在上海杨浦区(虹口)的日商公大纱厂东侧临时抢建机场,还在杨树浦芝钟纺纱厂外

① 秦孝仪.中华民国重要史料初编:对日抗战时期(绪编1)[G].台北:中国国民党中央委员会党史委员会,1981:446.

② 秦孝仪.中华民国重要史料初编:对日抗战时期(绪编1)[G].台北:中国国民党中央委员会党史委员会,1981:446.

③ 秦孝仪.中华民国重要史料初编:对日抗战时期(绪编1)[G].台北:中国国民党中央委员会党史委员会,1981:446 – 447.

的黄浦江江岸上修建了一条跑道。日军后来又派陆军的 2 个侦察中队和 1 个战斗队加入战斗中,实力得到加强的海军航空队以这些机场为基地,对虹桥机场、苏州机场、杭州的笕桥和乔司机场进行了轮番轰炸和持续攻击,试图把弱小的国民党政府空军彻底歼灭。

1932 年 2 月 5 日,国民党政府空军 9 架飞机在前往上海的途中,与日本海军航空队的 2 架攻击机、3 架战斗机在上海闸北和真茹一带的空中相遇。由于双方都没有空中作战准备,在这次遭遇战中并没有进行缠斗。中国方面,空军第六大队副队长、归国华侨黄毓全在紧急起飞时因飞机失控坠毁而牺牲,他当时结婚还不满一个月,成为为国捐躯的第一位空军烈士。日本方面,此战是其首次空中实战,一架舰载攻击机在真茹附近被中国地面高射炮火击落,机上 3 名飞行员全部毙命①。此次空中遭遇战后,日本海军航空队加强了对上海和苏州的军事侦察,并不断寻找与国民党政府空军再战的机会。

2 月 20 日,国民党政府空军的美国教练肖特驾驶着新采购的波音单座战机,在飞行中与 3 架正在苏州机场上空侦察的日本海军航空队战斗机不期而遇。日军首先对肖特发起攻击,经过 20 多分钟的交战,双方没能分出胜负。这次交手,美国的波音战斗机性能完全压制了日本三式舰载战斗机②。22 日,日本海军航空队 6 架飞机再次强行侦察苏州机场,肖特驾驶波音 P - 12E 式战斗机升空迎战。机智勇猛的肖特主动攻击,击落了日本海军航空队的领队长机,机上的航空大尉小谷进成为第一个在中国战场上被击毙的日军海军飞行员。奋战中的肖特被在高空担任掩护任务的 3 架日本战斗机俯冲击中,为保卫中国领空献出了仅 27 岁的年轻生命③。肖特是第一个在与日军战斗中捐躯的美国飞行员,中国政府追授他中国空军上尉军衔,并在上海虹桥机场入口处为他竖立了一块纪念碑。2 月 23 日凌晨,日军为了清除苏州机场的威胁,派出海军航空队战机对刚建成不久的苏州觅渡桥机场进行摧毁式轰炸,导致停放在机场上的 3 架飞机被毁,仅机

---

① 陈应明,廖新华. 浴血长空:中国空军抗日战史[M]. 北京:航空工业出版社,2006:2.
② 高萍萍. 1932 年中日空军第一次交锋[J]. 钟山风雨,2015(5):13.
③ 高晓星. 侵华战争中的日本海军航空队[J]. 民国春秋,1996(2):25.

场周边就有 14 处遭到严重破坏①。

2月26日上午,根据情报,日本海军航空队出动9架战斗机和6架轰炸机前往杭州笕桥机场,准备对集结于该机场的中国空军进行突然袭击。中国空军在得知日机来袭时,笕桥机场的10架战机紧急升空迎战,自一·二八事变以来规模最大的一次空战打响了。此战,日本海军航空队炸毁笕桥机场的1架运输机和3架训练机,笕桥机场遭到30多枚炸弹的轰炸,位于机场边的车站受到重创②。中国空军2架战机遭重创迫降,1架战机轻伤,飞行员赵甫明重伤后殉职,飞行员石邦藩左臂被日机的达姆弹击中负重伤③。蒋介石在得知杭州笕桥机场被日军空袭后,急电航空署署长黄秉衡和航空学校校长毛邦初,并在毛邦初汇报损失情况后致电责备:"前令驻杭飞机速返蚌埠,为何违令不遵行耶?限明日全回蚌埠勿误。"④中国空军为了保存力量,把多数飞机从笕桥机场转移到安徽蚌埠机场,以防日军的再次突袭。

日本海军航空队对一·二八事变期间的空战成绩较为满意,据日本军方统计,日军在事变期间共出动飞机256架,其中有70架飞机中弹176发,多为地面射击子弹所致,仅有1架飞机因事故迫降、1名飞行员战死⑤。

在华日本海军航空队完全控制了上海、苏州和杭州等长三角地区的制空权,对这一地区无所顾忌地进行无差别轰炸。1932年1月29日早晨,日本海军航空队以寻找中国十九路军为由,对上海闸北一带及西边的商铺和居民区进行轰炸,造成大片民房损毁。在得知国民党政府十九路军部署高射炮后,日机改为高空投弹,在发现苏州河上乘船逃往公共租界的人群时,又进行了低空轰炸和扫射⑥。当天中午,日本海军航空队以商务印书馆藏有第十九路军为借口,出动约20架飞机对其进行了狂轰滥炸。据《申报》报道:

①② 欧阳杰.中国近代机场建设史[M].北京:航空工业出版社,2008:434.

③ 青青.中日飞机笕桥激战记:中国空军史上光荣悲壮的一页[J].航空生活,1936(12):93-94.

④ 秦孝仪.中华民国重要史料初编:对日抗战时期(绪编1)[G].台北:中国国民党中央委员会党史委员会,1981:464.

⑤ 防卫厅防卫研究所战史室.海军航空概史[M].东京:朝云新闻社,1983:272.

⑥ 炮火中十六小时目击激战详况[N].申报,1932-01-30(3).

至十一时许,商务印书馆总厂竟亦着弹,适落天井内,当即爆烈,继即发火。而当时厂内各工人,早已走避,至救火车因在战事区域内,无从施救,乃只得任其延烧,一时火光烛天,照及全市。尤以纸类堆积,延烧更易,片刻间编辑部即遭波及,所装备之各种印刷机器,全部烧坏。焚余纸灰,飞达数里以外,即本馆左右,均有拾得,可见当时火势之一斑。与商务书馆相对为邻之东方图书馆,因火焰冲过马路,竟亦遭殃,全部被毁。商务书馆总厂房屋,于下午三时许,即全部倒塌,但火势至五时许犹未全熄。①

2月5日,日本飞机轰炸了上海难民收容所。当时在收容所里有8000多名难民,场面相当惨烈,有48人被当场炸死或因伤重死亡。国联中国水灾救济委员会督办辛普森爵士对日军的这种暴行提出强烈抗议,指出"日人此次行为实属残忍无人道,且从军事立场而言,亦属无益"②。日本驻国联代表佐藤在受到质问时则辩称"收容所四周有铁丝网障碍物,飞机因是误会,致有此错,可为扼腕"③。2月10日,日本海军大臣被追问"日本飞机轰炸了无防御地,是怎么回事,是指中国军队占领的车站吗?"他这样回答:"轰炸无防御地一说完全是误传,是因为他们不知道那是铁丝网密布、架着炮台的中国阵地。"④从上述事例可以看出,在国际社会的普遍谴责下,日本仍在不断地进行狡辩和掩盖。

1932年一·二八事变期间,日军对上海进行了长达1个多月的无差别轰炸,大批的民房、商店、工厂、学校被炸毁,造成了大量人员伤亡。上海市社会局战后对被轰炸情况进行了调查统计:日军在上海的闸北、彭浦、江湾三个区的轰炸就造成1208人死亡、531人受伤、763人失踪,房屋被炸仅江湾地区就有7593间,轰炸使闸北地区五六十万人无家可归⑤。有人认识到没有制空权将来可能会面临更大的危险,他们忧虑"敌人空军的威力,发挥无余;而我们对于都市防空的无

① 日机投弹商务印书馆烧毁[N].申报,1932-01-30(2).
② 日机轰炸闸北难民辛卜森提抗议[N].申报,1932-02-15(3).
③ 国联决定召集特别议会[N].申报,1932-02-21(5).
④ 枢密院会议メモ·一、上海事件に关する报告[A].日本亚洲历史资料中心(JA-CAR),编号A03033731700.
⑤ 宋元鹏.上海民防志[M].上海:上海社会科学院出版社,2001:2.

准备,亦暴露无遗"①。

对中国和中国革命进行报道的美国战地记者斯诺,当时正在旅途中,他在东北和上海,目睹了空袭下死去的许多非战斗人员的尸体。1934 年,他在《远东战线》一书中写道:

> 数架水上飞机在我们的头上盘旋,有两架突然急速地俯冲下来,能清晰地看到银灰色翅膀上的膏药旗。有英国人喊,"不好,这些混蛋要投弹",只见两架飞机把机首一昂,两颗白色的炸弹落了下来,脚下地面立时晃动起来,树木飞上了高空,车站方面升起一股浓烟,接着红色的火焰升腾而起。

> 空袭进行了近 1 小时 30 分,水上飞机各投掷了四五枚炸弹,为了补充返回了基地。空袭时还投下了高性能的空中鱼雷以及装有 50—100 磅硫磺的燃烧弹,在中国民众密集居住区投下。这次空袭没有任何预告,居民们躲藏不及,有数十人粉身碎骨,还有些人丧生在烈火中。②

斯诺后来又追踪调查了日军在南京、武汉、重庆的暴行。从锦州到上海,从陆军航空队到海军航空队,日本航空部队在无差别轰炸中手段之卑劣令人发指。

---

① 杨哲明.都市防空问题的检讨[J].东方杂志,1934,31(4):49.

② 前田哲男.从重庆通往伦敦、东京、广岛的道路:二战时期的战略大轰炸[M].王希亮,译.重庆:重庆出版社,2015:29-30.

# 第四章　备战：对日防空计划的制定与实施

一·二八事变后，面对日趋严重的空中威胁，国民党政府开始制定对日防空计划，以期摆脱不利的战略困局。由于国内外政治、军事形势的变化，国民党政府对防空计划先后进行了几次调整，但最终只有部分内容得以实施。到全国抗战爆发时，中国空军的实力与日军相比仍存在着较大差距。

## 一、威胁：日本航空力量的进一步壮大

日军航空队在九一八事变和一·二八事变中表现出的绝对领先的军事优势，进一步刺激了日本发展空军的欲望。随着日军侵华步伐的加快和军国主义思想宣扬的深入，日本国内民众也逐渐陷入战争狂热之中。日本各界的捐款购机运动加快了飞机制造业的发展，到 1936 年时，日本飞机制造厂达到了一年生产 1100—1200 架飞机的能力①。日本飞机制造业的发展，受益于其发达的现代制造工业，不仅如此，为了能生产最先进的战机，日本还不断引进德国、英国等发达国家的先进生产技术。在发动全面侵华战争前，日本的企业如三菱公司制造出的九六式舰载战机已达到世界先进水平。

日本陆军航空队的规模不断扩大。截至 1934 年，日本陆军航空队已经下辖 11 个侦察中队、11 个战斗中队、4 个轰炸中队②，每个中队飞机配备充足，飞行员训练系统，作战能力和水平较高。

日本陆军继续扩充航空力量。日本陆军的整体实力在 20 世纪 30 年代初已接近当时的世界军事强国，但陆军参谋本部仍提出"关于航空军备，特别作为重

---

① 元美.日本空军发展之现势[J].航空杂志,1936,6(4):32.
② 卓献书.战时国土防空之理论与实际[M].上海:商务印书馆,1934:50.

点,航空工业力量扩充到最大限度"①。1936 年,日本政府在通过的《军备充实计划大纲》中,关于陆军航空队的发展目标,明确提出到 1942 年建成 140 个飞行中队及相应的各部队。经费预算方面也进行了大幅度的增加,计划在 1937 年到 1942 年每年投入 3.5 亿日元发展国内航空和防空建设②。1937 年,日本陆军开始设立航空兵团,主要包括 3 个飞行团:第一飞行团包括 5 个飞行联队,司令部设于日本的岐阜;第二飞行团包括第六、第九两个飞行联队,司令部设于朝鲜的会宁;第三飞行团包括第八、第十四两个飞行联队,司令部设于中国台湾的屏东③。

截至 1937 年 8 月 14 日,日本有陆军飞机约 1000 架、海军飞机约 1200 架。全国抗战初期日军用于侵华的空军兵力,属于陆军航空队的约 29 个中队,约有飞机 300 架;属于海军航空队的有 7 个航空队,有 3 艘航空母舰及 5 艘水上飞机母舰,约有飞机 550 架,海陆军航空队合计共有各式飞机 850 架。日本已基本上建立了能独立生产各式飞机和航空兵技术设备的工业体系,航空兵采用的技术装备如通信、导航、空中照相等装备都比较现代化。而且,日军为发动侵华战争进行了长期的准备,飞行员训练有素,技战术水平较高。

## 二、防空:作战防空计划的制定与实施

国民党政府对日防空方针政策的确定,有一个随着日本对华侵略的加深而逐步演变的过程,其中涉及积极防空方面的计划主要有以下几个。

一是《空军作战防空计划》的制定。1931 年九一八事变爆发后日本航空队

---

① 日本防卫厅防卫研究所战史室.中华民国史资料丛稿:译稿(中国事变陆军作战史 第 1 卷第 1 分册)[M].田琪之,译,北京:中华书局,1979:86.

② 日本防卫厅防卫研究所战史室.中华民国史资料丛稿:译稿(中国事变陆军作战史 第 1 卷第 1 分册)[M].田琪之,译,北京:中华书局,1979:87.

③ 日本防卫厅防卫研究所战史室.中华民国史资料丛稿:译稿(中国事变陆军作战史 第 1 卷第 1 分册)[M].田琪之,译,北京:中华书局,1979:99.

对东北锦州的轰炸,开启了日本帝国主义利用飞机轰炸我国重要城市的先河。国民党政府面对来自空中的严重威胁,迫切需要建设空军加强防空。1931 年底,国民党政府在庐山会议上制定并通过了《空军作战防空计划》。这一计划首先对现代战争的发展趋势进行了分析,对发展空军的重要性和紧迫性作了说明:"昔日战争在于陆面,近代则移至海上,将来必在空中。孰能在空中领先便即为国际政局之霸主。近几年来日俄两国对于空中之发展不遗余力,其空军兵力日本约 1000 架,苏俄约 1400 架,将来侵略吾国势将以此为嚆矢,是以我国五年内之国防建设实不容再缓。"①根据这些分析,此次计划确定了空军与陆海军联合作战的方针,并对空军的使命和任务作了界定:协同陆军作战并制止敌方空军的活动,协助海军防止敌人运输登陆。

《空军作战防空计划》在地面防空筹划上,计划于 5 年内建设七五移动高射炮 26 连、探照灯 12 连。为便于指挥,必要时编成混合营集中应用,或将探照灯与听音器分配于各高射炮连,使其协同动作。在通信方面,拟以利用固有电报电话及军用无线电台为主,其他地区的通信网按各地区设备情形临时指挥确定。在防空专业教育和人才培养方面,准备设立一所防空学校,培养各项专业人才,以应野战军及要塞并各要地防空需要。第一部《空军作战防空计划》虽然还不够完善,但它的制定标志着国民党政府对日防空的起步。

二是《空军五年建设及防空计划》的出台。1932 年一·二八事变日本航空队对上海及周边地区的轰炸,给中国军民造成了巨大损失,也给国民党政府上了沉痛的一课。随着日本侵华步步紧逼,中国空军建设和防空形势更加严峻。1932 年 6 月,面对日益严重的空中威胁,国民党政府出台了《空军五年建设及防空计划》。该计划的内容主要分为两部分:第一部分是未来五年的中国空军国防建设及财政预算纲要,第二部分重点是对未来五年日本可能对中国发起的空中侵略的估计和应做的准备及防空建设。对于未来五年军事发展形势的预判,该计划认为:"近年以来潮流所至时势所趋,各国无不移其陆海军力量转而扩充空军,猛进突飞,精良设备,是以英、美、德、俄诸强国各有飞机数千架,即日本以航空后进国家,近年

---

① 空军作战防空计划、军事航空港站计划草案等文件[A].中国第二历史档案馆,卷号787 – 16970,1931.

空军扩充结果,高精尖飞机在 1500 架以上,以上可知空军事业为国防上不可缓之主要设备也。我国空军仅具雏形,日本窥我空虚,攻我弱点,侵占我土地,蹂躏我名城,运用少数飞机而我已感重大压迫,时及事危。"①从当时国民党政府对形势的分析上可以看出,一·二八事变后,中国面临的国防压力骤增。

《空军五年建设及防空计划》中的"国防空军建设五年计划及预算大纲"部分主要包括以下几个方面。一是在空军各兵种的人员培养问题方面,计划两年内分别在南京、杭州、洛阳、北平 4 地筹建 4 所航空学校,5 年内在国内建成 16 所航校、4 个高级班,培养飞行员、机械人员各 2000 名以及 4000 名技术兵。顾及时间紧迫,计划飞行员及机械人员的培养以两年为一届,技术兵的培养以半年为期限。二是在航空工业和飞机制造方面,计划到 1934 年先建设 3 座飞机制造厂,投产第二年有每年生产 200 架的能力,5 年后能达到 1080 架,实现国产飞机自给自足的目标。三是防空区域划分和空军建设规模方面,针对疆土辽阔、防空任务重的国情,根据战略重要程度和战时可能发生的情况,把全国划分为 10 个空防区,空军规模未来 5 年能够扩大到 12 个联队,每个联队下设 5 个飞行中队,空中力量重点部署在东部沿海城市,以构筑对日的空中第一道防线。

《空军五年建设及防空计划》中的"对日防空五年计划及预算大纲"部分主要包括地面防空兵力、编制、配置、建设等内容。确定防空兵力以防空炮队为主,重点配置于我国与日本相近的东部沿海各省。其中,辽宁、山东、江苏、福建、广东一带海岸线,为日本侵入地带,辽阳、天津、榆关、营口、烟台、青岛、海州、吴淞、温州、厦门、广州等处均为要隘,在这些地方各驻防空高射炮队一营,5 年内计划成立 15 营防空炮队,具体分布如表 4 所示:

表 4　防空炮队五年发展计划表②

| 时间＼内容 | 防空炮队编号与驻地 |
|---|---|
| 第一年 | 第一营　南京　　第二营　上海　　第三营　北平 |
| 第二年 | 第四营　天津　　第五营　榆关(或秦皇岛)　　第六营　海州 |
| 第三年 | 第七营　厦门　　第八营　广州　　第九营　杭州 |

①②　空军五年建设及防空计划[A].中国第二历史档案馆,卷号 787 - 16963,1932.

续表

| 时间 内容 | 防空炮队编号与驻地 | | |
|---|---|---|---|
| 第四年 | 第十营　青岛 | 第十一营　济南 | 第十二营　汉口 |
| 第五年 | 第十三营　张家口 | 第十四营　福州 | 第十五营　洛阳 |

此外,计划筹建防空学校一座(在太湖边上),利用固有电线电话及军用无线电台建立情报网,加强民众防空教育,举行防空演习。平时政府以布告、报纸、无线电、电影图画、演说等方法宣传于民众,灌输防空教育,着重对"空中之副防御"(如阻塞气球、纸鸢)、"毒气之防范"、"伪装"、"掩蔽部"、"警报及灯火限制"等各种防空措施进行规划。

《空军五年建设及防空计划》以防御为主要目的,反映了面对日益逼近的日本军事威胁,特别是空中威胁,国民党政府试图加快空军人才的培养和建立严密防空体系的愿望。

三是《空军1933—1939年建设计划及防日计划》的制定。1933年7月,国民党政府在日趋严峻的空防危机下又制定了《空军1933—1939年建设计划及防日计划》。该计划根据当时空军建设实际情况和航空工业发展现状,对上一年制定的五年计划进行了调整,其主要内容包括:在航空学校建设和人才培养方面,计划在三年内建成1所高级航空学校、2所初级分校,并在飞机修理厂设立机械士学校,要培养出800名飞行员、3960名机械士和学徒;在如何发展航空工业方面,计划在南京、洛阳、广州三地分别建造一座飞机制造厂,在杭州、西安、保定三地分别建立一座飞机修理厂;在空军发展规模和分布方面,要建成16个空军团,下设48个飞行队,其中有315架飞机组成的21个驱逐机队,135架飞机组成的9个侦察机队,180架飞机组成的18个轰炸机队。空军部队驻地根据空防形势,计划以洛阳为空军总部,在保定、西安、汉口、南京和广州设分部。同时,配合空军空防的需要,地面防空方面也进行了部署和规划[1]。

四是《防空作战计划》的制定。由于日本侵华步伐的加快,国民党政府难以

---

[1]　空军1933—1939年建设计划及防日计划[A].中国第二历史档案馆,卷号 787 -16964,1933.

完全按上述计划加以建设,军事委员会于 1936 年 3 月又制定了《防空作战计划》①,根据敌强我弱的特点,决定采取"长期抗战策略"。在这个计划中,国民党政府对日本空中力量在未来战争中对中国的作战意图进行了推测和判断:如果战争爆发,日本空军首先会对中国的军事、政治、工业中心进行毁灭性打击,夺取中国制空权,在协助日本陆军作战的同时,阻断国际援助中国的补给线;为达到其速战速决的目的,会对中国民众进行大规模的无差别轰炸,以引起民众的恐慌和反战心理,进一步导致国民党政府的下台。针对日军上述几方面的意图,并结合我国地区广大、高射炮部队数量有限、防空力量薄弱的实际情况,国民党政府在防空上决定采取集中使用兵力,以击落敌机为主,减少敌机轰炸命中率的原则,组建严密的防空监视网,重点防护首都南京。

五是制定《民国二十六年度作战计划(甲、乙案)》。1937 年 1 月,国民党政府根据当时的形势又制定了两套具体的防空作战计划——《民国二十六年度作战计划(甲、乙案)》。这两套防空计划首先对日军空中力量进行了评估,认为日本陆、海军航空队飞机不下 3000 架,然后又对如果战争爆发日军空中力量进攻的主要方向和重点进行了推测,认为开战"或先以主力轰炸我重要城市及我空军根据地并主要交通线及铁路之要点,而以其一部分协助其陆军之作战"②。根据上述判断,作战计划的内容主要涉及以下几个方面。

防空力量的组成方面,主要以地面高射炮协同空军驱逐机队担任,防空重点分布于东部沿海大都市和各军事要塞,其中:首都附近配备 7.5 高射炮 2 连,两公分高射小炮 30 门,7.9 高射机关枪 70 挺;杭州附近配置 7.5 高射炮 1 连,两公分高射小炮 4 门,7.9 高射机关枪 8 挺;孝义兵工厂设 7.9 高射炮 2 连,7.9 高射机关枪 8 挺;洛阳附近配置两公分高射小炮 4 门,7.9 高射机关枪 4 挺;其余各大都市如天津、北平、济南、福州、广州等处,均预先筹划防空事宜③。

空军力量的配置方面,主要分为两个阶段:一是在集中期阶段,空军主力重点部署在徐州和郑州,可以从北面阻挡日军空中侵犯首都南京;二是在会战期阶

---

① 防空设施及抗战经过概要(附南京成都汉口贵阳市防空图)[A].中国第二历史档案馆,卷号 787 - 17029,1945.

② 中国第二历史档案馆.抗日战争正面战场:上[A].南京:凤凰出版社,2005:5.

③ 中国第二历史档案馆.抗日战争正面战场:上[A].南京:凤凰出版社,2005:17.

段,空军主力重点部署在南京和徐州,其他空军则配属于各作战部队。

该计划在军队防空方面也对各野战军进行了部署。作战计划对组建防空情报网进行了详细的规划:"应于南京、杭州、上海、徐州、海州、开封、洛阳、济南、北平、青岛、福州、广州、南昌、太原、镇海、厦门及归绥等地,配置防空监视哨,构成严密防空情报网。"①

自 1932 年一·二八事变后,国民党政府参谋本部几乎年年都制定有关对日防空和空战的计划,虽然在前期由于其"攘外必先安内"的政策,并没有完全按计划实施,但还是取得了不少积极的进展。到全国抗战爆发前,国民党政府在积极防空建设方面的成效主要表现为以下几个方面。

一是航空队(驱逐队)的组建。截至 1936 年,国民党政府的空军力量已初具规模。航空委员会拥有战机 113 架,分编为 14 个航空大队;海军部有飞机 15 架;国民革命军第一集团军空军司令部有飞机 123 架,其中的 70 架分编为 6 个航空队;全国各地航空学校共有各类飞机 66 架;晋绥军航空队和四川善后督办公署航空司令部共有飞机 18 架②。另外,当时中国民用航空飞机共有 33 架,其中,中国航空公司 19 架,欧亚航空公司 8 架,西南航空公司 6 架③。具体编制与分布情况如表 5—表 8 所示④。

表5　航空委员会空军各队和飞机一览表(1936 年 2 月 5 日)

| 队别 | 飞机名称 | 飞机种类 | 架数 | 状况 | 驻地 |
|---|---|---|---|---|---|
| 第一队 | 诺斯罗卜 | 轻轰炸机 | 9 | 1 架修,余妥 | 南昌 |
| 第二队 | 诺斯罗卜 | 轻轰炸机 | 9 | 全妥 | 南昌 |
| 第三队 | 达格拉斯 | 侦察机 | 9 | 2 架修,余妥 | 成都 |
| 第四队 | 达格拉斯 | 侦察机 | 8 | 1 架修,余妥 | 西安 |
| 第五队 | 可塞 | 侦察机 | 8 | 1 架修,余妥 | 宜昌、重庆 |

① 中国第二历史档案馆.抗日战争正面战场:上[A].南京:凤凰出版社,2005:18.

②④ 空军各队现有飞机一览表(附中部防御计划防空配备图)[A].中国第二历史档案馆,卷号 787 - 16965,1936.

③ 中国民用航空航线航站设备及飞机概况图表[A].中国第二历史档案馆,卷号 787 - 16967,1936.

续表

| 队别 | 飞机名称 | 飞机种类 | 架数 | 状况 | 驻地 |
|------|---------|---------|------|------|------|
| 第六队 | 可塞 | 侦察机 | 9 | 5架修,余妥 | 成都 |
| 第七队 | 伯泰达27 | 驱逐机 | 8 | 3架修,余妥 | 南昌 |
| 第八队 | 费亚特CR32 | 驱逐机 | 6 | 1架修,余须补修 | 南昌(另有CR30式费来提1架即拨该队) |
| 第九队 | 卡卜罗尼 | 重轰炸机 | 5 | 2架修,余妥 | 西安、成都 |
| 第十队 | 萨勿亚 | 特重轰炸机 | 8 | 新购 | 南昌 |
| 第十一队 | 诺斯罗卜 | 轻轰炸机 | 9 | 全妥 | 杭州 |
| 第十二队 | 可塞 | 侦察机 | 9 | 1架修,余妥 | 南昌 |
| 第十三队 | 贝来盖 | 侦察机 | 7 | 全妥 | 南昌 |
| 第十四队 | 费亚特BR3 | 轻轰炸机 | 9 | 2架修,余妥 | 南昌 |

附记:一、第三、四、五、六队分驻前方"剿共",第九队担任前方运输,其余各队则在后方整理训练中;

二、本表所列各队飞机架数系现有实数,其已损毁、报废、待报废之机均未计入。

表6　海军部飞机一览表(1936年1月)

| 队别 | 飞机种类 | 飞机架数 | 状况 | 驻地 |
|------|---------|---------|------|------|
| 海军航空处 | 拖式双桴水上侦察机、教练机,拖式陆上教练机、炸击机、水陆互拖式教练机 | 10架 | 6架良好,4架在修理中 | 厦门 |
| 海军制造飞机处 | 水陆互拖式侦察机、教练机,拖式双桴水上侦察机 | 5架 | 4架良好,1架在修理中 | 上海、定海 |

附记:海军飞机并未编队。

表7　国民革命军第一集团军空军司令部飞机一览表

| 队别 | 飞机种类 | 架数 | 状况 | 驻地 |
|------|---------|------|------|------|
| 第一中队 | 侦察机、练习机、运输机 | 12 | 妥善 | 韶州 |
| 第二中队 | 驱逐机、侦察机、教练机 | 14 | 2架修理,余妥 | 天河机场 |
| 第三中队 | 侦察机、教练机 | 9 | 妥善 | 韶州 |

续表

| 队别 | 飞机种类 | 架数 | 状况 | 驻地 |
|------|---------|------|------|------|
| 第四中队 | 轰炸机 | 6 | 妥善 | 从化 |
| 第五中队 | 轰炸机、运输机 | 9 | 1架修,余妥 | 从化 |
| 第六中队 | 驱逐机、水陆机、练习轰炸机 | 20 | 1架修,余妥 | 天河机场 |
| 航空学校 | 教练机 | 29 | 6架修,余妥 | 白云机场 |
| 军官班 | 练习机、测影机 | 20 | 3架修,余妥 | 天河机场 |
| 摄影所 | 单翼运输机、轻轰炸机 | 4 | 2架修,余妥 | 天河机场 |

表8　广西航空学校飞机教导两队飞机一览表(1936年)

| 队别 | 飞机种类 | 架数 | 状况 | 驻地 |
|------|---------|------|------|------|
| 飞机教导第一队 | 战斗机、轻轰炸机 | 6 | 其中1架已坏 | 柳州 |
| 飞机教导第二队 | 侦察机 | 7 | 其中1架已坏 | 梧州 |

备注:都在训练中。

二是防空部队的建设。全国抗战爆发之际,国民政府按计划共成立了7.5高射炮7个连;高射机关炮1个团;以3.7高射机关炮为主,以2.0小炮及1.32高射机关枪为辅的防空部队共17个连,番号为炮兵四十一团;原有2.0小炮连改为高射机关炮一队,后组成炮兵四十二团,至七七事变前扩充至四十九团。照测部队方面,1936年12月,防空学校将英、德各式照测器材组成照测两队,后增至9个队。

三是监视队哨的广泛设置。"八一四"空战前,除冀鲁两省外,全国共有205个省防空监视队、1345个防空监视哨、104个独立防空监视哨。此外防空通信准备也有了较大的进展。

## 三、规划:国民防空计划的制定与组织建设

日军在九一八事变时对中国东北的锦州等地进行了无差别轰炸,又在一·二八事变中对上海民用设施和市民进行大规模的轰炸,相继给中国民众带来了

巨大的灾难,中国的首都南京也遭到了直接威胁。国军将领蒋百里①和黄镇球②
面谏蒋介石,陈述国民党政府迅速建立有效的防空体系的迫切性,引起了蒋介石
的重视。1932 年 9 月南京国民党政府制定了《南京临时防空计划》③。这部防空
计划对南京进行了全方位的防空部署,驱逐机队作为空中防空力量,高射炮部队
作为地面防空力量,防空监视哨所构织成健全的防空情报网。这是我国首部都
市防空计划,是我国城市防空开始的标志。

　　为了进一步提高民众的防空意识和技能,1932 年国民党政府还制定了《民间
防空准备方法》④。针对敌方空袭前如何构筑防空壕、搭建掩蔽部、建立防空警
报,敌机轰炸时如何消防消毒、交通灯火管制、保护工厂及城市供水供电机关等
方面,进行了详细的方法介绍和技术指导。

　　1936 年 3 月国民党政府军事委员会制定的《防空作战计划》⑤中,除布置积
极的防空作战计划外,也提到了国民防空问题,计划建设全国防空情报网,明确
了全国防空的组织机构——军事委员会防空处及各省防护团的建制。同年 7
月,国民党政府又出台了《防空建筑规划疏散办法及三年建设计划》⑥,对未来三
年的城市建筑进行防空规划,制定了战时疏散办法。该计划刚开始实施的第二
年全国抗战即爆发,计划不得不搁置。

　　1937 年 8 月 19 日,国民政府颁布了《防空法》,旨在使政府运用法律手段来

---

　　①　蒋百里(1882—1938),名方震,字百里,浙江海宁人,民国时期著名军事理论家、军事
教育家。1901 年在日本陆军士官学校留学,1906 年被派往德国研习军事,1912 年任保定陆军
军官学校校长,1913 年任袁世凯总统府一等参议。1936 年赴欧美考察,回国后倡议发展空军。
1937 年出版了军事论著集《国防论》,1938 年病逝于广西。

　　②　黄镇球(1898—1979),广东梅县人。湖北第二预备学校、保定陆军军官学校第六期步
兵科毕业。1929 年赴德国研习防空学,1933 年回国筹建防空学校,历任中央防空学校校长、防
空委员会副主任、南京防空副司令、防空委员会防空厅长、防空监、防空总监等,1979 年卒于台
北。著有《防空讲话》《防空十二年》《联勤讲话》等书,是我国防空事业的创始人,被称为"中
国防空之父"。

　　③　南京临时防空计划[A].中国第二历史档案馆,卷号 787 – 17017,1932.

　　④　民间防空准备方法[A].中国第二历史档案馆,卷号 787 – 17016,1932.

　　⑤　防空设施及抗战经过概要(附南京成都汉口贵阳市防空图)[A].中国第二历史档案
馆,卷号 787 – 17029,1945.

　　⑥　防空建筑规划疏开办法及三年建设计划审核会议录[A].中国第二历史档案馆,卷号
787 – 17020,1936.

保障战时防空的实施。它规定服役防空是人民应尽的义务,以法律的形式规定在各省市及要地成立防空司令部或防空指挥部为防空作战指挥机关,在军事委员会统一指导下使用防空部队和防空情报。

在国民防空的组织建设方面,1934 年 8 月军事委员会内设立了防空处,1935 年 3 月改称防空委员会,仍隶属于军事委员会,负责全国的防空业务。同年秋,蒋介石还电令苏沪等地 19 省市组织防空学会,进行防空知识与技术的宣传,东部各省纷纷组建相关机构。后来省一级防空学会改为各省防空协会,市县防空学会则称防空支会。军事委员会在 1936 年 7 月颁布的《防空协会组织大纲》规定,各防空协会主要负责人应由当地的行政领导和军、政、警、党部高级人员担任,防空协会在行政系统上隶属于军事委员会。全国抗战爆发后,防空协会于 1938 年 6 月改属于各省防空司令部,会长由防空司令兼任。

防护团是国民防空最基本的组织形式。南京市国民党党部在 1932 年的一·二八事变后成立人民自卫指导委员会,负责首都南京市防空业务的开展,各街道联络员兼任防空工作,我国最初的防空防护团就这样组建起来了。1934 年,南京市举行了第一次防空演习,成立了八大防护团体,其中包括警报、消防、消毒、工务、伪装、救护、交通管制、灯火管制等。当时的防护团成员都是从其他机关单位抽调出来临时组成的。1936 年秋,南京、上海两市和豫苏两省率先成立了由专业人员组成的防护团,其他各省也相继于 1937 年成立。防护团在县(区)团以下设分团,一般每个分团设有警报、消防、防毒、工务、救护、避难管制、交通管制、警备配给、灯火管制 9 个专业分工不同的班。

全国抗战爆发前防护团团员的训练,是遵照军事委员会颁布的《防护团训练大纲》即防护团训练实施细则进行的,按训练对象的不同划分为干部训练、个体训练及团体训练三类,以“学”“术”两个科目为主要训练内容。防护团的组织与训练在全国抗战爆发后,根据作战需要和实际情况作了适当的调整。1938 年夏,航空委员会主管全国防空业务后,防护团的训练内容在原来的基础上又增加了精神讲话和军事训练,还颁布实施了各省、市、县及各要地防护团训练办法。

## 四、实施:战前国民防空计划的落实

为了实施国民防空计划,国民党政府在全国范围内开展了防空教育宣传,组建起防空情报网,举办了防空演习,建设了一批防空工程设施,并对民众进行了防空方面的演练。

1933 年 9 月,国民党政府航空署召集中央各机关公务员,成立了人民防空研究班,进行防空教育和培训,我国的防空教育由此开始[①]。国民党政府真正进行专业化防空教育培训,是从 1934 年 1 月在杭州笕桥成立防空学校时开始的。防空学校对学员主要进行积极防空和消极防空两个方面的训练,先后设置了防空研究班、防空情报训练班,并成立了高射炮学员队、军士队等。迫于时局的变化,为尽快为各地培养和输送防空人才,扩大民众对防空重要性的认知,促进基本防空技能的掌握,防空学校举办了多期防空教育班。首先是对各省的公务员们进行防空知识和技能的教育培训,主要包括消极防空方面的消防、防毒、避难、灯火管制、交通管制与防空情报等。针对市县级基层机构,则把公务员集中到省会进行短期培训。这些学员毕业后回到基层开展防空宣传教育,大大提高了防空知识的传播和民众的防空意识。同时,毕业于防空学校的学员大多成为各地的防空情报所和监视队哨的业务骨干。

全国抗战爆发后,即使在不断内迁的过程中,防空学校的教育班仍日益扩展着,培养出的一批批高射炮手、通信人员等防空专业人才,源源不断地输送到抗战前线、敌后以及遥远的边陲,甚至远赴印度,担负起痛歼日寇战机与保卫祖国领空安全的责任[②]。

同时,国民党政府还在各省成立防空训练班、防护干部训练班、防空情报训练班以及各种防护训练班,对地方干部和群众进行防空知识和技能的培训。

对民众进行宣传教育关系着防空建设的成效。为了加大宣传力度,防空处在 1933 年组织防空专家编写了《民间防空准备方法》一书,用通俗易懂的语言和

① 韩汉雏.防空漫谈[J].航空杂志,1940,9(6):92.

② 宣诚.防校简历[J].防空军人,1943(2):19.

直观的图画向民众讲解如何构建掩护体、挖建防空壕等防护实用技能。1935 年又创办《防空杂志》，编印各类通俗易懂的防空读本，分发给各机关单位和各中小学，以便他们了解和学习。同时，防空处还采取各种手段加大宣传力度，如组织专家宣讲团进行防空讲演、悬挂防空标语、发放防空挂图，利用各种宣传渠道以使民众了解防空常识并掌握一些基本的防空技能。

图 7    国民革命军总司令部航空处和航空同志会出版的《航空月刊》

图 8    《防空杂志》上的蒋介石题词          图 9    《防空杂志》上的张学良题词

国民党政府在战前进行防空建设的另一个重要举措就是进行全国防空巡回

展览。从1935年5月起至全国抗战爆发的两年多时间里,国民党政府在中东部10多个省份举办了4次防空巡回展览。展览中的图片、器材和各种场景布置吸引了数百万人次的民众前来参观,既让他们了解了战争发展的新趋势、出现的新威胁,又让他们深刻认识到国家制空权的重要性、防空工作的重要意义,为我国在全国抗战爆发后的防空业务开展和推进奠定了良好的基础①。

提高防空效率的关键是防空情报网络的组建。1934年,国民党政府在南京进行防空演习筹备的过程中,构建了最初的防空情报网,当时在京沪铁路、津浦铁路、京杭公路沿线及长江南北两岸各重要地点分别设立了防空监视哨。1935年秋举办京杭镇联合防空大演习时,除上述监视哨外,又在苏北及浙、皖两省增设监视哨数十处。1936年军事委员会制定了全国监视情报网的配备计划,将全国划分为9个防空区,每个防空区分别设立防空监视哨、防空监视队、水上防空监视船、独立防空监视哨等。1937年全国抗战爆发时,国民政府已经建立省防空监视队205个、防空监视哨1345个、独立防空监视哨104个②。当有敌机侵袭时,分布在各大城市周围100—250公里的监视哨人员,利用所携带的通信工具将监视到的敌机数量、飞行方向和机种等逐次传递给防空部门,可以使预警区做好充分的防空准备。

防空信息的传递通过通信设施来完成。国民党政府的防空通信系统是在原有的有线电话、有线电报、无线电报和电台基础上形成的。1931年以后,国民党政府交通部开通了9省长途电话,滨海、沿江各市县也在交通便利、人口稠密之处铺设了电话线,情报所至长途电台及队哨至当地电局的专线均已架成,各情报分所均配有功率较大的电台,虽然没有专用的军事防空通信系统,但这种情报传递方式已经组建起了能够迅速运转的防空情报网,大大提高了防空效率。

到全国抗战爆发时,遍布各地的防空哨形成了较为完整的防空情报网络。中国部队虽然没有一部地面雷达,但日军所有的前线机场均处于我方防空哨的监视之下,日机出动20分钟内,防空部门就能根据监视哨所人员汇报的信息判断出敌机飞行方向、规模和机型,并及时做好防空预警和战斗准备。陈纳德给予

---

① 空军沿革史初稿[A].中国第二历史档案馆,卷号787-581,1945.
② 黄镇球.首次防空节来谈我国防空之创造作战及演进[J].防空节纪念特刊,1940:10.

国民政府防空情报工作以极高的评价,他在抗战胜利后回到美国特别定制了1万个飞机徽章,委托黄镇球赠予在高山峻岭之上为国家站岗放哨的防空人员,以表达其敬意。

1934年,设于杭州笕桥的防空学校建成后,校长黄镇球深感我国防空业务的薄弱,特电请蒋介石在杭州先举行小规模演习,然后推及南京。蒋介石接受了黄镇球组织防空演习的请求,并建议将首次演习地放在南京①。

国民党政府进行的第一次防空实地演习于1934年11月21—22日在南京举行。南京防空演习经过3个月的精心筹划和准备,演习内容主要包括防空部队对空作战、高射炮与探照灯协同动作、分区施放烟幕弹以扰乱敌机视线、灯火管制、民众防护等。这次大规模的城市防空演习非常成功,各大媒体及时跟进进行宣传,有21个省市的代表团亲临现场进行观摩学习,在提高南京市民防空意识的同时,也为抗战中遭受日机轰炸的中国其他城市提供了宝贵的防空经验。

图10 《防空杂志》上的白崇禧题词

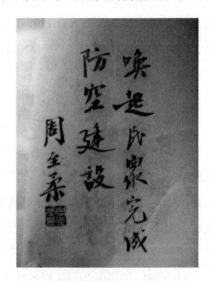

图11 《防空杂志》上的空军作战前敌总指挥周至柔题词

为了进一步推广南京城市防空演习的成功经验,提高国民的防空技能,国民党政府在1935年以后决定在全国范围内开展防空演习,重点放在东南沿海城

① 黄镇球. 首次防空节来谈我国防空之创造作战及演进[J]. 防空节纪念特刊,1940:11.

市。首次跨省市大范围的防空联合演习是 1935 年 11 月 28—30 日举行的京杭镇联合防空演习，南京、杭州、镇江等长江三角洲地区进行防空协同作战配合，对这一地区的监视哨所、警备勤务、夜间灯火统一管制等方面进行了重点演练。防空委员会对演习中出现的问题提出了详尽的改进意见，并对每一个环节进行了认真总结。这次针对日军有可能发生的突袭而举行的大范围、大规模防空专项联合演习，加强了东南沿海各省之间的防空配合力度，对东南沿海的防空设施、防空人员配置等进行了补充和完善，形成了较为严密的南京首都防空圈，在抵抗日军对南京长达近 4 个月的突袭轰炸、减少人员伤亡方面起了非常重要的作用。

军事委员会在成功地举办上述这两次防空演习后，从 1936 年开始在全国范围内进行推广，重点在长沙、福州、武汉、太原、上海等大城市分别举办，并进行了开封、郑州、巩县、洛阳等多地防空联合大演习。多地举行的防空实战演练，迅速提高了当地防空人员的能力和水平，防空机关和相关团体及部队的配合度得以提升，当地民众对防空知识和技能都有了一定程度的了解，加深了对防空措施重要性的认识，扩大了社会影响力。但由于时间和经济实力等方面的限制，防空演习多集中于中东部的大城市，中小城市和广大的农村都没有覆盖到，广大民众的防空意识仍比较薄弱。

对于民众来说，参与防空演习活动是提高防空能力的最好途径，但国民党政府的物力、财力都有限，而且演习活动的筹划准备时间长，工作比较繁杂，因此演习次数有限。考虑到当时的实际情况，最为务实有效的做法就是对民众进行防空训练。军事委员会于 1936 年 3 月成立公务人员训练委员会和高中以上学生军事训练委员会，负责组织公务人员及学生进行防空训练，举办培训班，先后共有30 余万名的公务人员、学生等受到训练。

防空设施直接关系到防空效果，全国抗战爆发前，国民党政府加大了对防空设备的财政投入和建设，并积极动员和号召民众构筑防空工程。从表 9 中对全国在 1937 年 7 月前构筑的防空壕、避难室、防空洞、防空掩体数量的统计中可以看到，国民党政府在防空设施建设上取得了一定的效果。

表9　全国各省避难设备统计表①

| 地点 | 防空壕数量 | 避难室数量 | 防空洞数量 | 掩体数量 | 容纳人口总数 | 建筑经费总数 |
|---|---|---|---|---|---|---|
| 河南 | 43,616 | 7,247 | 38,376 | 161,481 | 1,111,542 | 259,365 |
| 湖北 | 200 | 4 | 98 | 27 | 58,893 | 58,312 |
| 湖南 | 960 | 190 | 4,919 | 2,770 | 209,180 | 580,573 |
| 广东 | 1,780 | 2,744 | 673 | 2,481 | 310,838 | 237,203 |
| 浙江 | 1,132 | 3,111 | 592 | 401 | 104,200 | 174,856 |
| 陕西 | 1,150 | 791 | 2,173 | 7,734 | 116,763 | 26,775 |
| 甘肃 | 3,705 | 429 | 3,309 | 37 | 281,630 | 71,656 |
| 江西 | 3,570 | 207 | 49 | —— | 193,241 | 7,991 |

　　从上述统计数据来看,各省的防空设施建设存在极不平衡的情况,如湖北、湖南两省的防空壕、避难室数量只是河南省的零头。由于缺乏重视和严格的监管,以及防空人才的缺乏,许多省份的防空设施和防空工程质量存在较大隐患。由于防空避难所存在上述问题,日军轰炸时,因大批民众的涌入而出现大量人员死亡的事件也时有发生,如重庆大隧道惨案即造成数千人窒息死亡②。

---

　　① 各省防护团组织概况、避难设备、防空机构等调查统计表册[A].中国第二历史档案馆,卷号787－16973,1939.

　　② 唐纵.在蒋介石身边八年:侍从室高级幕僚唐纵日记[M].北京:群众出版社,1991:212.

# 第五章　开战：全国抗战初期的中日大空战

淞沪会战开始前，中日双方都对空中力量进行了精心部署。日军把陆军航空队部署于华北，海军航空队部署于华东，在配合其陆军作战的同时，想尽快摧毁位于华东的中国空军基地，消灭实力弱小的国民政府空军。中国为了保卫首都南京和经济中心上海，将空军和防空力量主要布防于江苏、浙江、江西等华东地区。淞沪会战打响的第二天，中国空军奋勇还击，虽取得了"八一四"空战的胜利，但由于空中实力的绝对悬殊，损耗的战机和伤亡的飞行员不能得到及时补充，后期处处落于被动，制空权渐入日军之手。

## 一、军事部署：中日双方空军力量对比与部署

日本空军泛指日本陆军和海军部队的航空兵，它是分属于日本陆军和海军部队的兵种。全国抗战初期日本空军的兵力主要有属于陆军的 29 个中队，飞机约 300 架；海军的 7 个航空队及 3 艘航空母舰、5 艘水上飞机母舰上的飞机，约有 550 架。由于日本工业基础强，其生产的各类飞机和装备在战争消耗后仍能随时得到补充[①]。全国抗战初期，日军采取速战速决的战略方针，其航空队连续出动大批飞机对中国空军机场、海军基地、交通枢纽和重要城市进行狂轰滥炸。日军用于侵华战争的主要作战飞机类型和功能介绍如表 10 和表 11 所示。

表 10　日本用于侵华战争的海军航空队主要作战飞机类型和功能

| 机型 | 马力（匹） | 最大时速（海里） | 续航力（海里） | 武器装备 |
|---|---|---|---|---|
| 九五式舰上战斗机 | 820 | 190 | 665 | 机枪 7.7mm×2，炸弹 30kg×2 |

---

① 姚峻. 中国航空史[M].郑州：大象出版社,1998：86.

续表

| 机型 | 马力（匹） | 最大时速（海里） | 续航力（海里） | 武器装备 |
|---|---|---|---|---|
| 九六式舰上战斗机 4 号 | 680 | 235 | 684 | 机枪 7.7mm×2，炸弹 30kg×2 |
| 零式舰上战斗机 21 型 | 1130 | 300 | 880—1000 | 机枪 7.7mm×2，机炮 20mm×2，炸弹 30kg×2 或 250kg |
| 九四式水上侦察机 | 750 | 128 | 1790 | 机枪 7.7mm×2，炸弹 60kg×2 |
| 九五式水上侦察机 | 580 | 160 | 1152 | 机枪 7.7mm×2，炸弹 60kg |
| 九六式水上侦察机 | 840 | 157 | 849 | 机枪 7.7mm×1，炸弹 600kg |
| 九六式陆上攻击机 21 型 | 1075×2 | 201 | 2365 | 机炮 20mm×1，机枪 7.7mm×3，炸弹 800kg |
| 壹式陆上攻击机 1 型 | 1530×2 | 238 | 1752 | 机枪 7.7mm×4，机炮 20mm×1，炸弹 800kg |
| 九六式舰上轰炸机 | 730 | 167 | 720 | 机枪 7.7mm×3，炸弹 250kg |

注：本表来源于南京抗日航空烈士纪念馆。

表 11　日本用于侵华战争的陆军航空队主要作战飞机类型和功能

| 机型 | 机种 | 马力（匹） | 最大速度（千米/小时） | 最大航程（千米） | 武器装备 |
|---|---|---|---|---|---|
| 九五式 | 战斗机 | 800 | 400 | 1100 | 机枪 7.7mm×2 |
| 九七式 | 战斗机 | 650 | 470 | 1200 | 机枪 7.7mm×2 |
| 壹式 | 战斗机 | 1130 | 515 | 2000 | 机枪 12.7mm×2 |
| 贰式 | 战斗机 | 1320 | 605 | 1200 | 机枪 7.7mm×2，机枪 12.7mm×2 |

续表

| 机型 | 机种 | 马力（匹） | 最大速度（千米/小时） | 最大航程（千米） | 武器装备 |
|---|---|---|---|---|---|
| 肆式 | 战斗机 | 1780 | 624 | 1700 | 机炮 20mm×4 |
| 九四式 | 侦察机 | 550 | 283 | 1100 | 机枪 7.7mm×3，炸弹 150kg |
| 九八式 | 侦察机 | 450 | 348 | 1300 | 机枪 7.7mm×2，炸弹 15kg×20 或 50kg×2 |
| 九九式 | 侦察机 | 880 | 443 | 1100 | 机枪 7.7mm×2，炸弹 200kg |
| 百式 | 侦察机 | 1600×2 | 604 | 2725 | 机枪 7.7mm×1 |
| 九三式 | 轻型轰炸机 | 550×2 | 255 | 900—1000 | 机枪 7.7mm×2，炸弹 500kg |
| 九七式 | 轻型轰炸机 | 850 | 423 | 1700 | 机枪 7.7mm×2，炸弹 300kg |
| 九八式 | 轻型轰炸机 | 800 | 423 | 1700 | 机枪 7.7mm×2，炸弹 300—450kg |
| 九九式 | 轻型轰炸机 | 1130×2 | 502 | 2400 | 机枪 7.7mm×3，机枪 12.7mm×1，炸弹 300kg |
| 九三式 | 重型轰炸机 | 700×2 | 220 | 1000 | 机枪 7.7mm×2，炸弹 1000kg |
| 伊式 | 重型轰炸机 | 850×2 | 423 | 1500—2400 | 机枪 7.7mm×2，炸弹 750—1000kg |
| 九七式 | 重型轰炸机 | 1340×2 | 475 | 2800 | 机枪 7.7mm×4，炸弹 500—1000kg |

注：本表来源于南京抗日航空烈士纪念馆。

中国空军兵力有限，而且飞机是从不同的国家购买而来，型号与性能差异大。在全国抗战初期，中国空军的主要作战飞机类型及功能介绍如表 12 所示。全国抗战爆发时，中国空军约有各种型号的飞机 600 多架，能够作战的包括战斗机、侦察机、轰炸机也只有 305 架，飞行员 620 名，战斗飞行员不足一半。中国空军因平时训练以对地面目标的攻击为主，缺乏空中作战课目训练和经验。因此，无论是空军装备还是作战技能，日本航空队明显占据优势。

表 12　中国空军在全国抗战初期的主要作战飞机类型及功能

| 制造国 | 机名 | 机种 | 最大速度<br>（千米/小时） | 最大航程<br>（千米） | 升限<br>（米） | 武器装备 |
|---|---|---|---|---|---|---|
| 美国 | 霍克 2 | 驱逐机 | 304 | 460 | 8600 | 机枪 7.6mm×2，<br>炸弹 52kg×2 |
| 美国 | 霍克 3 | 驱逐机 | 387 | 625 | 7750 | 机枪 7.6mm×2，<br>炸弹 52kg×4<br>或 215kg×1 |
| 美国 | 波音 281 | 驱逐机 | 378 | 625 | 7864 | 机枪 7.6mm×2，<br>炸弹 52kg×4<br>或 215kg |
| 美国 | 道格拉斯<br>02M | 轻型<br>轰炸机 | 238 | 524 | 不详 | 机枪 7.6mm×2，<br>炸弹 210kg |
| 意大利 | 菲亚特<br>BR – 3 | 轻型<br>轰炸机 | 240 | 1192 | 4860 | 机枪 2 挺，<br>炸弹 600kg |
| 美国 | 马丁 B – 10 | 重型<br>轰炸机 | 344 | 2200 | 7600 | 机枪 3 挺，<br>炸弹 2316kg |
| 德国 | 亨格尔<br>111 – A | 重型<br>轰炸机 | 342 | 1490 | 不详 | 机枪 1 挺，<br>载弹量不详 |
| 美国 | 可塞<br>V – 92C | 侦察机 | 322 | 不详 | 4200 | 机枪 7.6mm×2 |
| 美国 | 雪莱克<br>A – 12 | 攻击机 | 283 | 不详 | 4620 | 机枪 7.6mm×5，<br>炸弹 555kg |

注:本表来源于南京抗日航空烈士纪念馆。

面对强敌来侵,国民政府对防空进行了重新部署:

一是对防空指挥机构的调整和设立。1937 年 7 月 23 日成立首都防空司令部,并将南昌防空指挥部改组为南昌防空司令部,杭州、武汉、安庆、太原、济南、兰州等地均设防空司令部,广州则成立防空指挥部。8 月 14 日设立空军前敌总指挥部,并将第一军区司令部设于南京,以期加强首都防空[①]。重庆和衡阳两地

————————

① 防空设施及抗战经过概要(附南京成都汉口贵阳市防空图)［A］.中国第二历史档案馆,卷号 787 – 17029,1945.

因军事战略地位重要也各设立防空司令部,康藏地区在 1939 年 5 月成立西康全省防空司令部。1938 年 10 月武汉失守后,国民政府改湖北全省防空司令部为宜昌、襄樊、恩施 3 个防空指挥部,监督办理湖北省各区内防空事宜。截至 1939 年 8 月,全国共有 15 个全省防空司令部,重庆、衡阳 2 个要地防空司令部,宜昌、襄樊、恩施等 26 个地区防空指挥部①。到抗战后期,国民政府共建立起了 17 个全省防空司令部、2 个要地防空司令部、45 个地区防空指挥部。

二是对防空兵力的布防进行调整。七七事变爆发时,国民政府按空军对日作战计划将兵力进行分配部署,南京驻防驱逐机 2 队,南昌、广州各驻防驱逐机 1 队。淞沪抗战爆发后,为确保首都南京的安全,军事委员会将空军大部分兵力转移到京沪杭地区,一部分兵力进驻广州,其中驱逐机队进驻南京与南昌。

照测部队的部署原则上以配合驱逐机队及高射炮队作战为主旨。平津告急后,军事委员会派防空学校照测队一部驰赴孝义,配合高射炮队防护巩县兵工厂。上海战事爆发后,防空学校照测队集中于南京,协同大校场、明故宫两机场的驱逐机队及各阵地高射炮队攻击来敌,其中一队开赴南昌。广东照测队布防于广州附近,广西照测队布防于柳州附近。战争进入相持阶段后,照测部队主要分布于重庆、兰州、衡阳、成都、桂林、昆明等地。

地面防空高射炮部队在全国抗战初期只拥有高射炮 90 余门,按计划采取分散使用②。1937 年 7 月 19 日,一部分高射炮部队被抽调赴豫鲁晋三省掩护黄河铁桥,随后因淞沪战事紧急,高射炮部队主力遂配备于京沪杭地区,用来保卫首都南京。从南京撤退后,除一部配属野战军外,其余大部分散于全国各地。战争进入相持阶段后,高射炮部队重点分布在重庆、桂林、衡阳等处。高射炮部队要地防空分布情况如表 13 所示。

表 13　高射炮部队要地防空分布表(1937 年 8 月初)③

| 地名 | 3.7 高射炮 | 2.0 高射机关炮 | 抽调部队 |
|---|---|---|---|
| 南京 | 10 | 24 | 军校、防校等 |
| 泺口(济南) | 2 | 2 | 高射炮团 |

①　中国第二历史档案馆.抗日战争正面战场:下[A].南京:凤凰出版社,2005:1942.

②③　防空处军事报告[A].中国第二历史档案馆,卷号 787 - 2038,1937.

续表

| 地名 | 3.7 高射炮 | 2.0 高射机关炮 | 抽调部队 |
|---|---|---|---|
| 郑州(黄河铁桥) | 4 | 2 | 高射炮团 |
| 郑州 | | 2 连 | 第八十七师教导总队各 1 连 |
| 开封 | | 1 连 | 教导总队 4 门 1 连 |
| 彰德 | | 1 连 | 军校 1 连 |
| 石家庄 | | 2 连 | 第三十六师 2 连 |
| 武汉 | 2 | | 高射炮团 |
| 洛阳 | | 12 | 军校 6 门、航委会 6 门 |
| 徐州 | | 2 连 | 第二师 |
| 绥远 | | 2 连 | 第二十五师 |
| 济南 | | 1 连 | 第八十八师 |
| 太原 | | 6 门 | 防校小炮教导队 |
| 保定 | | 1.32 机枪 1 营 | 洛阳分校 |
| 巩县 | 7.5 高射炮 2 连 | | 防校 |
| 苏州 | | 2 门 | 工兵团 |
| 杭州 | 7.5 高射炮 1 连 | | 防校 |
| 沪杭路 | | 1 连 | 步校 |
| 江阴 | | 4 门 | |
| 新乡 | | 1.32 机枪 1 连 | 第六十七军 |
| 淇县漳河 | | 1.32 机枪 2 连 | 税警团 |
| 正定 | | 0.79 机枪 1 连 | 防校 6 门 |
| 两路 | | 0.79 机枪 1 连 | 防校 |
| 蚌埠 | | 1.32 机枪 1 连 | 第五十一军 |

注:一、已将防空学校照测第一队(照空灯 7 个)及军政部发之机枪 16 挺调往巩县。

二、控制之部队:军校一连(6 门),防空学校一连(4 门),此外步兵学校尚有去庐山 2 门去游动教育 1 门,另欧利根 5 门,教导总队一连 4 门。

## 二、飞鹰出击:华东地区激烈空战

1937 年 7 月 7 日,日军发动卢沟桥事变,全国抗战爆发。事变爆发时,中国空军的大部分飞机集中在南昌。为了统一指挥空军抗战,国民政府设立了前敌总指挥部,周至柔任总指挥,毛邦初为副总指挥,并制定了冀北作战计划,主动出击天津、丰台等地的敌军,同时以部分空军负责南京、杭州等地的防空任务。7月底,第一大队和第四大队离开南昌北上,准备进驻察哈尔的阳明堡机场参加华北对日作战,但实际上只是到河南周家口就停下待命。8月上旬,淞沪一带形势紧张,日军进攻上海已迫在眉睫,中国空军前敌总指挥部不得不变更原定的北上计划,将全部兵力转移到京沪杭及周边地区:第二大队驻安徽广德,第五大队驻扬州,第六大队驻苏州和淮阴,第七大队驻滁州,第八大队和第三大队驻南京大校场,第九大队驻浙江曹娥机场,另外增加一个学生暂编大队,进驻浙江嘉兴机场,第四大队由周家口移驻杭州。

当时上海地区形势特别紧张,根据1932年一·二八事变后签订的《淞沪停战协定》,安亭至浒浦口线以东的广大地区不准中国军队驻防,只能保留少数保安部队和警察维持治安。此时日本却在虹口驻有海军陆战队,吴淞、浏河口及黄浦江上还停泊有二三十艘日本军舰和船只。1937年8月9日下午,中国卫兵击毙了骑摩托车硬闯上海虹桥机场的日本军曹大山勇夫。日方以此为借口,要求中国政府的保安部队撤出上海,把现有的防御工事拆除,这一无理要求被国民政府拒绝。8月11日下午,蒋介石命令张治中所部3个师进驻上海,该部于12日凌晨先后抵达上海的闸北、杨树浦、江湾等地并驻扎下来。8月13日傍晚,日本海军陆战队与中国军队第八十八师发生了小规模的战斗,八一三抗战爆发。

8月14日,蒋介石正式下达进攻命令,中国空军也奉命出击。鉴于日军早已在华北展开作战的事实,8月14日上午,国民政府空军派出3架战斗机和1架轰炸机对日本海军特别陆战队的上海本部进行空袭。嗣后,8架轰炸机主动出击,轰炸停泊在吴淞海面的日本海军第八战队和出云舰旗舰,由于风浪大并没有命中①。中国空军的主动出击大大出乎日军的意料,日军长官长谷川清于当日午后命令在上海一带部署就绪的出云舰、第八战队、第一水雷战队的舰载机负责警戒上海上空,分别从出云和川内两舰各派出一架轰炸机对虹桥机场进行轰炸,地面

① 日本防卫厅防卫研究所战史室. 中华民国史资料丛稿:译稿(日本海军在中国作战)[M].天津市政协编译委员会,译.北京:中华书局,1991:214-215.

师团也开始攻击中国陆军驻闸北部队①。

同时,台北的日本鹿屋航空队18架飞机分成两队飞越台湾海峡,分别对广德和杭州进行了空袭。为了加大摧毁力度,日军出动的每架飞机上都携带了两枚重达250公斤的炸弹。傍晚时分,飞抵杭州的6架日本战机开始对笕桥和乔司机场进行投弹轰炸。日军飞机在飞临大陆时就被我防空监视哨掌握并及时上报,掌握情报的国民政府空军命令驻笕桥机场的第四大队高志航率领27架飞机迎战。经过空中缠斗,敌机匆忙投下炸弹逃窜,并没有精准命中目标。笕桥激战中,高志航率领的空军第四大队功勋卓著,一举击落敌机3架,加上日机实施轰炸前失踪的2架和被我重创坠入台湾海峡的1架,实际上日军在这次空战中共损失6架飞机而我军飞机无一损伤。中国空军在“八一四”空战中取得的辉煌战绩,是全国抗战爆发以来的第一次胜利,粉碎了日军妄图把中国空军扼杀在摇篮中的梦想,戳穿了日军不可战胜的神话,大大增强了抗日军民的信心。为了纪念这个胜利的日子,1939年11月,国民政府确定8月14日为空军节②。

8月14日晚,首次空中交锋失利的日军决定加大兵力对中国空军基地进行突袭,以图摧毁中国空军的作战能力。长谷川清命令第三舰队派出其全部航空兵力,于次日黎明以最快的速度急袭国民政府空军③。

8月15日清晨,日军部署在上海附近的海军航空队的战机从母舰上起飞,首先对上海虹桥机场进行轰炸,然后重点协助海军陆战队的地面作战。日军台北基地鹿屋海军航空队派14架中型攻击机飞越台湾海峡,对江西南昌新、旧两个机场进行了轰炸。日军木更津海军航空队的20架中型攻击机,从日本本土的长崎县大村海军基地起飞,连续飞行4个小时,跨越海陆航程1560公里,对南京的明故宫和大校场两个机场进行长途空袭,完成了日军的首次越洋轰炸。当日晚,游弋于韭山群岛附近的日本海军第二航空战队,受命派出29架舰载攻击机和16

① 日本防卫厅防卫研究所战史室.中华民国史资料丛稿:译稿(日本海军在中国作战)[M].天津市政协编译委员会,译.北京:中华书局,1991:214-215.

② 孟赤兵,李周书.神鹰凌空:中国航空史话[M].北京:北京航空航天大学出版社,2003:67-68.

③ 孟赤兵,李周书.神鹰凌空:中国航空史话[M].北京:北京航空航天大学出版社,2003:216.

架轰炸机,对杭州笕桥机场、余杭乔司机场进行了重点轰炸①。

面对日军的强大攻势,当日中国空军也进行了较有力的还击,在曹娥、杭州和南京上空分别击落日机 4 架、16 架、14 架,日军付出的代价远远超出预期。

8 月 16 日,日本海军航空队在继续配合其地面部队作战的同时,对中国沿海地区的空军基地和军事设施进行了进一步的攻击轰炸。待机于马鞍群岛附近的日军龙骧、凤翔和加贺号航母上的航空队成批次地对浙江嘉兴、江苏昆山、上海虹桥和龙华等地的机场进行轰炸,造成停放在机场上没来得及转移的中国空军 10 架飞机被炸毁、2 架飞机被击落。随后,日本海军航空队又对上海的南翔、江湾,以及苏州、昆山等地的中国陆军阵地进行了攻击。当日,日本空军还攻击了句容和扬州两个机场,致使中国空军停于句容、扬州机场库外的飞机大部分被炸毁。木更津海军航空队原拟空袭南京,因天气原因改袭苏州,对苏州机场造成严重损害②。不过,中国空军仍不失作战的主动性,据统计,当日出动飞机 25 架次,在抵抗日军进攻的过程中,击落日机 8 架③。此外,还 6 次出动飞机,轰炸了吴淞海面的日本舰船和陆战队本部④。

8 月 17 日,为了完全掌握制空权,长谷川清命令日军对上海周围的空军基地进行清查和摧毁,命令木更津海军航空队对蚌埠和淮阴的中国空军基地进行合力攻击,派遣鹿屋海军航空队的 4 架侦察机对浙江省内的诸暨、建德、吴兴、长兴等地进行多次侦察搜索,并对发现的机场进行轰炸。在这一天里,日本海军出动第一、第二、第八航空战队和出云号航母上的大批飞机,对上海市区的火车北站、商务印书馆、八字桥、吴淞、浦东、江湾镇、罗店镇等处的中国军队阵地和市民生活区进行了无差别轰炸,还飞往南通、蚌埠、淮阴等地对当地的机场和无锡至常州间的铁路、公路、桥梁进行了攻击和轰炸。为了进一步协助上海日军的陆地战

①　日本防卫厅防卫研究所战史室.中华民国史资料丛稿:译稿(日本海军在中国作战)[M].天津市政协编译委员会,译.北京:中华书局,1991:217.

②　日本防卫厅防卫研究所战史室.中华民国史资料丛稿:译稿(日本海军在中国作战)[M].天津市政协编译委员会,译.北京:中华书局,1991:219.

③　秦孝仪.中华民国重要史料初编:对日抗战时期(第 2 编 作战经过 3)[G].台北:中国国民党中央委员会党史委员会,1981:104.

④　何应钦.对临时全国代表大会军事报告[M]//何应钦.何上将抗战期间军事报告:上.上海:上海书店,1948:98.

斗,停泊在马鞍群岛海域的日本航母神威号也开往吴淞海面。

面对占据绝对优势的日本空军的围剿,中国空军以大无畏的精神,迎难而上,先后派出飞机44架飞往上海虹口上空,对日军阵地和司令部进行轮番轰炸,有力地支援了地面部队的抗战。

8月14日至17日是中日空中力量战斗最为激烈的几天。日军在空战前预想凭借其空中绝对优势,可以把弱小的中国空军一举消灭,然而事实却是中国空军主动出击,先后击落日机46架,重创了木更津和鹿屋这两个日本海军航空队,同时还对日军在上海的军事阵地和舰艇进行了多次攻击和轰炸。此后,中国空军把数量不多的飞机分别部署在不同的地方,避免与日本空中力量正面对抗,使日军短时间内歼灭中国空军的计划落空。日本军方后来不得不承认:"以这天(8月17日)作为战斗顶点,上海方面的陆战及华中方面的空战,结束了开战初期的混乱情况,一般战况似趋向平稳。"①

从8月18日开始,日军完全掌握了空中主动权,其海军航空队开始扩大对中国空军基地的攻击范围,由东南沿海逐步向中部地区延伸。19日,日军对获取的情报进行分析后,认为中国空军已经向汉口等内地转移。长川谷清决定把汉口、九江、南京、徐州等地作为突袭轰炸目标,调动鹿屋、木更津海军航空队21架飞机,对国民政府首都南京的一些军事设施和部队驻地进行了轮番轰炸,遭到南京地面防空部队的强力还击。在强敌压境的情况下,中国空军没有退缩,先后派出14架飞机对集结在上海白龙港、花岛山一带的日本海军第三舰队进行了轰炸,炸沉巡洋舰1艘。21日,日本木更津、鹿屋海军航空队的23架飞机对徐州、扬州、浦口、九江和湖北孝感机场进行了轰炸②。22日,日军又对南京的军事目标进行了7轮轰炸。26日,长谷川清认为国民政府将从南京迁移,有必要对南京进行彻底空袭。27日,日本海军军令部则认为南京地面防空比较严密,电令第三舰队控制舰载机的攻击频率,对南京的攻击得到了短暂的停息。

从8月份中日双方的空战情况来看,中国空军在实力悬殊的情况下主动出

① 日本防卫厅防卫研究所战史室.中华民国史资料丛稿:译稿(日本海军在中国作战)[M].天津市政协编译委员会,译.北京:中华书局,1991:220.

② 日本防卫厅防卫研究所战史室.中华民国史资料丛稿:译稿(日本海军在中国作战)[M].天津市政协编译委员会,译.北京:中华书局,1991:222.

击,对日军上海阵地和吴淞口处的敌舰发起 67 次攻击,与日军展开空中战斗 12 次,取得了击落敌机 61 架和炸沉或炸伤敌舰 10 艘的战绩。中国空军由于势单力薄,战机损毁不能及时补充,战至 8 月 30 日,飞机仅剩 145 架。

　　9 月中旬以后,日军地面部队攻占了上海公大纱厂,并在附近修筑了简易的战时陆上飞机场①,使得日本海军航空队的飞机可以在陆上起降。随后日本原驻华北的第二联合航空队也转移至该机场,从而使日军在上海地区的航空作战能力得到进一步加强,中日空战形势发生了重大变化。从 9 月 19 日开始到 25 日,日本航空部队在长谷川清的命令下对国民政府的首都南京连续进行了 11 次攻击和轰炸,敌机战队规模也越来越庞大,这期间仅日军第二联合航空队就出动飞机达 291 架次。日军在南京的轰炸目标,除国民政府的党政军机关单位外,还包括南京车站、电厂等民用设施②。中国空军在日军强大的攻势下已无力招架,据日本战史记载:"第一次空袭时,敌人在句容方面以及南京上空至少配备了 40 余架战斗机,积极勇敢地向我挑战。我九六式舰载战斗机及九五式水上侦察机英勇奋战,予敌以沉重一击,将其大部击落。结果在第二次空袭后,敌配备的战斗机显著减少。第七次空袭时,南京上空完全看不到敌机的身影,敌丧失了战斗意志。在第十次空袭时,仅发现了 3 架敌战斗机在远距离监视我水上侦察机,并很快消失在云中。在空袭南京作战后期,确保了南京的制空权完全掌握在我军手中。"③

　　日军为了推进淞沪会战的进程,从 9 月上旬开始陆续派遣陆军航空队的侦察一中队和第三飞行团,进驻上海公大机场和后来新建的王滨机场,协助其地面部队作战。

　　面对日军迅速强化的航空作战优势,不断削弱的中国空军不得不改变战略和战术,空军第六大队以杭州为根据地,在白天无法去上海及附近地区活动的情况下,改为夜间突袭,成立了夜袭支队,以嘉兴、苏州、虹桥机场为前沿阵地,每夜

---

①　欧阳杰.中国近代机场建设史[M].北京:航空工业出版社,2008:429.

②　日本防卫厅防卫研究所战史室.中华民国史资料丛稿:译稿(日本海军在中国作战)[M].天津市政协编译委员会,译.北京:中华书局,1991:263.

③　日本防卫厅防卫研究所战史室.中华民国史资料丛稿:译稿(日本海军在中国作战)[M].天津市政协编译委员会,译.北京:中华书局,1991:287.

对上海的日军阵地进行 3 次以上的空袭,仅 9 月 18 日夜晚的空袭就使日方损失折合 700 多万元①。

在中国空军力量被不断削弱的过程中,日军则将战线扩大到华南和华中地区。8 月 31 日,日本海军航空队出动 6 架飞机对广州、潮州、汕头及港九一带发起了首次空袭。9 月 14 日,中国空军组织了驻广东地区的 3 个中队给予还击。19 日,中国空军又派出 10 架飞机,经过 8 次搜索,发现闽粤海面上的日本舰队后实施了轰炸,炸沉日舰 3 艘,伤数艘②。9 月 15 日至 22 日,日军出动第一航空队和第一联合航空队的数架战机,联合对广州的天河机场、白云机场、从化机场等进行攻击轰炸。中国防空部队虽进行了还击,但无法扭转战局,日军完全掌握了华南地区的制空权。9 月 23 日、24 日,日本海军第一联合舰队在控制华南局势的情况下,对汉口、武昌机场和汉阳兵工厂进行了连续轰炸③。

战事进入 10 月份后,中国空军在空战中消耗巨大,由于工业基础薄弱,加之无财力采购,战机无法得到及时补充,后续作战能力跟不上,完全处于被动地位。11 月以后,中国空军仅存飞机 31 架,无法组织有规模的反击,战场上进入了沉寂期。因此,当日军在杭州湾登陆之际,中国空军已无力参与战事,只是到了同年 12 月日军入侵南京之际,因受益于苏联空军志愿队的支援,情况才有所好转。

1937 年 12 月,中国空军战斗机耗损殆尽,仅剩下 12 架战斗机,其中 5 架驻汉口,7 架驻南京。12 月 1 日,苏联空军志愿队的 25 架 E-16 战机进驻南京机场,并击落数架日军轰炸机,但也无法挽回整个战局的颓势。12 月 9 日,日军攻陷南京大校场机场。12 月 10 日,国民政府新接手 6 架苏联 CB 轻型轰炸机,自南昌飞往南京,对京郊的敌军进行了轰炸。12 月 13 日,南京沦陷,日本海军第一、第二联合航空队陆续进驻南京,使之成为其向南昌、武汉进一步行动的基地。中国空军为避免无谓牺牲,暂时停止轰炸机出击,实际上已经脱离战斗,直至苏联援助的到来,才重整旗鼓继续战斗。

---

①② 中国空军抗战史[J].中国的空军,1946(94):6.

③ 日本防卫厅防卫研究所战史室.中华民国史资料丛稿:译稿(日本海军在中国作战)[M].天津市政协编译委员会,译.北京:中华书局,1991:268.

## 三、消极防空:地面防空部队作战

全国抗战开始后,中国地面防空武器数量少且种类不统一,"全部地面防空武器的数量还不及英美配置于都市防空武器的百分之一"①。但是在抗战中防空部队仅凭借有限的高射炮、高射机关枪等武器,在各军事要地和重要城市奋勇抗敌,在保护军事设施、人民生命财产和打击敌机、掩护地面部队作战等方面战绩相当突出。

淞沪会战时国民政府在上海战场配置了7.5高射炮兵1个连、3.7高射机关炮1个连、2.0高射机关炮11个连,并派炮兵四十一团团长李恒华担任指挥,在掩护地面部队作战和打击敌机方面战绩显著,这也是高射炮部队和陆军部队在战争中的首次协同作战。在会战中,地面防空部队创造了"一弹击落三敌机"的奇迹,成为中国防空史上的一大杰作。1937年11月27日,敌机为切断我军退路,试图轰炸金坛大桥。我地面防空部队高射炮四十一团在掩护金坛大桥时,对尾随我部队进行扫射追击的敌11架低飞轰炸机进行炮击。由于敌机三机一组成品字队形,炮兵四十一团2.0高射机关炮手一弹命中敌机中间的指挥机引爆炸弹,出现三机同毁的壮观场面,创下了防空炮兵"一炮三机"的佳绩。

1937年8月15日,日军航空队派出15架轰炸机对首都南京进行大规模的空袭。我空军在起飞迎击的同时,南京地面防空部队也做好了准备。敌机在南京上空不足1000米低飞投弹轰炸,正好给了我地面防空部队精确瞄准的机会,南京防空高射炮部队在冯秉权、辛文锐的指挥下,青龙山阵地的3.7高射机关炮创造了以三弹击落敌机一架的好战绩。明故宫、校场口的防空炮火同时开炮,在南京上空形成了有力的钢铁火网,仅此一战就击落敌机6架,击伤敌机数架。在9月25日的战斗中,又有3架敌机被击落。在8月至11月的南京防空战中,地面防空部队先后击落敌机十余架,击伤数十架。南京防空部队的7.5高射炮按射击命中率计算,约300发击落敌机一架,这个命中率在当时是相当高的,得到了中外人士的称道。

---

① 黄镇球.防空在今后国防上的新估计[J].河南省政府公报,1945(4):5.

由于高射炮等防空重武器转移不便,以及战争消耗得不到及时补充,随着战区的扩大,中国军队的防空武器显得严重不足。敌机在遭到低空打击后改成高飞,高射炮威力大减。因当时武汉是抗战的总枢纽,炮兵四十五团在武汉周围派有大小口径高射炮及照测队,并在武汉外围的马当、湖口、田家镇等要塞派有高射炮作战,先后在九江、马头镇、半壁山等地担任野战军的对空掩护。每当敌机夜袭,探照灯均能捕捉敌机,以利高射炮部队作战。保卫武汉时地面防空部队战绩甚微,仅在"四二九"一役中击落了敌机。

武汉失守后,国民政府防空部队在九江、衡阳、兰州、重庆、曲江等地的防空战役中都取得了一定的战绩。1938年10月8日起,敌机空袭衡阳三整夜,照测第九队在训练没能完成的情况下,初次参战就不失时机地捕获到了目标,协助高射炮部队击落敌机2架。武汉失守后,高射炮部队严密配置于重庆,在1939年五六月间就击落敌机6架。敌机因此只能在高飞状态下投弹,降低了投弹准确率。

全国抗战爆发后的8年间,地面防空部队共击落敌机211架,击伤敌机三四百架,在掩护地面部队作战、保护人民生命财产、保卫军事设施和重要城市等方面取得了一定的成果。

## 四、情报搜集:抗战中防空情报工作

军事委员会在1936年4月把全国划分为9个防空区,先由江浙皖、闽赣、豫鲁、晋绥、冀察等5个防空区进行试办,并发放防空情报(分)所编制表、防空监视队哨编制表等,然后检查进展情况。但除江浙赣及安徽省毗连首都南京地区,经过两次防空演习已有比较严密的防空监视队哨,豫晋绥三省遵照办理外,其他各省皆因政治关系或财力问题而未能举办。西安事变结束后,军事委员会防空处派专员赴各省防空监视队哨进行视察指导,举办收音机训练班。七七事变后,国民政府在各防空监视网已配严密队哨,哨兵已有相当训练。"八一四"空战是我防空情报人员传递空袭情报的开始,从台湾地区起飞的日本飞机被温州温江防空监视哨所发现并迅速传递到杭州基地,使空军能适时升空迎敌,准确及时的情报为我国首场空战大捷立下功劳。"八一四"空战后,各队哨均能忠于职守,敌机时常从高邮、洪泽湖等地迂回偷袭南京,但由于该方向都有无线电台负责监视,日军都没能得逞。

1938年春,各省防空机构进行了调整,各省会设防空情报所,各要地酌设防空情报分所,防空监视网已扩展至陇蜀滇黔各省。为适应空军作战的需要,全国各情报点统一规划,各防空哨所密切联络。在抗战中防空人员大部分都能够坚守岗位,积极搜索敌机,及时传达情报,以助我军适时应战、人民及时避难。

1941年中美联合作战时,我国防空情报组织由原来的星斗式改为方格坐标式,为后来美国援华的第十四航空队提供了大量的准确信息,在对日空战中取得了主动和先机。1944年6月30日,美国总统罗斯福在致国会的报告中如此评价:"驻华美空军的成果,多赖中国防空情报网对敌机作迅速报告,此项情报网竟延伸至敌军占领区内,中国最缺乏最新式之通信工具,但仍为世界上最快且最有效之情报网。"①

二战期间,英国情报人员曾多次赴重庆到防空情报部门见习。1942年新加坡、中国香港告急时,英国曾要求国民政府派顾问前去协助指导他们的防空情报工作,这些都可以说明当时国民政府的防空情报工作成绩是相当突出的。

---

① 黄镇球.防空在今后国防上的新估计[J].河南省政府公报,1945(4):5.

# 第六章　援战:苏联援华,重整旗鼓

实力弱小的中国空军在全国抗战爆发初期,出动了几乎全部的兵力,进行了英勇顽强的战斗,但随着战争的进行,损耗不断加大而又无法得到及时补充,在京沪杭一带沦陷后,剩余力量被迫转移到华中地区。在中国空军抗战最为艰苦的时刻,苏联政府从自身防卫角度考虑,决定组建志愿航空队援助中国人民的正义战争。中苏空军联手在武汉等地的空战中取得了部分战斗的胜利,在一定程度上打击了日军的嚣张气焰。

## 一、雪中送炭:苏联空军志愿队援华助战

1937 年年底,中国空军在与强大的日本航空队激战中几乎损耗殆尽,面对日益嚣张的日军侵袭,再也无法组织起有规模的抵抗了。在中国人民抗日战争最为困难之时,苏联政府给予中国以实际的援助,使得中国空军又获得了力量并组织起来在华中地区与日军继续战斗。

早在 1934 年,蒋介石就考虑到,一旦全国抗战爆发,中国将难以从海上航线获取外援,因而派人多次同苏联政府进行秘密协商会谈,希望能够改善两国关系,以寻求从苏联获得军事援助。苏联从自身防卫需要出发,也愿意支持中国抗战。1937 年年初,苏联政府在给其驻华大使鲍格莫洛夫的指令中,就决定向国民政府出售飞机、坦克并提供 5000 万美元的贷款。1937 年 8 月 21 日,中苏签订了《互不侵犯条约》。鉴于中日战争形势的发展,苏联政府决定给予中国以物资援助,并组建空军志愿队赴华与日军作战。1937 年 10 月 21 日,苏联第一批空军志愿队组建完成,共有 254 名飞行员和机械人员,包括 21 架 CB 轰炸机和 23 架 E – 16 战斗机,在马琴和库尔丘莫夫的带领下,沿新开通的经阿拉木图途经兰州至汉口的航线前往中国。在途中的凉州机场,志愿队大队长库尔丘莫夫失事殉职。第二批苏联空军志愿队 447 人从阿拉木图出发,与第一批人员汇合后组编

成拥有飞机124架的4个飞行大队。1937年11月,苏联第二批志愿队 CB 轰炸机由波留宁率领进驻中国汉口机场,其中有150人是来自外贝加尔的飞行员。12月底,苏联空军志愿队 E-15 战斗机大队在布拉戈维申斯基率领下分三批来华,进驻南昌机场。这一时期的汉口和南昌成为苏联空军志愿队的重要基地。

　　苏联空军志愿队的飞行员和地勤人员在中国参加一段时间的战斗后,会由苏联国内派人进行不定期的替换,至1939年2月中旬,苏联历次来华援助的军事人员共达36665人。从1937年到1941年,苏联派到中国的飞机共有1250架。此外,苏联还派了一批军事顾问和专家来华,1938年5月的第一批27人,到1939年10月人数增至80人。

图12　苏联空军志愿队轰炸机大队长库里申科在南京抗日航空烈士纪念馆的塑像

　　1938年3月,苏联与中国政府达成了贷款协定,决定向中国提供5000万美元的贷款,用以其购买紧缺的武器装备,中国用茶叶、皮革、锡、钨等作价在5年内偿还。1938年7月和1939年6月,中苏双方在莫斯科分别签订了约5000万美元、1.5 亿美元的贷款协议。截至 1939 年 9 月,中国用这几笔款项向苏联购买了 985 架飞机、82 辆坦克、1300 多门大炮、14000 多挺机枪等武器弹药。从兰州经新疆到阿拉木图长达 3000 公里的陆上和空中运输线,成为中国军队抗战初期的生命线。

1939 年 9 月 21 日,中国空军第四大队将剩余的飞机交给第五大队,接着又派遣飞行员赴兰州接收苏联新机,中国空军又获得了新的战斗力。

抗战期间在中国战场上使用最多的苏式飞机是 E - 15、E - 16 驱逐机和 CB、SB - 3、TB - 3H 轰炸机。E - 15 亦被称为"黄莺",它的长处是转弯半径小、机动灵活,在空战中易于咬住敌机的机尾,但缺点是速度较慢,时速仅为 370 千米。E - 16 是单翼驱逐机,苏联人称之为"燕子"。这种飞机的速度比日本九六式快,时速达 454 千米,但机动性差。该机上装有 4 挺司卡斯高速机枪,每分钟可发射 1800 发子弹。苏联空军和中国空军用 E - 15、E - 16 配合作战,以 E - 15 与敌机缠斗,E - 16 则从高空俯冲,追击企图逃脱的敌机,日本空军在中苏空军的这种战术配合下吃了许多苦头。苏联 CB 飞机是一种单翼轰炸机,苏联飞行员给它起了个亲切的名字"喀秋莎"。这种飞机的速度也比日本的九六式驱逐机快,其时速可达 445 千米,能载弹 100 公斤,机上还有较强的自卫火力,装有 5 挺机枪。因此,CB 轰炸机在与敌机的战斗中,经常不用驱逐机护航,在遭遇敌机围攻时,通常也能以速度的优势较快地逃脱。1942 年 1 月 8 日的长沙会战中,我方 9 架 CB 轰炸机与日本 8 架性能良好的九七式战斗机激战,就击落了敌机 3 架。

以上 3 种飞机是抗战期间中国战场上使用最多的苏联飞机,SB - 3 和 TB - 3 两种飞机则很少用。从 1937 年 10 月到 1939 年 9 月,国民政府共获得 347 架 E - 15 驱逐机、216 架 E - 16 驱逐机、392 架 CB 轰炸机、24 架 SB - 3 轰炸机,而 TB - 3 轰炸机则因性能较差,仅作为运输机使用。

## 二、苍穹争锋:华中地区空中争夺战

1937 年 11 月 21 日,首批苏联空军志愿队的 E - 16 运达南京。当时日军占领了苏州,正沿着京沪线向南京推进,敌空军频繁袭击南京。苏联空军志愿队一到南京就投入了战斗,7 架苏联 E - 16 驱逐机迎战 20 架日机,最终击落 2 架日本轰炸机和 1 架九六式战斗机。同日,敌机轰炸了河南周家口机场,由兰州接收苏联教练机的中国空军第四大队所部飞机正停在该地,大队长高志航被敌机炸中牺牲。图 13 所示是高志航烈士的塑像。

图 13　在南京抗日航空烈士纪念馆内的高志航烈士塑像①

这一时期,敌军每日派出大批飞机疯狂轰炸南京,苏联空军志愿队也几乎每天都要多次升空迎战。12 月 1 日,苏联空军志愿队战斗机曾 5 次升空作战,击落 6 架敌机,自身损失两架,飞行员安德烈耶夫牺牲,列米佐夫跳伞生还。在 12 月 3 日的空战中,中国飞行员乐以琴、董明德驾机与苏联飞行员并肩作战,乐以琴的座机不幸被敌机击中,英勇牺牲。

从 1937 年 11 月至 12 月底,中国空军因原有飞机消耗殆尽,正处于接收苏联新机、训练苏式飞机飞行技术的阶段,因此很少作战。苏联空军志愿队到南京后,虽然在数量上处于劣势,但仍勇敢地与日本空军进行了多次激战,到 12 月 12

---

①　高志航(1907—1937),原名高铭久,少年时毅然投笔从戎,后以"志航"二字明志,赴法学习飞行。抗战期间屡建功勋,被任命为中国空军驱逐机部队司令兼第四航空大队大队长。他是第一个击落侵华日军战机的中国飞行员,被誉为中国抗战空军第一人、空军军魂、"四大天王"之首。2014 年 9 月 1 日,被列入民政部公布的第一批 300 名著名抗日英烈和英雄群体名录。

日南京沦陷前,共击落敌机 20 架。其中,飞行员库窦莫夫击落了号称日本海军航空队驱逐机"四大天王"之一的白相定南,同时,由基达林斯基与马琴率领的苏联轰炸机联队,轰炸了上海的敌舰和敌军机场。

南京沦陷后,中国空军被迫往中部迁移,将汉口、南昌、襄樊等地作为基地,汉口、南昌、兰州等地也成为苏联空军志愿队的主要基地。1937 年 12 月底苏联空军志愿队大批飞机来华,力量有所增强。12 月 22 日,敌机袭击南昌,苏联空军志愿队起飞迎战,大队长布拉格维申斯基在都昌县上空击落日本海军航空队驱逐机"四大天王"之一的潮田良平。苏联空军志愿队的到来,有力打击了日本航空兵的狂妄气焰。在苏联空军志愿队来华参战以前,日本航空兵把他们的前进基地设到了前线附近,以便深入轰炸中国的后方。苏联空军志愿队的参战,迫使日本把航空兵基地撤到离前线 500 公里以外的地方。与此同时,中国空军也用苏联飞机重新武装起来,与苏联空军志愿队并肩作战,进入 1938 年后,开始与日军展开了大规模空战。

1938 年,中国空军在苏联的援助下,重新拥有轰炸机 160 架、战斗机 230 架,共有飞机 390 架,日军则保持着 600 架的数量优势,但由于苏联飞机性能较好,而且中苏空军飞行员斗志旺盛,因而在许多空战中反而占了优势。

1938 年 1 月 2 日,日机 23 架入侵南昌上空,中苏空军迎战,击落敌机 1 架。同一天,苏联空军志愿队的轰炸机大队由波留宁大队长率领,轰炸南京敌机场,炸毁敌机 20 多架。在这次行动中,苏联空军志愿队飞行员符多维英、射击手柯斯金和领航员弗洛罗夫阵亡,座机被击伤的大队长波留宁被迫在芜湖降落,他本人在当地中国民众的协助下安全返回。

1 月 4 日,日机 20 多架袭击汉口,中苏空军起飞迎战,中方飞机被击落了 3 架,中国飞行员宋恩儒、张若翼和苏联飞行员柯路白阵亡。1 月 8 日,日机 13 架袭击广西南宁,由广西空军改编的第三大队第三十二中队的 5 架老式中岛九一式驱逐机起飞迎战,击落敌机 2 架。飞行员蒋盛祜驾驶的 507 号战机油箱被敌人击中起火,他跳伞后坠落于南宁停子圩河中,英勇殉职。

1 月 26 日,苏联空军志愿队由马琴率领,轰炸南京敌机场,炸毁大批敌机,返航时又击落 4 架敌机,苏联空军志愿队也损失战机 1 架。

南京沦陷后,国民政府的抗战指挥中心迁往武汉。1938 年 2 月,日本军方又出台了《陆海军航空协议》,再次明确强调了陆海军航空兵各自的任务,其中规定华北方面的航空作战任务主要由陆军航空兵担任,华南方面主要由海军航空兵担任。而对于华中方面,则采取由陆海军航空兵联合作战的原则,具体规定如下:第一,由陆海军航空兵协同歼灭中国空军;第二,对陆海军作战直接进行支援的航空作战,分别由陆海军航空部队担任;第三,在目前一段时间里预定使用的兵力,陆军航空兵方面,计有侦察机2个中队、战斗机2个中队、轻型轰炸机2个中队,海军航空兵方面,计有舰载机3队、舰载攻击机1队、中型攻击机2队。《陆海军航空协议》还特别强调,此项兵力部署也可随形势变化而加以调整①。

为了打击中国的抗战力量,日本航空队加强了对武汉的空袭。1938年2月中旬,中国空军第四大队奉调武汉。2月18日,敌驱逐机26架掩护12架轰炸机袭击武汉。中国空军第四大队从汉口、孝感两个机场起飞E-15驱逐机19架、E-16驱逐机10架,升空迎战。经过12分钟的恶战,中国空军击落日机12架,获得了抗战以来的空前胜利,但中国空军也损失飞机5架,大队长李桂丹、中队长吕基淳,以及队员巴清正、王怡、李鹏翔光荣牺牲。

1938年2月23日是苏军建军20周年纪念日。苏联空军志愿队为了给节日献礼,决定分两批对日本航空兵在中国台湾地区的基地松山机场进行空袭。第一批出动28架CB轰炸机,由波留宁大队长率领从汉口起飞,飞越台湾海峡,直奔台北松山机场而去。这次行动完全出乎日军所料,在没有遇到任何防御的情况下,苏联空军志愿队对松山机场及其兵营进行投弹轰炸,停放在机场上的12架日军飞机被炸毁,3座机库被炸掉,焚毁了可供日机使用3年的航空油料及其他装备,摧毁营房10栋,日军死伤多人,松山机场基本上陷于瘫痪状态。这次出其不意的袭击,给气焰嚣张的日本空军以沉重的打击。国民政府为这次突袭行动所取得的巨大成功举行了庆功宴会,担任航空委员会秘书长的宋美龄在致祝酒词时说:"你们用这次空袭表明,俄国人不是在口头上,而是在实际上帮助中国人,在危难中援助了中国。"②

---

① 外山三郎.日本海军史[M].龚建国,方希和,译.北京:解放军出版社,1988:109.

② 《中苏美空军抗日空战纪实》编委会.中苏美空军抗日空战纪实[M].北京:华艺出版社,2015:106.

第二批由 12 架 CB 轰炸机组成的中苏混合编队从南昌起飞,因领航失误而不得已中途返回。同日,日机 17 架袭击广东南雄,中国空军第二十八、第二十九中队新购入的 11 架英制格洛斯特斗士战斗机起飞迎敌,击落敌机 2 架,中国飞行员陈其伟在这次空战中殉国。

2 月 25 日,日军出动 59 架战机袭击南昌,中苏空军 30 架战机起飞迎战,击落日机 8 架,中方也付出了损失 7 架战机的代价,其中,苏联飞行员伤 1 人、亡 3 人。

3 月 8 日,中国空军第五大队出动 E－15 驱逐机 12 架,自西安飞往风陵渡镇轰炸日军炮兵阵地,完成任务后返航至华阴、渭南上空,与袭击西安机场返航的 14 架敌机遭遇,当即发生激烈空战。这次遭遇战我方击落日轰炸机、战斗机各 1 架,我方也损失战机 2 架,飞行员容广成、骆春霆牺牲。

南京沦陷后,华东日军逐渐沿着长江向武汉西进,而华北的日军则必须先拿下徐州才能顺着平汉线南下。台儿庄战役是徐州会战的外围战,这场战役虽是一场胜仗但却异常激烈残酷。1938 年 3 月 23 日,为支援地面部队作战,中国空军第三大队大队长吴汝鎏率第七、第八中队 14 架 E－15 战机从河南归德机场起飞前往山东临城、韩庄一带准备轰炸敌军阵地,不料在归德上空遭遇日军机队,双方在空中展开激战。这场空战我方击落敌机 6 架,自己损失 3 架。

1938 年 3 月 12 日是南京沦陷后的首个孙中山先生逝世纪念日。这天,中国空军第三大队第二十五中队队长汤卜生驾驶单翼美式侦察机一架,低空飞行至南京中山陵上空并盘旋数周,以示谒陵,同时使南京同胞亲眼看到了中国空军还在祖国领空巡卫。

1938 年 4 月 4 日,日本驻苏联大使重光葵因苏联援华,派出空军志愿队并出售飞机给中国政府,致使日军遭受损失一事,向苏联人民外交委员会李维诺夫提出抗议,遭到苏联政府严正驳回。1938 年 4 月 6 日,台儿庄战役胜利结束,日军两万多人被歼灭,残余日军向峄县、枣庄一带退却。4 月 10 日,中国空军第三、第四大队共出动飞机 18 架,由归德起飞,轰炸山东枣庄败退的敌军,投下大量炸弹,敌军死伤惨重。返航时,机队在河南虞城县南马集上空与 17 架敌机遭遇,随即发生激烈空战,此役击落敌机两架,我方战机损失 3 架,第四大队飞行员孙金鎏、第三大队飞行员梁志航英勇牺牲。

4 月 13 日,敌轰炸机 8 架在 17 架驱逐机掩护下袭击广州,中国空军第五大队第二十九中队队长黄新瑞、第三大队第二十八中队副队长雷炎均各率9架英制格洛斯特斗士战斗机,自天河机场起飞迎战,双方经过30分钟激战,我方击落敌机7架,自己损失5架,飞行员吴伯钧、李煜荣等壮烈牺牲。

4月29日是日本的天长节,为了向天皇献礼,日本航空队再次大举侵袭武汉。但这一情报被中方事先获悉,中苏空军做好了迎接空中大战的准备,南昌的苏联空军志愿队也转移到武汉参战。该日下午2时30分,日本海军佐世保第十二航空队的36架九六式驱逐机,掩护着18架九六式重型轰炸机,飞奔武汉准备发起空袭。中国空军第三、第四、第五大队的19架 E－15 驱逐机和苏联空军志愿队的45架驱逐机分别从汉口机场和孝感机场起飞迎敌。双方在空中激战30分钟,共有21架敌机被击落,我方也损失12架战机。第四大队第二十三中队飞行员陈怀民在受伤的情况下,以座机猛撞敌机,与敌人同归于尽。飞行员信寿巽座机中弹70多处,机身着火,他冒着生命危险将飞机平安降落在机场上。苏联飞行员舒斯捷尔在空战中与敌机相撞牺牲。"四二九"空战给敌人以沉重打击,日本航空队损失较大,此后一个月不敢"南下牧马"。

在徐州会战正激烈进行的同时,日军加强了对徐州、郑州等地的轰炸。5月12日,日机54架轰炸徐州。5月14日,日机70多架再次狂炸徐州。徐州的交通银行、花园饭店、电厂、邮局等均被炸毁,东北关一带几乎被炸成平地。5月15日,敌军又出动100多架飞机连续狂炸徐州。同日,广州、福州、开封等地也遭到日军的狂轰滥炸。至5月19日,徐州沦陷。徐州会战期间,中国空军也主动出击,轰炸了永城、蒙城等地的敌军,扫射由山东濮县①董口集横渡黄河正在登岸的日军,有力地支援了陆军作战。5月20日,第五大队第十七中队队长岑泽鎏奉命率领10架 E－15 驱逐机轰炸在河南开封的敌军部队,在正准备投弹之际,两批敌机分道对中方飞机进行包围,双方当即展开激战。因寡不敌众,我方6架飞机被击落,飞行员丘戈、汤威廉、张尚仁、朱均球、冯汝和、赵茂生等牺牲。

1938年5月19日至20日,中国空军首次远征日本。19日下午3时23分,中国空军第八大队第十四中队队长徐焕升及僚机佟彦博驾驶马丁轰炸机两架,

---

① 濮县原是山东省的一个县,1956年并入山东省范县,1964年随范县由山东省划归河南省安阳地区,1983年划入濮阳市,即今天的濮城镇。

从汉口起飞,至宁波加油后,于当晚23时48分启程飞往日本,20日凌晨2时45分飞抵九州、长崎上空撒下传单。后又飞往福冈等地,共撒下传单百万份,完成任务后安全返回。这次人道主义的远征,给了日本军国主义精神一次重击。21日,受惊的日本内务相为防止中国空军的突然袭击,决定充实日本本土的防空装备。

1938年5月31日,日本航空队再次大举进犯武汉。然而,中方已事先获悉情报,驻南昌的苏联空军志愿队为防止被日军发现,在5月31日凌晨前以超低空飞行的方式转移到武汉。上午11时45分,日本海军航空队的36架九六式驱逐机和18架九六式重型轰炸机,通过鄂皖两省交界处的英山县上空,向武汉扑来。号称正义之剑的苏联空军志愿队的21架E-15驱逐机、10架E-16驱逐机立即起飞,占据了1500多米的高空,作为战斗的主力部队。同时,中国空军第三大队的4架E-15驱逐机,第四大队的8架E-15驱逐机、6架E-16驱逐机飞上了2400多米的高空,和主力部队共同构成了一个立体纵深的防空阵势。12时许,日机窜入武汉上空,发现势头不对立即掉头东窜。苏联飞行员金加也夫率先击落一架敌机。日本机群且战且退,又有数架被中国战机击落于横店、董家湖一带。苏联飞行员古班柯在击落一架敌机后,机枪子弹已射完,虽不甘心但也只能撤出战斗,后来平安地把自己受伤的座机降落在机场。这场空战是中方在武汉保卫战中取得的第三次胜利,共击落敌机14架,而中方仅损失飞机2架(其中的一架并非被敌机击落,而是因飞机失速坠地。飞行员张效贤殉职)。

徐州会战后,日军集中兵力,一路溯江而上,6月12日占领安庆;一路沿陇海路西犯,6月5日攻陷开封。国民政府为阻止日军西犯,6月9日在河南花园口炸开了黄河大堤,黄河水沿贾鲁河夺淮河而下,众多县城被淹,140万灾民无家可归,日军4个师团被困于黄泛区。此后,中日沿贾鲁河黄泛区对峙长达6年之久。长江方面,为阻止日军西进,军事委员会决定利用鄱阳湖和大别山这两个天然屏障来保卫武汉,在东南方的鄱阳湖以东阻击敌人,防止日军溯江西进九江等地。同时,中国空军加大了对日军控制的安徽芜湖、安庆机场及长江中日舰的打击力度。

6月10日,苏联航空队5架CB轰炸机由汉口出发,飞抵江西、安徽交界的彭泽县上空,与敌轰炸机、驱逐机各2架遭遇,当即对敌攻击,击落敌驱逐机1架。其余敌机均匆匆逃避,中方无损。同时,由南昌起飞的苏联空军志愿队9架CB

轰炸机飞抵安徽东流县上空时,因天气转恶,未能完成轰炸任务。6月24日,苏联空军志愿队9架CB轰炸机分三批从南昌出发,轰炸东流附近的敌舰,炸中4艘敌舰,浓烟笼罩,其余日舰四散逃离。此外,苏联空军志愿队还轰炸了香口附近的日舰,因有日驱逐机5架向我机攻击,未及仔细观察轰炸效果。6月28日,第二大队大队长孙桐岗率6架CB轰炸机从南昌起飞,轰炸东流、马当之间江面上的日舰,中途因遇暴雨,分队长刘继昌、王廷元与机队失去联络,飞至马当上空,遇敌驱逐机8架,发生激战,王廷元被敌击中牺牲。

1938年6月份,中国空军联合苏联空军志愿队共炸沉敌舰及各种船只30余艘,炸毁敌机20余架。6月26日,37架日机冒雨袭击南昌,苏联空军志愿队战机28架、中国空军第四大队战机5架起飞迎战,激战中击落敌机6架。苏联飞行员古班柯一人击落2架日机,但又遭到3架日机的围攻,飞机起火。古班柯跳伞后,敌机继续追踪射击,其战友克拉夫琴柯赶来援救,驱散了敌机。此外,在6月16日发生于广东韶关、南雄的空战中,中国空军将来犯的6架日本九六式轻型轰炸机全部歼灭,又一次取得了不小的战绩。

1938年7月,中苏空军继续昼夜出动,轰炸东流至九江间的日舰及沿江机场,共炸沉敌船12艘,炸伤29艘,炸毁敌机40余架。

7月2日,中国空军第二大队第十一中队队长肖起鹏率5架CB轰炸机,自江西南昌飞往附近江面,轰炸日舰。当飞到马当上空时,发现江面有三四十艘日本军舰停靠岸边准备登陆,中国空军当即实施轰炸,命中日驱逐舰尾部。随即6架敌驱逐机向中方战机袭来,激战中我方击落日机一架,中国战机也被击落一架。机长武维志所驾飞机被敌机击落,坠于江西都昌县境内,武维志英雄殉职。同机遇难的还有飞行员袁熙纲、射击士陈德奎。

7月3日,中国空军4次出动战机,先后对芜湖、马当、东流、香口四地的日军阵地、机场和军舰进行了轰炸,日军2艘军舰被炸沉,5艘军舰有不同程度的损坏。当天中日双方还在马当、香口两地上空发生空战,中方战机被击落一架,飞行员戴剑锋、射击士张德刚牺牲。

7月4日下午2时许,敌轰炸机26架、驱逐机30架大举袭击南昌,中国空军第四大队E-15驱逐机7架、E-16驱逐机5架,第三大队E-15驱逐机6架及苏联空军志愿队驱逐机28架起飞迎战,双方的100多架飞机在南昌上空展开大空战,中方共击落敌机 7 架,第四大队飞行员信寿巽、张志超在此次空战中壮烈牺牲。

7 月 8 日,中国空军联合苏联空军志愿队对安庆、芜湖的日军机场进行了 5 次轰炸,取得炸毁敌机 20 余架、重创敌舰 10 余艘的战果。第二大队飞行员孙国藩座机被敌击中,跳伞落入敌军阵地,被日军射杀。

7 月 12 日,中国空军第一大队的 3 架 CB 轰炸机及苏联空军志愿队的 2 架轰炸 CB 机,由苏联飞行员任领队,从汉口起飞袭击安庆附近的日舰。在返航时,于东流附近遭遇 2 架敌机,中国飞行员刘若谷驾驶的战机被击落,刘若谷殉职。同日,从江西吉安起飞前往安徽贵池下游轰炸日舰的中苏混合编队的 3 架轰炸机,在返航时遭到 5 架日本战机的攻击,结果中、日各损失飞机 1 架,中国空军第一大队飞行员毕玉宝牺牲。

这一时期,日机恢复了对武汉的频繁袭击。7 月 12 日,日机 68 架狂炸武汉,投弹 100 多枚,造成民众死伤 600 多人。7 月 16 日,日机 40 余架进犯武汉,第三大队第三十二中队队长韦一青率分队长马毓鑫,队员莫更、倪世同、何觉民等,驾英制飞机 5 架升空拦截。因警报太迟,飞机刚离开地面,日驱逐机 18 架已飞临机场上空。幸好中方指挥适当,立即应战,当即击落敌机 1 架,中方也被击落 1 架,飞行员莫更阵亡。韦一青率领的 5 架飞机牵制了敌机,为地面未及时起飞的战友争取了起飞时间,从而避免了更大的损失。7 月 19 日,敌机 39 架再炸武汉,投弹 200 多枚,并投掷燃烧弹,毁损房屋 400 余栋,造成民众 1000 多人死伤。同时,日机还轰炸了广州、潼关、洛阳等地。日本陆军在优势海军和空中力量的支援下,于 7 月初在湖口强行登陆。至 7 月 26 日,九江失陷。同时,日军 7 万兵力于 7 月中旬向大别山南麓潜山、黄梅、田家镇一线大举进犯,从南北两翼向武汉地区攻击。

7 月 18 日,日机 27 架分两批袭击南昌。中苏空军的战机起飞迎战,激战于洪都上空,共击落敌机 4 架,日本海军航空队"四大天王"之一的南乡茂章大尉于这次空战中被击毙。

从 1937 年 8 月 14 日中国空军参战开始,到 1938 年 7 月 31 日止,在抗战的第一年,中国空军共击落日军战机 179 架,取得了相当不错的战绩。

1938 年 8 月,中苏空军继续频繁出击,轰炸九江、安庆一带日舰及登陆部队,以阻止日军向武汉方面的进攻,共炸毁大小日舰 9 艘,炸伤 23 艘。日本航空队则多次对武汉、南昌、广州、长沙、衡阳等地进行轰炸,并为日本陆军助战,狂炸前线中国守军的阵地。

九江沦陷后,日军以飞机数十架、军舰 80 余艘配合陆军自九江南下,把攻击矛头直指南昌、长沙,企图在武汉周边形成大包围圈。自此,武汉、南昌等地空袭频繁,屡遭敌机狂炸。1938 年 8 月 3 日,日军出动 68 架战机空袭武汉,中国空军与苏联空军志愿队联合出动 52 架战机迎战,在武昌和黄石港口的上空展开了激烈战斗,12 架日本战机被击落。同一天,苏联空军志愿队 3 架 CB 轰炸机在对安庆的日军机场和江面上的军舰进行轰炸时,与 19 架起飞追击的日军战斗机展开空战,5 架敌机被击落,1 艘日军军舰被炸毁。

8 月 4 日,日军出动 27 架飞机分两批对南昌进行轰炸,投下炸弹 100 多枚,造成中国民众 260 余人死伤。南昌市民为躲避空袭,纷纷迁出。同时,驻南昌的苏联空军志愿队也疏散到南昌附近的高安等地的机场。8 月 6 日,日机 63 架再次袭击武汉,投弹百余枚,武汉的形势日趋恶化,国民政府被迫迁往重庆。

8 月 8 日,苏联空军志愿队 5 架 CB 轰炸机轰炸马当、香口一带日舰,炸伤大型舰 6 艘,炸沉汽艇 10 余艘。同日,日机狂炸广州,造成民众 700 多人死伤,躲在天主教堂避难的妇女、儿童 100 多人也被炸死。8 月 9 日,日机 48 架再炸广州,造成平民 160 余人死伤,毁民房 200 多间。

8 月上旬至中旬,日军 10 万兵力从合肥、舒城一带西犯六安、霍山,从大别山北麓包围武汉。8 月 11 日,日机 70 多架分三批狂炸武汉,投弹 200 多枚,造成民众 700 多人死伤。中国空军与苏联空军志愿队驾机迎战,在击落敌军 5 架飞机的同时,自己也损失 5 架。这一时期,武汉三镇经常处于空袭之中,为减少伤亡,蒋介石下令疏散武汉人口,限 8 月 15 日以前撤出居民 50 万人。在飞机数量和战斗力处于弱势的情况下,为了避免与优势的日本空中力量硬拼,驻武汉的中苏空军采取敌机空袭时起飞避警的办法,来减少损失、保存实力。苏联空军志愿队转到衡阳,武汉机场主要用来"跳场"。

8 月 11 日,苏联空军志愿队两次出动轰炸九江日舰。第一批 5 架 CB 轰炸机在黎明前起飞,早晨 6 点到达目标上空,发现九江江面上停泊有 25 艘日舰,当即从 7500 米高空进行投弹,有 3 枚炸弹命中目标。当天傍晚,第 2 批 7 架 CB 轰炸机再炸九江日舰。两次轰炸共炸沉日舰 5 艘,重创 7 艘。

8月13日,日机100多架3次狂炸湖北省阳新县,每次投弹800枚以上,企图炸毁驻扎在阳新的中国陆军第九战区长官司令部。阳新被炸后,大火燃烧长达一日之久,民众死伤1300多人。

8月18日,日机27架袭击衡阳、宝庆,中国空军第三大队大队长吴汝鎏率E-16驱逐机7架,第二十五中队队长汤卜生率霍克机3架起飞迎敌。空战中击落敌机4架,汤卜生牺牲。同日,苏联空军志愿队9架CB轰炸机轰炸湖口附近日舰,日舰被命中3艘,燃烧沉没。

8月21日,5架敌机自江北鸡鸣河方向突袭武汉。警报响起时,日机已临机场上空,6架中国战机才准备起飞。当时中国空军第七大队第十二队的一架可塞机和一架雪莱克机,正在空中练习陆空联络,当即被敌击落,队长安家驹身受重伤跳伞,抢救无效殉国,飞行员关万松、霍文耀随机坠地殉国。仓促起飞的第五大队第二十四中队队长李克元,因战机高度尚低,被敌击落牺牲。

同日,中国航空公司的一架桂林号DC-2型客机,在从香港至重庆的航线上飞行时,遭到日本海军航空队5架战斗机的袭击,中弹100多发,只得迫降于广东中山县(今中山市)附近江面。敌机又俯冲扫射落水的飞机和旅客,造成15人遇难,只有3人生还。这是日军首次对中国民航客机进行野蛮袭击。8月30日,日机11架袭击广东南雄,第三大队大队长吴汝鎏前一天率第三十二中队9架英式斗牛士机由衡阳移驻南雄,当即率队起飞迎敌。第三十二中队队长朱嘉勋一人击落九六式驱逐机2架,分队长韦鼎烈、队员韦善谋各击落敌机1架,中方战机也被击落4架,大队长吴汝鎏在此场空战中壮烈牺牲。

1938年9月,武汉会战更趋激烈,北路日军由大别山从北面侵入豫南,9月初展开信阳地区的潢川之战。为了阻止日军在河南的进展,配合协助胡宗南的第十七军团地面部队作战,中苏空军从9月下旬起,向罗山、柳村一线的日军实施了连续轰炸。中路日军沿大别山区南麓溯长江而上,由日航空队配合助战,并施放毒气,9月6日攻陷鄂东广济,29日攻陷田家镇要塞。中国空军于9月间屡次出动,配合汤恩伯第三十一集团军等部作战,多次轰炸武穴、阳新、田家镇等地之敌。南路日军以南昌为目标,由九江南下,与薛岳兵团大战于赣北万家岭、麒麟峰等地。自6月12日武汉会战开始,至9月30日,日军总计投入兵力达22个师团以上,共60多万人,死伤27万余人。中国陆军的英勇作战,以及中苏空军的协同配合,使敌军的进攻屡遭挫折,进展缓慢,并付出了极大的代价。

9月间,日本航空队对南昌、广州、柳州、梧州、吉安等地进行了多次轰炸。9月28日,日机9架首次空袭昆明,被击落3架。9月13日,敌轰炸机9架、驱逐机22架,袭击广西柳州的空军军官学校柳州分校。中国两架战机起飞迎战,因寡不敌众,被击落一架,中尉教官洪炯桓阵亡,另一架避入云中得以逃脱。

9月21日,日军攻陷豫南罗山后,中苏空军决定配合北线地面部队作战。9月22日,中国空军第一大队大队长和苏联空军志愿队指挥官一道亲赴罗山前线视察地形,制订陆空协同作战的计划。从9月27日起,中苏空军混合编队连续出击,轰炸、扫射罗山至柳村一线的日军。在空军的支援下,10月2日,中国陆军收复了光山。此后,日军为对付中苏空军的袭击,在地面部队中配置了高射炮,并派出驱逐机巡航。10月6日,中苏混合编队CB轰炸机8架,在苏联空军志愿队轰炸机联队长斯留沙列夫率领下,从汉口起飞轰炸罗山敌军。机队在罗山上空遭遇日驱逐机10余架并展开激战,当即击伤敌机一架,最后中方战机避入云中,分别返回衡阳、湘潭等地机场。此后直至1938年底,中苏空军很少主动出击,而日本空军则逐步深入,轰炸中国后方城市。10月4日,日机9架首次袭击重庆,在牛角沱、光阳坝投弹后,又飞向梁山及湖北老河口轰炸中国机场。

10月8日至11日,日本空军连续3天对衡阳进行夜袭,共出动69架轰炸机,投下50吨炸弹。由于汉奸在地面纵火,指导敌机轰炸,中方蒙受较大损失,被炸毁CB轰炸机6架。10月8日至9日夜间的空袭引起的大火燃烧了5个小时,一座存放军装的仓库被烧毁,苏联空军志愿队战斗机大队长拉赫马诺夫起飞追击敌机时被击落牺牲。10月10日至11日夜间的空袭中,日机被击落4架。

10月12日,日军攻陷豫南重镇信阳,切断了平汉铁路,使武汉北侧受到威胁。同日,日军为策应武汉会战,抽调4万兵力,在100多架飞机的掩护下,在广东大亚湾登陆,矛头直指广州。10月13日,日机100多架分19批狂炸广州、曲江等地。10月17日,敌机150架疯狂轰炸湖南株洲、岳阳等地。10月21日,广州沦陷。10月25日,汉口弃守,武汉会战历时四个半月至此结束。

图 14　武汉市汉口解放公园内的苏联空军烈士墓(正面)

图 15　武汉苏联空军烈士墓安葬着 29 位为中国抗战牺牲的苏联空军战士

# 第七章　困战:在困境中坚持抗战

　　苏联空军志愿队的帮助,在一定程度上弥补了中国空军力量的不足,中苏空军在与日军的战斗中取得了骄人的成绩。随着《苏日中立条约》的签订和1941年苏联卫国战争的爆发,苏联空军志愿队全部撤回,孤军奋战的中国空军更加艰难。获取了空中主动权的日军遂在中国西南各地实施大规模的无差别疲劳轰炸,给中国民众造成了巨大的生命财产损失和严重的精神创伤。

## 一、激战:兰州、重庆等地空战

　　广州、武汉沦陷后,中国空军和苏联空军志愿队的根据地西迁至成都、重庆等地,飞机和人员都较缺乏,需要补充。1938年11月,苏联空军志愿队接到命令,暂停作战,将飞机飞到苏联空军志愿队的主要修理基地兰州进行大修,因为这时他们的飞机已飞足了规定的150小时,发动机寿命已到,需要更换。同时,中国空军也暂停出击,各轰炸机部队均调到成都、宜宾一带整训,驱逐机部队则分驻重庆、成都、兰州等地,负责空防任务和进行训练。

　　抗日战争进入战略相持阶段后,日本航空队以广州、武汉作为中心基地,掌握了中国广大地区的制空权,经常深入中国腹地进行轰炸。1938年11月8日,日本外相广田弘毅狂妄地宣称中国的全部领土都将遭到日机的轰炸,要求凡是驻在中国的外国人,都须将房屋表明国籍,禁止中国军队使用,并将地点通知日本当局。就在这一天,日军出动18架飞机首次袭击了成都,投弹百余枚。同时,驻湖北、广东等地的日军出动飞机109架次分6批轰炸湖南各地,被中国军队击落2架。此后,直到1938年底,日机多次轰炸了成都、浏阳、常德、柳州、宜昌、延安、西安、桂林等地,使中国人民的生命财产遭受巨大损失。

　　1939年初,在经过一年半的战争消耗后,中国空军所拥有的各式作战飞机仅存170架。日本在中国战场上用于侵华的战机始终保持在700架左右,在数量上已是中国空军的数倍了。

全国抗战爆发以来,日军对中国的轰炸,都由海军航空队担任,而陆军航空队只负责协助地面部队的作战任务。广州、武汉沦陷以后,日本陆军航空队改变了方针,把攻击重点放在战略要地和政治中心,并由第一飞行团来执行这一任务。

1938年12月18日,汪精卫从重庆经昆明叛逃越南河内,日本军方认为这是给重庆方面重大打击的机会,可以动摇国民党坚持抗战的信心。日本陆军航空队司令官江桥英次郎命令第一飞行团对重庆进行了4次连续轰炸。12月26日上午10时,日军陆军航空队的12架九七式轰炸机从汉口起飞,下午1时35分飞抵重庆上空,因云层过密未能找到重庆的位置,没有进行轰炸即返回。第二批10架第九十八战队的壹式轰炸机,于下午2时到达重庆上空,也因云层过密只进行了推测轰炸,命中率不高,中国空军也没有起飞截击。

1939年1月7日,重庆天气转好,敌第一飞行团轰炸机31架再次轰炸重庆。当敌机飞抵重庆上空时,天气又转坏,日机无法判断重庆的确切位置,只能以长江的走向为依据,进行推测轰炸,也未能收到效果。1月10日,敌第一飞行团重型轰炸机30架第三次袭击重庆,投弹4500公斤。1月15日,日军第一飞行团29架重型轰炸机第四次袭击重庆。当天重庆天气晴朗,中国空军战机10余架起飞拦截,击伤敌机4架。此后,因重庆方面连日天气恶劣,日军认为坚持袭击效果不大,改以气象条件较好的兰州为攻击目标。

兰州是当时中苏航线上的重要枢纽,苏联援华战略物资和飞机从阿拉木图或外贝加尔出发,都要经兰州再转往中国各地,其战略地位非常重要。兰州还有专门修理各式苏联飞机的航空总修理厂,机场上卸满了大批苏联军事装备。1938年底,苏联空军志愿队的大批人员和飞机集中在兰州休整,因而兰州有着较强大的防空力量。日军较早就把兰州作为袭击的重要目标,早在1937年12月4日,日机11架首次袭击了兰州。1938年2月23日、11月15日,日军又两次空袭兰州,中苏空军和高射炮部队每次都给予日军以有力的打击。

1939年2月初,驻汉口的日军寺仓正三第一飞行团移驻山西运城,以便就近袭击兰州。但日军的这一调动,被中方侦察获悉。2月5日中午,中苏空军混合编队机群自成都出发,轰炸运城日军机场,投弹40多枚,一时间浓烟四起,许多日机起火。但日机的损失不大,因为其中不少是用木板做的用以欺骗中方的假飞机。中国战机返航时,第八大队第十中队队长刘福洪因飞机发生故障,失事殉职。其妻陈影凡女士闻噩耗后自杀殉夫,此事成为当时传遍后方的一则悲壮新闻。

2月11日是日本纪元节,日军原定在这一天袭击兰州,因受天气影响,顺延一天。12日上午10时30分,敌机29架从运城机场出发,直飞兰州,结果有9架敌机偏离航向,未能到达兰州。其余20架于下午2时到达兰州上空,随即便遭到中苏空军的拦截,不敢向前深入,匆匆投弹即返回,多数敌机均被击伤。

2月20日,日军寺仓正三第一飞行团的30架重型轰炸机再袭兰州。下午3时45分,敌机到达兰州附近,随即遭到中苏空军50架驱逐机的迎头痛击。日机慌忙中将炸弹投在兰州东机场以外,企图快速逃走。中苏飞机紧紧追击,敌机领队的中队长上田虎雄的座机当即被击落,由松尾元重少尉驾驶的僚机也被击中坠毁,这次空战共击落日机9架。2月23日,日机20架从运城起飞第三次袭击兰州,又遭到中苏空军50架驱逐机的拦截,日机队形被打乱,6架重型轰炸机被中方击落,其余飞机均中弹受伤。由于日军在兰州接连失利,2月23日,日军大本营被迫决定暂时停止对兰州的轰炸。一个月后,3月23日,日机再袭兰州,始建于唐代的千年古刹普照寺被焚毁。

3月17日,日本空军掩护陆军向南昌发起总攻,进行了连日轰炸,南昌的重要建筑及沿河房屋悉数被炸毁。经10天血战,南昌于3月27日失守。从4月22日起,中国陆军反攻南昌,至26日,一度攻入南昌机场。4月27日,日军出动大批飞机,在南昌周围狂炸中方阵地,并投下毒气弹,敌我双方在南昌周围进行激烈争夺。5月1日,蒋介石下令各路指挥官亲赴前线督战,限5月5日以前夺回南昌,并将畏缩不前的第79师师长段朗如军前正法。5月3日,中国空军出动轰炸机扫射日军阵地。5月5日,中国陆军上官云相所部攻入南昌机场、汽车总站及金盘路等地,双方激烈争夺。次日,日军出动大批飞机,狂炸南昌我军阵地,第29军军长陈安宝阵亡,第26师师长刘雨卿重伤,部队损失惨重,入夜开始后撤。第九战区司令长官薛岳致电蒋介石,自责"指挥无方,敬请重罚"。至5月9日,蒋介石下令停止攻击南昌,各部队恢复原有态势,南昌会战结束。

南昌会战期间,中日双方战机均出动助战,但制空权操于敌手,而且日军不顾国际法,多次使用毒气、毒弹,使中国地面部队遭受很大的伤亡。南昌会战,双方战机都起了一定的作用。

4月29日是日本的天长节,该日,日军7架驱逐机袭击了陕西南郑,中国空军第五大队第二十九中队队长马国廉率领6架战机迎战。因敌机已占据有利位置,激战中我机被击落3架,日机被击落2架。中国飞行员刘盛芳、蔡仕伟于空战中阵亡。

5月3日下午1时许,敌方45架重型轰炸机袭击重庆,中国空军第四大队驱逐机25架起飞迎战,驻成都的第五大队驱逐机12架也飞赴重庆助战。在空战中,中国空军共击落敌机7架,击伤者甚多,自身也被击落2架,第四大队第二十一中队副队长张明生、第二十四中队飞行员张哲牺牲。第二天,日机27架再度狂炸重庆,并投掷了大量燃烧弹,重庆全市陷于大火之中,着火处多达14处,都邮街、柴家巷等繁华市区尽毁。在3、4两日,市区房屋被毁1200余栋,市民死亡4400余人,伤3100余人。

日军高强度的持续轰炸,给市民造成了严重的心理恐慌和精神压力,正在重庆街头的萧红对轰炸现场这样描述道:

> 前一刻在街上走着的那一些行人,现在狂乱了,发疯了,开始跑了,开始喘着,还有拉着孩子的,还有拉着女人的,还有脸色变白的。街上像来了狂风一样,尘土都被这惊慌的人群带着声响卷起来了,沿街响着关窗和锁门的声音,街上什么也看不到,只看到跑。①

5月9日,日机再次狂炸重庆。国民政府为此提出强烈抗议,美国政府也通过驻日大使格鲁,就日机滥炸重庆、汕头、福州等地无辜民众一事,向日本政府提出了抗议。但是,日本政府对国际舆论的多次强烈谴责置若罔闻,继续频繁轰炸重庆、汕头、福州、宁波、恩施、成都、常德等地。1939年夏,中国后方各大中城市的人民每天都生活在警报声中,正常的生产和生活秩序受到严重扰乱。

---

① 萧红.放火者[M]//碧野.中国抗日战争时期大后方文学书系:第4编(报告文学第3集).重庆:重庆出版社,1989:1632.

　　1939 年 6 月,由库里申科和科兹洛夫率领的苏联空军志愿队两个 DB－3 轰炸机大队来到中国,库里申科任轰炸机联队队长,驻扎在成都。DB－3 是一种远程重型轰炸机,航程可达 4000 公里。武汉沦陷后,轰炸半径加大了,原有的 CB 轰炸机难以完成远距离的轰炸任务,DB－3 的到来,对加强中苏空军的战斗力,发挥了相当大的作用。

　　1939 年夏,来到中国的苏联空军志愿队还有两个战斗机大队,一个是由苏普伦率领的 E－15 战斗机大队,另一个是由柯基那基率领的 E－16 战斗机大队。整个战斗机联队由苏普伦任联队长,驻扎重庆,负责重庆的空防任务。

　　1939 年 6 月 11 日,日军九六式轰炸机 27 架袭击重庆,中国空军第四大队 15 架 E－15 驱逐机起飞迎敌,激战中,第四大队第二十三中队分队长梁添成驾驶的座机被日军击中,坠落于涪陵附近,机毁人亡。梁添成是中国空军"四大天王"之一,至此,高志航、乐以琴、刘粹刚、梁添成这 4 位在全国抗战初期曾名震海内外的中国空军飞行员都先后为国捐躯。

　　苏联空军志愿队新机队来华后,日军随即得到情报,对重庆、成都等地的空袭改在夜间进行,同时派出侦察机,力图探明苏联飞行员驻扎的准确地点。

　　1939 年 7 月 6 日,日机 30 架夜袭重庆。中苏空军的战机立即起飞迎战,苏联飞行员柏达依采夫在追击敌机时被另一架日机击中牺牲。

　　8 月 3 日夜至 4 日凌晨,日机 18 架分两批夜袭重庆,中苏空军奋力应战,击落日机 2 架。第四大队飞行员李志强被日机围攻,阵亡于巴县。

　　8 月 15 日,苏联空军志愿队由库里申科大队长率领轰炸武汉机场,下午 2 点,在武汉上空与日机群遭遇,空战中击落敌机 6 架。库里申科的座机被击中左侧发动机,他用单发动机飞行,返航至四川万县上空时,机身失去平衡,迫降于长江中,库里申科溺水身亡。至今,四川万县的库里申科烈士墓仍保存完好,表达了中国人民对这位国际主义烈士的永久怀念。

　　同日,敌机 10 架轰炸了延安,投弹 10 余枚。1939 年秋,敌机多次袭击陕甘宁边区,较大的空袭有:9 月 8 日,日机 46 架空袭延安,投弹 200 余枚,炸毁民房百余间,炸死炸伤民众 50 多人;10 月 15 日,日军又出动 71 架飞机分两批对延安进行轰炸,投下 225 枚炸弹,炸毁房屋、窑洞 30 多间,造成 23 人死伤。

　　此外,1939 年秋,日军还频繁地轰炸了四川的成都、万县、乐山、巫山,广西的南宁、柳州,以及福州、西安、洛阳等地,但对重庆的夜袭则都遭到中苏空军的拦截。8 月 28 日,敌机分三批夜袭重庆,被击落 1 架。9 月 3 日,日机 36 架分批夜袭重庆,又被击落 2 架。

中苏空军据情报获悉,日军在汉口机场集结了约 300 架飞机。鉴于日机袭击重庆、成都等中国后方大城市多数是从汉口机场起飞,中苏空军决定对汉口机场进行一次大规模的袭击。

1939 年 10 月 3 日,苏联空军志愿队出动 29 架 DB 远程重型轰炸机,携带 100 公斤级的大型爆炸弹、杀伤弹和燃烧弹,突然袭击武汉。日军没有料到中方空军会有能力长途奔袭武汉基地,平时没有戒备。这次轰炸的成果是抗战以来最大的一次,总计炸毁敌机 50 多架,炸死日军 130 多人,炸毁日军汽油库及材料库的一部分,日军的损失达 2000 万元以上。10 月 14 日,苏联空军志愿队再次大举出动,轰炸武汉日军机场。据中央社报道,此次轰炸共炸毁日本轰炸机 66 架、战斗机 37 架、汽油库 1 座(内存汽油 5 万加仑);炸毁日弹药 3 万余箱、救护车 40 余辆;炸死日军少佐 2 人、飞行员 60 多人、陆海空官兵 300 多人。此外,空战中还击落日机 3 架,而苏联空军志愿队仅伤 1 架飞机。这两次袭击共炸毁敌机 150 架,战果辉煌,歼灭了武汉日本航空队的主力,极大地鼓舞了全国人民抗击日寇的信心。

11 月 4 日,日轰炸机 54 架分两批袭击成都,每批 27 架。中国空军第五大队也分成两批进行迎战,第一批 14 架飞机由第十七中队的瓦丁机和第二十七中队的 E-15 驱逐机组成,负责成都和温江上空的巡逻;第二批 6 架飞机由第二十九中队的 E-16 驱逐机组成,在副队长王汉勋率领下负责巡逻内江附近的领空。第一批日机在凤凰山机场投弹,第二批日机在温江机场投弹,我机分区迎战,共击落日本海军九六式重型轰炸机 2 架,我机也损失 2 架。第二十七中队飞行员段文郁在腿部中弹后,仍带伤迎头痛击一架日军领队长机。日机仓皇投弹而逃,段文郁直追至成都东北 70 公里处的中江县上空,将日机击落。段文郁本人也因失血过多,昏迷于机中,以致坠落于金堂县附近牺牲。事后查明,段文郁所击毙的日机人员中,有一个是日本海军第十三航空队司令官、著名的轰炸大王奥田喜久司大佐。

1939 年秋,为了切断中国西南大后方的国际交通线,进一步封锁中国后方,日本在要求法国禁止通过越南向中国运送物资的同时,积极筹备在桂南作战。11月15日,日军10万兵力从东京湾开拔,赴广西北海发起攻击。在海军和航空队的掩护下,日军第五师团和台湾混成旅主力在钦州湾登陆,标志着桂南会战正式开始。

11月16日,日军攻占防城,17日又攻下了钦州。此后,大批日军在飞机掩护下,越过崇山峻岭向南宁方向进犯。中国方面急调第五军、第九十九军、第三十六军等赶赴桂南前线。同时,中国空军第三大队也由西北移驻柳州,协助陆军作战。随后,中国空军第四、第五、第六大队及苏联空军志愿队也陆续参加了桂南会战。中方投入桂南会战的各式飞机共达115架,而日本空军投入的飞机是251架,日机数量超过中方一倍以上。

11月24日,在战机的掩护下,日军第五师团迅速攻下南宁,然后北上进犯广西南部的重要关隘昆仑关。从11月29日起,日军每天出动五六十架飞机,对中国守军阵地进行轮番轰炸。12月4日,日军占领昆仑关,随即在该地构筑坚固工事,企图固守,桂南会战暂时处于对峙状态。12月18日,中国陆军开始反攻。12月27日,中国空军第三大队出动6架E-15驱逐机及格洛斯特斗士机,协助陆军展开反攻,中日双方为争夺昆仑关进行了激烈的战斗。中国空军在二塘上空与数倍于己的日机发生激烈空战,击落日机2架。第三十二中队队长韦一青击落1架日机后,正在奋勇追击另一架日机,但被突然从后面冲来的日机击中,坠落于两军阵地之间。中国地面部队目睹了中国空军飞行员奋勇杀敌、壮烈牺牲的一幕,军心大振,冒着敌人炽烈的炮火,冲锋陷阵,将烈士的遗体夺回。在中国空军的配合下,地面部队英勇作战,大败日军,取得了昆仑关大捷。至12月31日,日军被迫向九塘方面退却。

桂南会战期间,中苏空军总计出动战机12次,投弹28吨,先后炸毁日机15架,并在桂林、柳州、零陵、芷江等地进行了11次空战,击落日海军九六式重型轰炸机1架、九六式攻击机9架、神风号快速侦察机1架,中方战机损失也达15架。

据国民政府统计,自全国抗战爆发开始,至1939年12月31日,日军对中国各地共进行了6117次空袭,炸死民众达51601人,炸伤65826人,毁房屋222569栋,约合法币144829万元。这个数字还不包括偏僻乡村及前线阵地的损失,实际损失尚无法精准统计。至1939年12月底,日军共损失各式飞机824架,平均每月损失28架。日军飞行员被击毙或被俘者共1108人,白相定南、南乡茂章、潮田良平等自称日本海军航空队"四大天王"中的3人,以及有着日本陆军航空队"轰炸之王"之称的奥田喜久司,也都毙命于战场。此外,中国陆军地面高射炮部队于1939年2月2日,在湖北钟祥沙家集击落日陆军航空队菲亚特BR20重型轰炸机1架,机上日陆军航空兵司令部兵器部部长渡边广太郎大佐及藤田雄藏少佐等6人均被击毙。藤田雄藏是日军中最负盛名之巨型机试飞员,保有续航时间最久的世界纪录,日本朝野惊闻消息后,认为这是日本航空界的一次大的损失。

1939年底,为了破坏中国西北国际交通线,日本陆军航空队联合海军航空队,于12月26日至28日,连续3天以90多架飞机大举袭击兰州,结果遭到中苏空军的有力还击,被击落九六式、九七式重型轰炸机达10架之多。

1940年初,中国空军只有112架驱逐机及48架轰炸机,而日军则有650架各式飞机。中国空军在苏联空军志愿队的配合下,继续在艰难的条件下坚持抗战。

1940年1月1日,日本海军第十三航空队的一架神风侦察机在侦察湖南零陵时被中国空军击落,首开新一年度的纪录。神风侦察机是日军重型轰炸机的耳目,负责侦察气象及远程导航,其速度快,是一种不易被击落的敌机。

1940年1月4日、7日、8日、10日,苏联空军志愿队连续出动CB轰炸机31架,对南宁日军机场及七、八、九塘日军阵地进行了4次轰炸,炸毁日机4架以上,敌阵地起火。在1月10日的出击战中,苏联飞行员金爵洛哥在返航时迷失方向,迫降时牺牲。

驻重庆的苏联空军志愿队战斗机大队在1939年12月移驻柳州。1940年1月10日,日机分两批袭击柳州,每批27架。苏联空军志愿队积极应战,共击落日机3架。

4月3日,中国空军第八大队与苏联空军志愿队联合出动两批次,分别轰炸岳阳和运城的日军。第一批由科兹洛夫大队长率领8架CB-3轰炸机,与中国空军2个机组组成混合编队,从成都起飞轰炸岳阳日军司令部及仓库,炸毁日舰1艘,炸死炸伤日军百余人。城陵矶、岳阳、南津港、日明寺、观音阁、九华山等处的日军也被炸死炸伤百余人,另炸毁火车站车厢2节、汽车5辆。另一批由苏联空军志愿队的 7 架 CB 轰炸机组成,飞机从温江起飞,经汉中加油后轰炸了山西运城日军机场,日军损失惨重,被炸毁房屋七八十栋。虽有敌驱逐机追击和高射炮射击,但中方却无损失,全部都安全返回基地①。

4 月 12 日,中苏空军再次联合出击,轰炸了岳阳日军司令部及附近仓库。此次出击,由科兹洛夫大队长率领苏联空军志愿队的 8 架重型轰炸机和中国空军的 5 架飞机组成混合编队,炸毁岳阳日军汽艇两艘,炸伤日军舰两艘,毙敌 150 余名,并炸毁日仓库一座。中方无损失,安全返回太平寺机场。

4 月 22 日晚,日军出动轰炸机三批,每批 10 架,袭击了四川各空军基地。中国各地机队起飞警戒,与日军发生激战。第四大队第二十二中队飞行员刘润田在追击日机时迷失方向,迫降于彭水东北河中,英勇殉职。

4 月 28 日、29 日,苏联空军志愿队轰炸运城和南京,因天气不好改炸虞乡和信阳,炸毁信阳机场日机 11 架,炸死日军军马 20 余匹,我方战机全部安全返回。4 月份中苏空军共出动 5 批次,飞机 60 架次。

1940 年 5 月,日军集中 6 个师团的兵力向枣阳、襄阳、宜昌地区进犯。5 月 16 日,中国陆军第三十三集团军总司令张自忠在枣阳督战阵亡,日军乘势渡过汉水。6 月初,襄阳、荆门等地沦陷,6 月 16 日宜昌失守。日军随即将宜昌机场修复,作为前进机场。日轰炸机在该地加油后,可深入中国大后方进行轰炸。中国空军则从 6 月至 8 月对宜昌日军机场屡次实施轰炸,第一、第六、第八大队共出动 16 次,使用飞机 124 架次,对随县、枣阳、钟祥、荆门、当阳、宜昌等地的敌军及宜昌机场进行打击。与此同时,日军占领宜昌后,加强了对重庆、成都各空军基地的袭击,而且规模较大。

1940 年夏,为了迅速结束中国战场上的战事,使中国政府和民众屈服,日军制定了代号为“101 号作战”的陆海军联合空袭作战计划。日本陆军方面参战的有第三飞行集团所属的第六十战队、独立飞行第十六中队、第四十四战队第一中队,独立飞行集团所属的第十中队等。日本海军方面参战的有第一联合航空队所属的高雄航空队、鹿屋航空队,第二联合航空队所属的第十二、第十三、第十四、第十五航空队。日本陆海军用于此次作战行动的飞机共达 297 架,作战时间

---

① 李鉴. 苏联援华空军志愿队[J]. 武汉文史资料,2015(8 – 9):16.

自 5 月中旬起,预定 3 个月,以重庆、成都等地为主要目标,妄图通过对中国大后方重要城市的持续大规模轰炸,削弱中国军队的抗战力量,摧毁中国人民的抗战意志。

5 月 18 日、19 日,日本海军航空队连续两天夜袭成都、重庆各机场。中国空军采取避警办法,但在 18 日的空袭中,第五大队第二十七中队飞行员林日尊返航时,因夜色迷茫,坠落于温江东门外狮子山,英勇殉职。5 月 19 日敌机夜袭时,梁山机场 8 架飞机被炸毁。5 月 29 日,日军轰炸机再次袭击梁山机场,中国空军第四大队第二十四中队 8 架驱逐机起飞迎战,击落敌侦察机 1 架。

日陆军航空队小川队长 6 月 6 日率领 36 架轰炸机袭击重庆白市驿机场,但由于慌乱,除他的飞机飞抵目标上空外,其余 35 架飞机都匆匆在梁山机场投下炸弹。中国军机 15 架起飞迎战,日军战机 19 架中弹,7 名飞行员受伤。日军事后承认"重庆上空不好对付""靠轰炸来粉碎重庆政权的抗战意志,不那么容易"①。

同日,日军出动 100 余架战机,对重庆进行大规模的轰炸,给大后方人民生命财产造成了重大损失。6 月 10 日,日机 122 架分 4 批轰炸重庆、梁山等地,并有侦察机多架轮流窜入重庆上空,指导敌机轰炸。中国战机 34 架起飞迎战,击落日机 2 架。6 月 11 日,日机 115 架再次轰炸重庆。其中,日本陆军航空队第六十战队的 36 架重型轰炸机,于下午 2 时 30 分飞抵重庆上空。中国空军第四大队 11 架 E – 15、E – 16 驱逐机起飞拦截,击落日机 1 架,击伤多架。日本海军航空队的 79 架飞机袭击重庆时,中方战机起飞 38 架进行拦截。这天的轰炸,使重庆的金陵兵工厂及江北市区遭到很大的破坏。轰炸使重庆市民产生了严重的心理恐惧:

> 炸弹所能引起的一切恐怖袭击了重庆,看得见的东西,如尸首,血淋淋的人,以及数十万挤不进防空洞的人们,引起了恐怖。看不见的东西,迷信观念,引起了更大的恐怖,对于隆隆而来的新式飞机所发生的迷信观念,是无法解释,而且无药可医的。②

---

① 日本防卫厅防卫研究所战史室.中华民国史资料丛稿:译稿(中国事变陆军作战史 第 3 卷 2 分册)[M].田琪之,齐福霖,译.北京:中华书局,1983:35.

② 白修德,贾安娜.重庆:风云际会的焦点[M]//戈宝权.中国抗日战争时期大后方文学书系:第 10 编(外国人士作品).重庆:重庆出版社,1989:263.

有的全家死尽,七八个尸体横放在储奇门外的河边,有的全家死了剩下一二个,哭得不知人事,抱着那留下唯一的手膀或头颅在马路上乱跑,与疯人无异![①]

6月12日,日军出动111架飞机袭击重庆市中心。中国空军先后有45架次飞机起飞拦截,击落敌机两架。据美联社报道,该天重庆的损失是"本年度最大的一次"。

由于重庆设有众多国家的外交机关和商务机构,日军在轰炸时不能不有所顾忌。6月14日,日本为了更好地轰炸重庆市中心,要求各国驻重庆机构迁至市东南对岸所谓的"安全地带"。

6月16日,日军出动111架飞机分4批轰炸重庆。中国驻重庆各机队34架飞机,分别由白市驿、广阳坝两个机场起飞迎击。当天下午1时许,日本陆军航空队小川部队的36架重型轰炸机窜入重庆上空投弹,当即被中方击落1架,坠于弹子石,其余敌机也有22架中弹,其中一架飞至陕西洛南坠毁。中国空军第四大队飞行员彭均在这次空战中牺牲。

6月17日,日本海军航空队73架飞机夜袭重庆周围各机场,共投下837枚炸弹。6月24日,日本陆军航空队35架飞机和海军航空队89架飞机联合出动,从这天下午4时28分起,连续两个小时狂炸重庆市区,甚至连蒋介石的委员长行营附近也中弹起火。6月24日至29日,日本海军航空队每天以90架左右的飞机轰炸重庆。在28日的空战中,中国空军第四、第五大队的7架E-16驱逐机起飞进行拦截,第五大队第二十六中队飞行员丘瑗在空战中殉国。

整个6月份,日机袭击重庆等地共1334架次,投弹7916枚,共920吨。中国空军击落日机9架,击毙日军65人,击伤日机228架。

进入7月,日军继续大规模袭击中国后方。7月4日、5日、8日、9日和10日,日海军航空队每天以85至89架飞机轮番轰炸重庆。其中7月4日,日机分7批袭击重庆,中国空军第四大队大队长郑少愚率9架E-15驱逐机在重庆上空

---

① 李华飞.从轰炸中长成[M]//秦牧.中国抗日战争时期大后方文学书系:第5编(散文·杂文).重庆:重庆出版社,1989:324.

巡逻,迎击日机。因留空时间过长,飞行员黎宗彦在油尽迫降时遇难殉职。

7月中旬因重庆地区连续阴雨,日军只得暂停对重庆的空袭。7月22日,日机87架轰炸了重庆西北的合川。24日又轰炸了成都,投弹148枚。中国战机起飞10余架,激战40分钟,击落日机1架。此后,因敌运城机场再次遇到连日大雨,日机不能起飞,日本陆军航空队只得再度停止对中国后方的袭击。

7月27日,日本海军航空队以汉口为基地,出动90架飞机轰炸衡阳。28日因重庆天气恶劣,再以87架飞机轰炸衡阳。7月31日,日本海军航空队88架中型攻击机及陆军航空队36架重型轰炸机联合出动,对重庆进行轰炸。中国空军第四大队第二十四中队副队长龚业悌率5架E-16驱逐机自白市驿机场起飞,其中两架因马力不足,未能参战。龚业悌飞行员陈少成、王云龙共3架飞机,在重庆上空迎战26架日机,终因寡不敌众,陈少成、王云龙在激战中牺牲。

7月份,日海军航空队共出动战机11次共843架次,陆军航空队出动战机3次共107架次,共投弹672吨。中方击落日轰炸机、侦察机各1架。由于日机的频繁轰炸,重庆市区的20%遭到彻底破坏,损失遍及全市。

8月2日,日本陆军小川部队36架重型轰炸机和海军88架中型攻击机,共124架再次轰炸重庆。第二天,小川部队准备单独袭击重庆西北50公里处的铜梁,后因运城天气影响,又暂停了袭击。8月9日,日本海军航空队出动87架中型攻击机袭击重庆,目标是蒋介石住宅及其附近地区。8月10日,日本海军航空队90架飞机狂炸了衡阳。

为了对付日军对我后方的频繁袭击,昆明空军军官学校教官阎雷研究发明了一种浮游炸弹:以降落伞悬系炸弹,在日军到达前的预定时间用飞机投放在敌机必经的空域,并事先算好敌机到达的时间,由定时装置引发爆炸。8月11日,日本海军航空队87架飞机袭击重庆,中国空军首次使用了浮游炸弹,在日机群前方形成了一个立体的防空网,虽然并未达到预期效果,但对日军造成了心理上的威胁。

8月15日至17日,日本海军航空队连续3天出动战机218架次,轰炸了重庆和衡阳。8月18日,日本陆军航空队12架飞机袭击宝鸡,日本海军鹿屋航空队的6架飞机夜袭重庆。同日,中国空军出动9架CB轰炸机袭击了宜昌机场。

8月19日,日本海军12架最新式A6M1战斗机以宜昌为中继站加油,首次参加了对重庆的袭击。该日日本陆海军共出动飞机136架(另有7架侦察机),

第二天又出动135架(另有6架侦察机),这是本年度日机袭击重庆使用飞机最多的两次。从19日1时35分至20日14时,日军对重庆连续进行了4次大轰炸,造成重庆市区38处起火,毁坏房屋和商店2000多户,人员死伤数百人,重庆市繁华的西部商业区、江北及郊外的广大地区遭到严重破坏。

8月21日、22日因天气不良,日机没有袭击重庆。8月23日,日军出动80架飞机最后一次轰炸重庆市区,但对重庆郊区和其他地区的袭击,则延续到9月4日。从8月下旬起,日本军方开始计划侵占越南,准备将陆军航空队第六十战队调往华南,这样,日军至9月4日结束了所谓的"101号作战"。

日军的这场大规模轰炸攻势从5月18日起到9月4日止,共延续了110天,前后共出动飞机4551架次,投放10021枚炸弹,总重达1405吨。中国空军共击落日机16架,击伤日机387架,击毙日空军官兵89人,另有22人失踪。

到1940年7月底,全国抗战已整整进行了三年。三年来日军在中国战场上共损失飞机902架,其中由中国空军击落的日机达269架。然而这一战果绝大部分是在全国抗战的第一个年度(从1937年8月到1938年7月)取得的,如表14所示。该表是根据国民政府航委会参谋处历年战果统计数字编制而成的。

表14 中国空军击落敌机数量统计表(1937.8—1940.7)

| 年度 | 空军击落敌机数 | 占总数百分比 |
| --- | --- | --- |
| 第一年度(1937.8—1938.7) | 209 | 77.7% |
| 第二年度(1938.8—1939.7) | 32 | 11.9% |
| 第三年度(1939.8—1940.7) | 28 | 10.4% |
| 共计 | 269 | |

由表14可知,全国抗战进入第二个年度以后,中国空军的战果明显减少,处境日益艰难。中国空军的活动以1940年7月为界线,在此之前,尽管中国空军无论是数量还是战斗力都明显处于劣势,但仍然能以革命大无畏精神主动出击打击敌人。自1940年8月以后,日本先进的零式战斗机开始投入战场,消耗殆尽的中国空军再也没有力量组织反击战。

零式战斗机是日本三菱重工业公司研制的一种海军舰载战斗机,于1939年

4月1日首次试飞成功,时速可达541千米,并迅速投入批量生产。1940年又生产了改进的零式战斗机,装有两门20毫米机炮和两挺机枪,升限可达10000米,可载弹120公斤。零式战斗机速度快且盘旋灵活,火力强大,其性能已经远远超过中国空军当时使用的苏式E-15、E-16战斗机,以及当时苏联供应中国的一批时速为440千米的改进型E-15-3式战斗机。早在1940年7月21日,日本零式战斗机就进入汉口机场,开始进行适应性训练。8月19日,日本零式战斗机首次参加了对重庆的袭炸,但未与中国空军交手。9月13日,中国空军第一次与日本的零式战斗机交战。这天上午8时10分至25分,日机56架分三批由武汉起飞袭击重庆,11时30分抵达重庆上空。中国空军9架E-16及25架E-15共34架驱逐机迎战,到达重庆时,日机已投弹返航,中国战机也向遂宁返航,途中突然遭遇日本零式战斗机及九七式战斗机30架,双方展开激战。日军以九七式对中方E-16,以零式对E-15,从背向太阳的方向袭来,并且占有高度优势。日机性能无论是在速度、爬高还是机动性方面均优于中方战机,有时日机虽已进入中方射程内,但转瞬之间即能逃逸。因此,中方明显处于下风,在激战约20分钟后,我方阵亡10人,伤8人,损伤飞机11架,毁13架,中队长杨梦青,分队长曹飞、何觉民,飞行员司徒坚、张鸿藻、雷庭枝、康宝忠、黄栋权、余拔峰、刘英役等人牺牲,而敌机则仅有数架受伤,并且未发现各地有日机坠落的报告。这次空战是中国空军抗战以来遭遇的最惨重的一次失败。

"九一三"空战惨败后,中国空军为避免无谓损伤,在日机侵袭时采取提前起飞避警的策略。日军则更加猖獗,常以大群轰炸机滥炸重庆,其零式战机横扫四川各地的空军基地,西南诸省的制空权几乎尽入敌手。这就是1940年秋至1941年底中国空军的基本态势。

1940年10月4日,日军出动27架九六式陆上轰炸机袭击成都,中国空军第十八中队6架霍克七五式飞机分为两队向灌县方面疏散避警。途中飞行员石干贞因掉队在双流上空被两架日本战机击落阵亡。飞行员王其因飞机发动机故障,在起飞时落后,遭到日本3架零式战斗机的围攻而坠落于双流县(今成都市双流区)大腰塘,英勇殉职。10月7日,日军九六式轰炸机25架、零式战斗机9架,袭击云南昆明。中国空军第四飞行大队大队长李向阳率霍克机11架、E-15驱逐机5架升空迎战,被击落2架,教官黄可宽、见习飞行员叶遂安被敌击落于呈贡县境内阵亡。

11月26日,日军出动53架零式战斗机,分三批袭击成都,中国空军轰炸总队及空军军官学校飞机分别向城外疏散。我驱逐机分为三队飞向邛崃市,在空中与日机遭遇,由于飞机性能的差距,在空战中我方5架飞机被击落,轰炸总队军官李维强、邢达,飞行教官万应芬,分队长王自洁,飞行员刘文林、石大陆等血洒长空。

1940年,日军轰炸四川各地达102次之多,共使用飞机3050架次,仅重庆一地就遭到49次轰炸。中国空军有限的兵力不断损耗,到1940年底,各种类型的飞机只剩下65架,而日军在飞机数量上仍以800架占据绝对优势,其飞机性能已经远超中国战机,中国空军实际上已无法阻挡日本空军的侵袭了。

1941年是中国空军全国抗战以来最困难的一年。是年春季,虽然从苏联继续补充了一些新机,但苏式飞机已不是日本零式机的对手,加上中国战机数量上的绝对劣势,贸然交战只能造成无谓的牺牲,因此,在1941年内,中国空军仍然采取避战的姿态,3月和9月只有3次主动轰炸宜昌、长沙之敌,其他并无任何作战行动。1941年4月13日,苏联与日本签订《苏日中立条约》,宣布在战争中互相保持中立,自此苏联的对华援助逐渐减少。同年6月苏联卫国战争爆发,苏联空军志愿队在这一年全部撤回,中国空军处于孤军奋战的状况,处境更加艰难。

苏联空军志愿队长达4年多的援华助战及其英勇表现,展示了苏联人民抗击日本法西斯的战友情谊和高尚的国际主义精神,中国人民为此深表感激。2013年3月23日,中国国家主席习近平在访问莫斯科国际关系学院时,发表了题为《顺应时代前进潮流,促进世界和平发展》的演讲,其中提起了抗日战争期间的苏联空军志愿队,盛赞牺牲在中国的苏联空军志愿队员库里申科:"他英勇牺牲在中国大地上。中国人民没有忘记这位英雄……"①

从1937年10月至1941年底,苏联在四年零两个月的时间里,向中国提供了战时急需的飞机1250架,以空军志愿队的名义向中国派遣了3665人参战,其中飞行员就有1091名。在与中国人民并肩作战的过程中,227名苏联飞行员献出了宝贵的生命②。他们除远征台湾空袭日军航空队基地和参加大规模的武汉空

① 习近平.顺应时代前进潮流,促进世界和平发展[N].人民日报,2013-03-24(2).
② 颜梅生.苏联空军志愿队:抗战中的另一支"飞虎队"[J].湖北档案,2015(7):32.

战外,还在中国各地上空与日军展开生死搏斗。他们与中国飞行员携手共同击落日机1049架,让日本航空队所谓的"空中武士""四大天王""佐世保"等都一个个受到毁灭性打击,戳穿了其不可战胜的神话。

时任国民政府军事委员会第三厅厅长的郭沫若强调:"更有苏联的飞机和义勇队在帮助我们守卫上空,并配合着前线作战……苏联义勇敢死队号称'正义之剑',在空战中有不少的人受了伤,更有不少的人牺牲了。"①

苏联空军志愿队飞行员之所以能有如此辉煌的战绩,首先是由于他们具有崇高的国际主义精神和英勇无畏的牺牲精神,而且也遵守纪律,严格要求自己。这与当时受雇于中国的西方飞行员相比,形成鲜明比照。苏联飞行员费奥多罗夫曾就这一现象描述道:"我们知道,在中国有来自其他国家(美国、德国、英国、法国)的志愿者。他们也在成都,但是他们究竟在做什么,我们不知道。我和我的同志们不记得他们有飞行任务,尽管给他们的'服务'支付很多钱。他们住在一个豪华的住宅里,每个人都有仆人,尽情享受长时期休假和许多其他特权。而我们是一个团结的集体,为了既定的目标,那就是帮助中国人打仗。我们从第一天开始就准备履行战斗使命。"②美国"飞虎队"队长陈纳德对苏联空军志愿队的飞行员们也赞赏道:"一旦上岗,苏联人遵守着铁一般的纪律,与美国兵站岗时吊儿郎当或在警卫室打扑克的习惯形成鲜明的对照。"③

其次,苏联空军志愿队飞行员的业务素质好。他们训练有素,经验丰富,很多轰炸机飞行员都有过较长时间的战斗飞行,一般达到了130—290小时。所以,苏联飞行员在空战中能以娴熟的技巧迎战日机。由于技能高超,苏联飞行员往往能以少胜多。例如1939年11月28日和30日的兰州空战,苏联飞行员迎击了占绝对优势的210架日机,使其难以向城市投弹,并击落日机4架。技能高超,才能在战斗中保存自己,消灭敌人。纵观苏联飞行员的在华作战,损失比例都较小,远征台湾时战机无一损失。武汉"四二九"空战击落日机21架,苏联只损失

① 郭沫若.洪波曲[M].北京:人民文学出版社,1979:173–174.

② давай. давай. Чудоджиев. над Китаем ( 1937 м/1940): мемуары советских летчиков-волонтеров[M].Москва:Советская научная пресса,1980:374.

③ 陈纳德.飞虎将军陈纳德回忆录[M].王湄,黄宜思,等,译.杭州:浙江文艺出版社,1998:91.

飞机 2 架。而此次战役中中国空军则损失 9 架飞机，并牺牲 4 名驾驶员，明显地反映出技能上的差别。因此，"一般情况下，日本人总是避开他们认为有苏联飞机部署的机场"①。

图 16　武汉解放公园内苏联空军志愿队烈士墓地

　　然而，战争毕竟是以鲜血为代价的。在历时 4 年多的对华援助中，苏联空军志愿队的 227 名飞行员在与中国飞行员的并肩战斗中，为中国人民的民族解放事业献出了宝贵的生命。在牺牲的飞行员中就包括著名的轰炸机大队长库里申科和歼击机大队长拉赫曼洛夫。随着时间的推移，历史上的这场战争将越来越远离我们，但长眠于中国领土上的苏联飞行员们的英名将永远被中国人民所铭记。

## 二、避战：四川及西南其他地区的空战

### （一）日军对四川等地的空袭

　　1941 年 3 月，宜昌日军为扩张外围据点，兵分三路向西侵犯。为协助地面部队作战，3 月 9 日凌晨，中国空军第八大队大队长陈嘉尚率 6 架苏式 DB－3 轰炸机，自成都太平寺机场起飞，出击宜昌南岸大桥上的日军。途中有两架掉队，其

---

　　① 　陈纳德.飞虎将军陈纳德回忆录［M］.王湄,黄宜思,等,译.杭州：浙江文艺出版社，1998：92.

余 4 架飞抵宜昌后即投弹,炸死炸伤日军 200 余人。掉在后面的中国飞行员高冠才在失去联络后,仍单机飞往南昌,遭 12 架日机围攻,在击落日机两架后,自己的座机也被击落,英勇殉国。

1941 年 3 月 14 日,日机 12 架分两批袭击四川,中国空军第三大队 E-152 型战斗机 11 架、第五大队 E-153 型战斗机 20 架,共 31 架起飞迎敌。日机扫射了双流、太平寺机场后,与中方战机遭遇,发生激烈空战。因日机性能优越,中国 8 架战机被击落。在这次战斗中,中国空军第五大队的 8 人牺牲,包括归国华侨黄新瑞大队长,岑泽鎏副大队长,周灵虚中队长,江东胜分队长,任贤、林恒、袁芳柄、陈鹏扬等飞行员。战斗中,日机也被击落 6 架。这场遭遇战,中国战机虽然在数量上处于优势,但性能不如日机,仍然遭到很大损失。

5 月 26 日,第五大队第二十九中队队长余平想和副队长谭卓励分别率领从南郑机场起飞的 18 架 E-153 型战斗机,在天水机场降落加油时,遭到日军 9 架零式战斗机的扫射,中国空军这 18 架崭新的 E-153 型战斗机全毁。

蒋介石得知消息后大为恼火。中国空军总指挥部总指挥毛邦初在这次事件的总结和检讨中认为:

4. 命令下达不透彻,飞往兰州之命令只传达至余平想,即因起机迫促,未能传达全体人员,迫余机着火后,其他人员不知飞往何处。

5. 谭卓励既与敌机遭遇后,即不应降落天水加油,降落后亦不应立即关车。

6. 天水站站长何禄生妄加臆断,在空袭时间擅铺丁字符号,致使我机误会降落,遭受重大损失,该站长应负其责。[①]

国民政府对这次事件的责任人进行了严厉处罚,中国空军第三路司令张有谷、第五大队大队长吕天龙、第五大队第二十九中队队长余平想、空军天水站站长何禄生等人被押至重庆军事法庭,判处两年徒刑。因第五大队自 1940 年 12 月

---

① 陈纳德.飞虎将军陈纳德回忆录[M].王湄,黄宜思,等,译.杭州:浙江文艺出版社,1998:92.

以来不到半年的时间损毁 32 架新引进的 E-153 型战斗机,损伤 12 架,该大队自 1941 年 7 月 1 日起被航委会取消番号,改称"无名大队"①。为了让队员铭记这次空战的奇耻大辱,该队一律佩戴"耻"字臂章。

日本由于长期深陷中国战场,加上与美英关系恶化,急于从中国战场上解脱出来。而日本陆军从 1938 年 10 月以后就与中国陆军处于相持状态,于是日本企图发动空中攻势,迫使中国屈服。1941 年夏,日本陆、海军航空队再次发动了对大后方重庆的大规模疲劳轰炸。

从 1941 年 5 月 3 日至 7 月中旬,日本海军第二十二航空队对重庆发动了 22 次袭击。由于中国空军采取避而不战的姿态,日机就更肆无忌惮地分批进行广泛搜索,妄图消灭中国空军。6 月 22 日,日机 52 架分 4 批入川:第一、第二批各 9 架,第三批 27 架,第 4 批 7 架。中国空军则疏散至各地避警,第二大队第十一中队飞行员杨冠英因起飞较迟,未能追及长机,在广元附近遭遇日驱逐机 7 架围攻,被击落殉国。轰炸机总队教官王自信及训练班组长洪养孚的两架飞机在广元遭遇敌机,洪养孚的座机被击伤进行了迫降,王自信的座机在距昭化 15 公里的车家坝被日机击落,王自信重伤,见习飞行员卢伟英等 4 人阵亡。

7 月中旬,日本海军第十一航空队进驻汉口、孝感等基地,拥有最新式的一式陆上攻击机 180 架,加入了对重庆等地轰炸的队伍。

7 月 28 日,日轰炸机 108 架分 5 批袭击四川各地:第一批 9 架,第二批 18 架,第三、第四、第五批各 27 架。中国空军第四大队 E-15 驱逐机 9 架、无名大队 E-15 驱逐机 7 架,自双流与太平寺机场起飞,在璧山与第二批日轰炸机 18 架相遇。我方战机立即猛攻,击落日轰炸机 1 架,中方飞行员高春畴被日击中阵亡。

自 8 月 2 日起,日本陆军航空队第三飞行集团也参加了对中国内地的空中攻击,以中国机场及长江上的船艇为主要目标。8 月 6 日,日陆军飞行第六十战队参加了对重庆的攻击。8 月 26 日,第十二、第九十八重型轰炸机战队也从东北调到运城,8 月 30 日参加了对重庆的轰炸。

8 月 11 日,日驱逐机 9 架、轰炸机 7 架入侵四川,其驱逐机分别向双流、温江、太平寺、凤凰山等机场低空扫射。中国空军无名大队 4 架 E-15 驱逐机及第

① 唐学锋.让中国空军蒙羞的天水事件[J].红岩春秋,2019(6):60.

四大队 1 架寇蒂斯·霍克Ⅲ战斗机,由无名大队第二十九中队副队长谭卓励率领,在温江附近遭遇日军轰炸机 7 架。正准备猛攻时,日军驱逐机赶到,激战中击落日机 1 架,中方战机被击落 4 架,无名大队的副队长谭卓励,分队长王崇士、黄荣发,第四大队飞行员欧阳鼎等分别在温江、华阳、新津、仁寿等地上空激战中被击落阵亡。

由于日美关系趋于紧张,日本大本营要筹划对美国攻击的战略。日本航空队发起的 1941 年夏季攻势于 8 月 31 日结束了。9 月 2 日,日本海军第十一航空队撤回原基地进行修整。自 9 月 12 日起,日本陆军航空队也陆续停止了对中国内地的攻击而待命南进。

1941 年 9 月,日军集结 10 万兵力,由阿南惟几指挥进犯长沙。为配合陆军阻击日军,中国空军第二大队在极端困难的条件下主动出击。9 月 23 日,第二大队副队长姜献详率 CB 轰炸机 9 架,袭击洞庭湖内日军舰艇,这是 1941 年内空军仅有的三次出击之一①。

### (二)对中国西南其他地区的战略轰炸

日军自武汉会战后,被迫改变"速战速决"的方针,转而进行"战略持久",决定不扩大地面作战,但日军在空中作战方面却是空前活跃,对中国西南等后方战略基地实施了反复的大规模战略轰炸。日军认为,这种轰炸在政略上可以威慑中国,谋求以炸迫和的结果;在战略上可以由空中对中国大后方实施直接打击,弥补地面部队不能直接攻击的不足。此外,通过轰炸来切断中国后方的交通线,这是当时日军特别关注的问题。据日方调查,广州沦陷后,中国军需补给线路主要有四条:一是以九龙、香港岛为基地,再以小船向沿岸港口转运;二是经法属越南的海防港,转运到去昆明的铁路线或两广海岸,该线运量与日俱增,逐渐成为主要路线;三是经由缅甸的中缅公路,该公路 1938 年末完成通车;四是中国西北方向航路,曾由大批苏联运输机进行运输,1941 年 10 月中旬以后中断。日军强调必须花大力切断上述交通线,并认为"无论怎样,航空力量的扩大运用不可缺少"②。

---

① 南京市政协文史资料委员会.蓝天碧血扬国威:中国空军抗战史料[G].北京:中国文史出版社,1990:56.

② 防卫厅防卫研究所战史室.中国侧陆军航空作战[M].東京:朝雲新聞社,1974:122.

从双方的空中态势看,形势对日军很有利。中国空军自武汉会战后,损失较大,1939年只剩下7个大队、1个独立大队和4个苏联志愿大队,共有飞机215架。其后因苏联空军志愿队陆续撤走,更因为作战消耗,到1940年底只剩下飞机65架,处于最低潮①。至1941年得到美国援助后,才又重新恢复。所以,日军自1938年末开始的对中国大后方的战略轰炸,是抓住了一个有利时机。

由于日本空军不是独立军种,这一轰炸主要是由陆军所属航空部队进行的。1938年12月2日日军大本营发出命令:"以华中派遣军司令官为主,担任华中和华北的航空进攻战,尤须致力于压制并干扰敌之战略政略中枢,同时击灭敌之航空战斗力,应密切与海军协同。华北方面军司令官和第二十一军司令官各以其所属航空部队适当实施其当面的航空作战。"②打击中国战略中枢的航空作战成了日军的重要战略任务。而执行这一任务的陆军航空部队为第一飞行团,飞行团长为寺仓正三少将,该团下设有重型轰炸机3个战队、1个战斗机战队及独立飞行第十中队等部。另有装备轻型轰炸机的第三飞行团做"适时策应"。

日军战略轰炸的首要目标是陪都重庆。1938年12月9日,日本华中派遣军依据上述大本营命令对其航空兵团下达作战任务:"同海军密切协同,以主力进行在华中及华北的航空作战,特别是压制和扰乱其战略及政略中枢,同时应努力击灭敌之航空作战力量。"③对重庆的攻击时间,最后由第一飞行团团长寺仓正三选定为12月26日,确定"飞行团以主力攻击重庆市街,务使敌政权上下感到震撼"④。

从技术条件上看,日军对重庆等中国大后方基地的轰炸较为冒险。日军使用的航空基地,汉口到重庆约800公里,运城到兰州约700公里,而当时日本作战飞机的行动半径,九七式重型轰炸机约800公里,意大利重轰炸机约为750公里,九七式侦察机约为900公里,九七式战斗机约为450公里。所以,远程奔袭对担负进攻的轰炸机与侦察机来说,是极限飞行,并且没有战斗机掩护。日军也认识

① 蒋纬国.国民革命战争史:第3部(抗日御侮 第2卷)[M].台北:黎明文化事业股份有限公司,1978:112.
② 防衛庁防衛研究所戦史室.中国側陸軍航空作戦[M].東京:朝雲新聞社,1974:123.
③ 防衛庁防衛研究所戦史室.中国側陸軍航空作戦[M].東京:朝雲新聞社,1974:127.
④ 防衛庁防衛研究所戦史室.中国側陸軍航空作戦[M].東京:朝雲新聞社,1974:131.

到"这次用兵的最大特色为轰炸机队单独进攻,并在行动半径极限值附近进行战斗"①。只是因中国地面防空火力较弱,空军力量亦为最弱时期,致使日军的这一冒险行动得以展开并继续下去。日军此后不断改进飞机性能,投入海军零式飞机等续航能力更强又能发动地面作战的飞机,为空中作战服务。1940 年 5 月日军攻占宜昌,其目的之一即为使之成为距重庆更近的空中作战基地。

日军第一次对中国大后方进行战略轰炸,于 1938 年 12 月 26 日实施,计划分两批对重庆进行大轰炸。10 时 30 分,由第六十战队组成的第一批次战机自汉口起飞,于 13 时 35 分到达重庆上空,然而由于云层太厚,无法确定位置,未投弹即返回。10 时 50 分,由第九十八战队组成的第二批次战机也从汉口起飞,于 14 时飞临重庆上空,从云缝间发现重庆市东侧市场,随即投弹轰炸。此后的一段时期,尽管气象条件不好,但因汪精卫叛逃,为进一步打击重庆政府,增加伪政权的影响力,日军于 1939 年 1 月 2 日、10 日和 15 日持续对重庆等地进行了大轰炸。据日方记载,其中 15 日的轰炸遭到 10 多架中国战机的截击,双方展开了激烈的空战。

由于轰炸重庆受阻并且气候不佳,第一飞行团团长寺仓建议转向兰州,以山西运城为基地进行轰炸。2 月 7 日日机集结完毕,12 日对兰州发动第一次攻击,以兰州市飞机场为主目标,以城市街道为副目标。其后,2 月 20 日、23 日的轰炸都以市区街道为主要轰炸目标。据日方记载,在对兰州的轰炸中,日机受中国空军反击,每次的受损率平均达 23%,最高受损率为 42%②。

在对重庆和兰州进行战略轰炸的同时,日军第三飞行团还以攻击飞机场为主要目标,轰炸了长沙、常德、芷江、恩施和惠阳等地,进行"策应作战"。3 月开始,日军对南昌等武汉周边地区发动大规模进攻战,而日军飞机大部南调,第一飞行团归隶华中派遣军,因此对中国大后方的战略轰炸暂时中止了一段时期。

日军在对重庆、兰州等地实施轰炸后,曾于 3 月末在航空兵团司令部召开了关于进攻作战的会议,全面研究了对中国大后方轰炸作战的编制、战术、情报、补给、通信等各个项目。参会人员有各战队队长及部分联队级别以上官员,派遣军总司令部及日军统帅部一部分参谋人员也参加了会议。会议得出的作战经验及

① 防衛庁防衛研究所戦史室. 中国側陸軍航空作戦[M]. 東京:朝雲新聞社,1974:128.
② 防衛庁防衛研究所戦史室. 中国側陸軍航空作戦[M]. 東京:朝雲新聞社,1974:147.

改进装备等方面的结论主要有:第一,奇袭和强袭都应同样重视,为此有必要进行利用夜间和恶劣气候进行作战的训练;第二,由于日军战斗机作战半径有限,应强化重型轰炸机的武装,改善其装备;第三,应仔细精确判断敌情及作战效果;第四,改善通信设备,增加装备上的无线电通信器材①。

　　日军根据上述经验,使用新占领的距离更近的宜昌机场,在 1939 年春、夏继续对四川进行大规模轰炸。鉴于陆军航空部队消耗甚大,日军大本营调派海军所属第二联合航空队第十三、第十四战队以及高雄航空队等部投入作战。据日军战史记载,自 5 月至 11 月海军航空部队攻击重庆及其附近 30 余波次,攻击成都及其附近达 6 波次,“报告有相当战果,然我之损害亦不容轻视”②。

　　欧洲战场上的大战爆发后,日本企图快速解决中国战事,于 1939 年 9 月 23日正式成立中国派遣军。其所属航空兵团的作战任务,大本营作出了规定:“适时实施航空进攻作战,压制并扰乱敌之战略及政略中枢,同时应防止敌空军再建。”③据此,日军对中国内地进行了更大规模的攻击。同年末,日本陆海军所属飞机集结运城等地,对兰州及其附近要地实施反复的大批量轰炸。此次作战的代号命名为“100 号作战”,其含义为“陆海军协同使用百架飞机之大编队反复施加进攻,以压倒和震骇敌军”④。

　　1940 年 5 月 2 日,日军大本营又发布命令对重庆等地实施代号为“101 号作战”的大规模轰炸,投入作战的飞机分别从陆海军中抽调,计划对重庆攻击 3000架次,对成都攻击 2000 架次,企图进行“彻底强化的真正攻击”,以配合世界形势的发展,充分利用列强对华军事援助减少的时机,谋求“最高的政略战略效果”⑤。日军的大轰炸自 5 月开始至 8 月结束,恰值重庆地区天气晴好,有利于飞机轰炸,中国方面损失极大。

　　总计在 1941 年内,日机袭击四川达 89 次,使用飞机 3372 架次,单是重庆一

---

　　①　防衛庁防衛研究所戦史室.中国側陸軍航空作戦[M].東京:朝雲新聞社,1974:145 – 148.

　　②③　防衛庁防衛研究所戦史室.中国側陸軍航空作戦[M].東京:朝雲新聞社,1974:162.

　　④　防衛庁防衛研究所戦史室.中国側陸軍航空作戦[M].東京:朝雲新聞社,1974:164.

　　⑤　日本防卫厅战史室.日本军国主义侵华资料长编:《大本营陆军部》摘译(上)[G].天津市政协编译委员会,译校.成都:四川人民出版社,1987:587.

地就遭到 45 次轰炸,特别是 6 月 5 日发生在重庆的大隧道惨案,更让人触目惊心。这天下午 7 时左右,重庆市响起了紧急警报。这时正是下班高峰期,众多人因来不及避往郊外而躲进了市中心校场口的大隧道。这个平时只能容纳 5000 人的大隧道,突然涌入数万人,连过道上也挤满了市民。因人数过多,又无通风设备,氧气稀薄,人们纷纷拥到洞口,想呼吸新鲜空气,均被守卫宪兵鸣枪禁止。洞内的人因急于挤出洞外,结果反而将朝里开的坚固的木栅门堵死。里面的人因窒息而大批死去,未死的则不顾一切地朝外挤,不少人被挤倒踩踏而死。最后守卫的宪兵在群众的怒骂之下,只得将木栅门砸开。估计此次惨案死亡人数在万人以上。惨案发生后,校场口商业区的许多商店因店主全家遇难而关闭,凄惨的气氛笼罩了整个重庆。日军投下的燃烧弹几乎烧毁了半个重庆。按日方统计,大轰炸破坏了重庆市区街道约五分之一,造成"物价上涨、经济活动停滞","疾病连续不断"[①]。重庆大轰炸期间,市政府规定,晚上每一家门口必须挂一盏灯,上面写着 14 个墨迹大字:"父传子,子传孙,生生世世,勿忘此仇。"

除重庆、成都两大城市外,日军还对四川省的万县、自流井、泸州等要地进行反复轰炸,造成巨大伤亡。

日军还进行了若干专题轰炸。1941 年 7 月 27 日,日军第三飞行团中将木下敏为实施"102 号作战"轰炸计划,特意与第一飞行团的秋山丰次少将和第二飞行团的远藤三郎少将商讨,重点轰炸西南产盐基地自流井,准备进一步切断内地民众的"盐补给",加重中国西南大后方的食盐紧张,从而引发中国内地大后方民众的"厌战气氛",瓦解国民政府的群众基础[②]。8 月 17 日、19 日,在积云甚厚、能见度差的条件下,日军对自流井进行了猛烈轰炸,造成了大量市民伤亡。执行轰炸的小川第十六战队获得木下敏的通电嘉奖。同期奉节、巫山等产盐地也被轰炸。

日军的战略轰炸给中国大后方造成了巨大损失,特别是西南诸省多以竹木为建筑材料,房屋被烧毁甚多;四川盆地又是居民密集区,伤亡巨大。国民政府一方面采取措施加强防空,另一方面为表示坚持抗战、安定人心,在日军战略轰

---

① 防衛庁防衛研究所戦史室.中国側陸軍航空作戦[M].東京:朝雲新聞社,1974:186.
② 防衛庁防衛研究所戦史室.中国側陸軍航空作戦[M].東京:朝雲新聞社,1974:231.

炸的高潮期于 1940 年 9 月 6 日正式宣布以重庆为陪都,对日军战略企图给予明确的回击。国民政府在后方遭受严重损失的情况下坚持抗战,受到了美国总统罗斯福等人的高度赞扬[①]。日军战史也承认这些"盐遮断"等专题轰炸,效果是"不充分的",认识到"没有协同地面部队对军事要地的攻击,所付出的劳动与收获并不相称"[②]。

① 徐勇. 征服之梦:日本侵华战略[M].桂林:广西师范大学出版社,1993:228.
② 防衛庁防衛研究所戦史室.中国側陸軍航空作戦[M].東京:朝雲新聞社,1974:231.

# 第八章　奋战:美国空军对中国抗战的有力支持

1941 年 12 月 8 日太平洋战争爆发后,美中正式对日宣战,两国在军事上开始紧密合作,中国空军陆续从美国获得了新型战机、军事航空设备等战略物资。美国援华航空队"飞虎队"组训完毕后也投入到战场,与中国空军并肩对日作战,逐步收复制空权。

## 一、助力同盟:日美关系引发世界格局之变

第一次世界大战后,美国对外奉行"不干涉主义"。1935 年 8 月 31 日,美国国会通过了《中立法》,禁止对交战国双方输出武器弹药,其他物资"现购自运",从法律上规定了美国不干涉欧洲和亚洲交战国的事务纷争,对美国向法西斯德国和日本所奉行的绥靖政策起了推波助澜的作用。

日本凭借完备的工业体系和庞大的海上远洋运输船队,不断地用现款从美国购进战略原料,用来生产武器弹药和制造军事装备。美国对日贸易额从 1932 年的 6400 万美元上升到 1937 年的 6.3 亿美元,5 年间增长近 10 倍。1937 年日本从美国输入的军需物资占全部输入军需物资的 54.54%,1938 年占 56%。其中,这两年从美国输入废铁的比例为 88.01% 和 90.39%,铁合金为 77.53% 和 82.71%,铜的比例高达 95.18% 和 90.89%,煤油及其产品为 62.71% 和 65.57%,汽车及其零件为 92.41% 和 64%,飞机及零件为 70.19% 和 76.92%,金属及工作母机为 69.53% 和 67.09%[①]。

中国由于经济落后、工业基础薄弱,既没有现金购买战略物资,更没有远洋船队运输,随着战争的消耗,购买能力不断下降,战略物资的补充更加困难。美国《中立法》的实施对日本影响甚小,中国受到的制约反而更大,交战中的中日两

---

① 沈庆林.中国抗战时期的国际援助[M].上海:上海人民出版社,2000:52.

国军事力量的差距越来越大了。

七七事变后日军对中国进行的无差别轰炸，进一步增加了与在华各国冲突的可能性，美日在华利益冲突也显现出来。1937 年 12 月 12 日，停泊在安徽和县长江江面上的美国帕内号炮舰和 3 艘商船，遭到日军飞机的轰炸和攻击，结果 1 艘商船伤毁，帕内号及其他 2 艘商船被击沉。美国就帕内号事件与日本进行交涉，在确凿的证据面前，日本于 1938 年 4 月对美国进行了经济赔偿。这一事件既是美日在华各种矛盾冲突的升级，也是美国对日本绥靖政策失败的标志。帕内号事件促使美国改变了对日政策，美国总统罗斯福在 1938 年 4 月的一次记者招待会上明确提议，拒绝将美国《中立法》应用于中日战争。针对日本在 1938 年 11 月发表的"第二次近卫声明"，美国于 1938 年 12 月 31 日照会日本政府："美国政府不承认任何一国有必要或有理由在一个不属于它的主权的范围内规定一个'新秩序'的内容和条件，并自命为这个'新秩序'的主宰。"[①]1939 年 11 月 4 日，美国国会修订了《中立法》，把"先欧后亚"作为防御法西斯的全球战略。

1940 年后，日本加紧南进准备，进一步作出向美英等国挑战的姿态，美国对此深表担忧。1940 年 5 月，美国宣布对日本实行禁运，并拒绝承认汪伪政权，美日关系迅速恶化。1940 年 6 月，法国投降纳粹德国后，英国已无力从美国购买军火独撑危局，因此，美国于 1941 年 3 月正式通过《租借法案》。该法案是对反法西斯国家的一种变相的军事援助，打破了美国传统的中立政策。1941 年 2 月、3 月间，在日本驻美大使野村分别与罗斯福总统、赫尔国务卿会谈时，罗斯福指出："日本南进虽有时间的缓急之分，但已是日本的国策。"赫尔亦指出："德国政策是要以武力称霸世界，日本高唱的东亚新秩序亦是以武力制压大东亚。"[②]

日本虽确定了南进战略，但深知中国战场是南进的最大障碍，因此，日本当局的计划是努力在南进前解决中国问题，采取以政略和战略相配合、诱降与迫降相结合的方式，开展诱降蒋介石的"桐工作"，企图迫使重庆当局投降。但由于国民政府坚持抗战，使得该计划破产。进入 1941 年后，日本加紧开展外交工作，为

---

① 王斯德,李巨廉.论太平洋战争前美国远东战略及其演变[J].历史研究,1982(6):162.

② 外务省.日米交涉资料:第 2 部(日米交涉 经纬部)[M].东京:原书房,1978:20-22.

南进创造有利条件,而日美谈判又是其中的重中之重。

1941 年 3 月,美国总统罗斯福在国会通过《租借法案》后,公开声明"英国、希腊、中国都将得到美国无条件的及时全面援助"①。1941 年 6 月,罗斯福又下令允许美国军人加入陈纳德组织的"飞虎队",以志愿者的形式援助中国抗战,同时根据《中美平准基金协定》提供给中国 5000 万美元的贷款。美国一方面与日本进行谈判,另一方面又不断地对其进行经济制裁,避免日本过早发动太平洋战争。

杜杜伊拉号事件拉开了美日关系恶化的序幕。日本海军航空队在中国的作战中一直保持着主导地位,显现出积极扩大战场的姿态,继帕内号事件之后,又发生了杜杜伊拉号事件。1941 年 7 月 30 日早上,日军在对重庆市街实施轰炸时,一颗炸弹落在停泊在江中的杜杜伊拉号炮舰舰尾 7 米多的地方,溅起巨大水柱,造成炮舰的一艘舰载动力艇严重受损、一只舢板流失。美国驻日本东京大使格鲁接到华盛顿转来的电报,向日本政府提出交涉。他在日记中写道:

> 日美两国的战争已经前进到距离 8 码的位置……炸弹在距离杜杜伊拉号 8 码的地方落下,炮舰受到了损害。美国大使馆也落下了炸弹,竟然没有人员死伤真是个奇迹。我无论如何不能认为这是一起偶发事件。当时天气极好,有三名美国官员在杜杜伊拉号上方的山丘上看得真真切切。日军轰炸机编队在 15000 英尺上空飞行,当接近重庆时,有一架飞机离开编队,变更航线飞向杜杜伊拉号和大使馆,这次轰炸是故意以大使馆和杜杜伊拉号为目标,仅有些许误差没有命中轰炸目标,美国官员们都这么讲。②

当天中午,美国副国务卿威尔斯与日本驻美大使野村吉三郎在华盛顿进行面对面交涉。会谈中,威尔斯态度强硬,使野村大使不敢小觑,他立刻向本国政府请示。第二天,威尔斯再次邀见野村大使。野村迈进会晤室后,从口袋掏出一

---

① 罗斯福. 罗斯福选集[M]. 关在汉,编译. 北京:商务印书馆,1982:288.
② 前田哲南. 从重庆通往伦敦、东京、广岛的道路:二战时期的战略大轰炸[M]. 王希亮,译. 重庆:重庆出版社,2015:245.

份声明念起来。据威尔斯记录,内容是:

> 关于合众国杜杜伊拉号船只在重庆被轰炸之事,日本政府命令本人,向美国总统表示深深的遗憾。日本政府保证,此事件纯属偶然事件。为了避免将来发生同样的意想不到的事件,日本政府决定停止对重庆地区的一切轰炸作战。对贵国的财产损失,日本政府经过必要的调查后将予以完全的赔偿。①

美国政府虽然接受了日本方面的道歉,但不相信日本停止轰炸的宣言。美国驻东京大使格鲁对其极其怀疑,认为这是日本政府惯用的手段,只是为了掩人耳目。事实也是这样,日本宣布停止轰炸只是外交辞令,对战地指挥官并没有下达停止轰炸的命令,只是要求做一些克制而已。而战地部队根本就不承认向杜杜伊拉号炮舰附近投了炸弹,据岛田大将的备忘录里记载,当天有 4 枚炸弹落在江中,但是"经详细查看炸弹着地点的照片,着弹点不在杜杜伊拉号附近,至少距离有 350 米"②。因此,日本军方对美方的抗议进行了否认。

## 二、战局扭转:美国空军志愿队来华助战

### (一)美国空军志愿队来华助战

自 1940 年秋日本的零式战机出现后,中国空军在战机性能上处于下风,已无法组织有规模的战斗,大后方的多数地区悉数遭到日军飞机的轰炸。1941 年 4 月 13 日《苏日中立条约》签订后,中苏关系由"蜜月"跌入谷底。同年 6 月 22 日苏联卫国战争爆发后,苏联再也抽不出力量来支援中国抗战。在此种绝境之下,中国唯一的出路就是向美国求援。陈诚在《八年抗战经过概要》中,谈到了当时的困难状况:

① 前田哲南. 从重庆通往伦敦、东京、广岛的道路:二战时期的战略大轰炸[M]. 王希亮,译. 重庆:重庆出版社,2015:247.

② 前田哲南. 从重庆通往伦敦、东京、广岛的道路:二战时期的战略大轰炸[M]. 王希亮,译. 重庆:重庆出版社,2015:248.

自二十七年十月下旬,武汉失守起,至三十年底以前,为我空军艰苦危难之阶段……我原有参战飞机,不满二百架,至二十九年年底,仅余老旧飞机六十五架,其困难可知,而敌人则企图实现其早日结束战争之迷梦,其空军兵力由六百架增加至八百架,性能亦远优于我,并不断对我展开空中攻势。①

面对日美逐渐恶化的外交形势,国民政府认为这是争取美国援助的大好时机,因此立即向美国发起外交攻势。1940 年 6 月,蒋介石派出宋子文作为其私人代表赴美开展联络,重点是争取对中国空中军事力量的支援。7 月 10 日,蒋介石自重庆致电宋子文:"现在美国若有最新式驱逐机 300 架、远距离轰炸机 50 至 100 架助我,则抗战必能加速胜利。如遇罗总统时,请以余言告之,并告其每次我军之所以不能取得最后胜利,完全在我空军数量对日不及百分之一之故也。"② 9 月下旬,宋子文在得知美国正与英国一起制定两年内的飞机制造计划,便请蒋介石转知航空委员会,将中国所需的飞机种类、数目、发动机样式等尽快告知,以便与美方接洽③。10 月初,蒋介石致电宋子文,指出"此时以获取美国新式飞机为唯一急务"④。11 月,蒋介石派遣陈纳德、毛邦初、宋子文先后赴美,进行寻求援助的活动。蒋介石同期约见了美国驻华公使詹森,稍后便向美国提出前所未有的援华要求,其中特别提出希望美国每年能向中国出售战斗机 500—1000 架⑤。

陈纳德是美国陆军航空队退役上尉,全国抗战前夕来到中国,被聘为航空委员会顾问。他和毛邦初抵达美国后,开展活动并不顺利,因为美国人热衷于援助欧洲战场的英国,对中国抗战态度冷淡。后来,陈纳德得到了美国海军部负责航

---

① 陈诚. 八年抗战经过概要[M]. 南京:国防部史政局,1946:33 – 34.

② 秦孝仪. 中华民国重要史料初编:对日抗战时期(第 3 编 战时外交 1)[G]. 台北:中国国民党中央委员会党史委员会,1981:410.

③ 吴淑凤. 1940 年宋子文赴美使命[M]//吴景平. 宋子文生平与资料文献研究. 上海:复旦大学出版社,2010:295.

④ 秦孝仪. 中华民国重要史料初编:对日抗战时期(第 3 编 战时外交 1)[G]. 台北:中国国民党中央委员会党史委员会,1981:413.

⑤ 秦孝仪. 中华民国重要史料初编:对日抗战时期(第 3 编 战时外交 1)[G]. 台北:中国国民党中央委员会党史委员会,1981:111.

空事务的次长科克兰的支持,终于说服了罗斯福总统。1941 年 3 月 11 日,美国国会经过激烈辩论后终于通过了《租借法案》,这项法案为中国获得美国军事援助提供了重要依据。根据法案,中国可以租借的方式从美国获得飞机和其他军用装备。不久,中国政府从美国莱特飞机公司获得了 100 架原准备给英国的 P-40C 型战斗机。这种飞机装有防弹玻璃和防弹钢板,比较坚固,有 4 挺 7.62 毫米的机翼机枪和两挺 12.7 毫米的机头机枪,最高时速可达 574 千米,爬升率可达 938 米/分钟,其性能远比苏联的 E-15、E-16 战斗机优越,虽然机动性和升限不及零式飞机,但比零式飞机速度更快而且更坚固。中国政府决定将这批飞机交给陈纳德,让他组建一支美国空军志愿队。

1941 年 5 月 15 日,美国总统罗斯福在签署的一份未公开发表的命令中,允许预备役军官和陆海军航空队退役人员参加美国空军志愿队去中国作战。陈纳德随即用中央飞机制造公司的名义以高薪在美国招募了一批飞行人员和地勤人员,与他们签订为期一年的合同。合同里规定飞行员月薪 600 美元,中队长 750 美元,地勤人员不低于 250 美元,外加每月 30 美元津贴、差旅费和每年 30 天带薪休假,免费住宿,击毁一架日本飞机奖励 500 美元[1]。同时为每一个空军志愿队人员购买 1 万美元的人寿保险,伤残或死亡者本人或其亲属可得到 6 个月的薪水,并支付死者的丧葬费[2]。这些人员的薪金和奖金由中国支付[3]。

1941 年 7 月 10 日,美国第一批志愿队由 110 名飞行员和 150 名机械师、医生等地勤人员组成,从美国启程后经澳大利亚、新加坡先期抵达缅甸。8 月 1 日,美国这批抵达缅甸的志愿队正式改名为"中国空军美国志愿援华航空队",组建了 3 个战斗机中队,以缅甸的东瓜为基地开始进行军事训练。

陈纳德根据多年的研究和对中日飞机性能的比较,为美国空军志愿队制定了一套三机编队战术,即以两机攻击敌机,再以高空掩护,随时准备俯冲以营救友机。此外,他采取了一种空中游击战术,即充分利用美机速度快的优点,打了就跑,安全脱离后爬高,再高速俯冲攻击,从而避免与盘旋灵活的日机陷入单机

① 陈香梅.陈纳德与飞虎队[M].金光耀,石源华,译.上海:上海人民出版社,1986:62.
② 舒尔茨.陈纳德与飞虎队:独行其是的战争[M].于力,译.昆明:云南人民出版社,1989:90.
③ 刘怡.志愿队大战正规军:陈纳德与"飞虎队"的诞生[J].同舟共进,2018(12):67.

缠斗。这种行之有效的战术，使美国飞行员在以后的空战中大获全胜，创下了辉煌战绩。该大队因队徽的图形以及后来作战中表现出的英勇气概，被中国人形象地称为"飞虎队"。"飞虎队"的出现，使中国空中战场的局势逐步开始改观①。

日方密切注意到了美国的这一举动，针对美国对中国采取的空中援助措施，日本大本营于1941年8月12日下达了"大陆命令第529号"，指出"因有迹象表明中国空军在美国支援下正在重建，应适时实施航空进攻作战，尽力加以阻止"②。事实上，日本在军事行动过程中遇到了航空兵力难以调配的实际困难。当时日本正准备发动太平洋战争，必须从中国战场抽调相当数量的航空兵。日本拟定的当年夏、秋空中作战计划，是由海军方面的中型攻击机大约200架进抵汉口，做好进攻重庆的准备，但该方案并未能完全实施③。1941年12月3日，日本大本营向中国派遣军下达了"大陆命令第575号"，对原来下达的"大陆命令第529号"加以修正，放弃了"及时进行航空进攻作战，防止敌重建空军，并尽力压制、骚扰敌战略及政略中枢，切断补给线"这一作战方针，不得不承认"由于日本驻华陆海空军的减少，尤其是航空兵部队几乎全部转用而未能实施，对中国战场敌我航空战斗力的消长，今后不能不格外予以注意"④。

1941年12月7日，日本派出由6艘航空母舰及数十艘军舰组成的特混舰队，突袭了美国在太平洋的海军基地——珍珠港。美国由于戒备疏忽，损失惨重。由航空母舰起飞的360架日本飞机，炸沉了停泊在珍珠港内的十几艘美国军舰，炸毁188架飞机。但是日本也没有达到消灭美国航空母舰的目标，因为当天美国的航空母舰不在港内。

日本偷袭珍珠港，直接导致太平洋战争的爆发。美、英、中、加、澳、荷等同盟国于12月8日正式向日本宣战。同日，装备精良的日本海军航空队十二大队从

---

① 据统计，从1941年12月至1943年6月，美国空军志愿队共出击102次，共计512架次，击落日机193架，击毁日机75架。关于"飞虎队"战绩，各方说法不一。

② 日本防卫厅战史室. 日本军国主义侵华资料长编：《大本营陆军部》摘译(上) [G]. 天津市政协编译委员会，译校. 成都：四川人民出版社，1987：666.

③ 日本防卫厅战史室. 日本军国主义侵华资料长编：《大本营陆军部》摘译(上) [G]. 天津市政协编译委员会，译校. 成都：四川人民出版社，1987：667.

④ 日本防卫厅战史室. 日本军国主义侵华资料长编：《大本营陆军部》摘译(上) [G]. 天津市政协编译委员会，译校. 成都：四川人民出版社，1987：760.

广州出发向香港进军,27 架日机轰炸了香港港内的英驱逐舰和启德机场上的中国航空公司的 5 架 DC - 2 型客机①。同时,日机远程轰炸了新加坡、菲律宾等地。12 月 10 日,日本出动 84 架三菱 G3M 和 G4M 重型轰炸机,炸沉了在新加坡附近海面巡航的英国远东舰队的主力舰——36750 吨的威尔斯亲王号战列舰及随行的反击号战列巡洋舰。12 月 16 日,在菲律宾方面作战已告一段落的日本第十一航空舰队,自 13 时 20 分至 14 时以第二十一航空战队的中型攻击机对香港的摩星岭炮台和鸭巴甸港进行了轰炸,使英国在香港的军事设施和停泊在港湾的舰艇受到极大损失②。

太平洋战争爆发后,中国的抗日战争成为世界反法西斯战争的一部分,不再孤立无援。1942 年 1 月 1 日,中、美、英、苏等 26 国在华盛顿发表了《联合国家共同宣言》,接着同盟国决定在中国、越南、泰国等地作战的盟国军队由中国战区盟军最高统帅蒋介石统一指挥。1942 年 1 月 6 日,美国总统罗斯福在致国会的国情咨文中,对太平洋战争前中国军民的艰苦抗战给予高度评价:"千百万的中国人民在漫长的四年半里顶住了轰炸和饥荒,在日本武器和装备占优势的情况下仍然一次又一次地打击了侵略军。"③2 月 23 日,他在另一次谈话中又指出:"我们必须帮助中国进行现在的卓越抵抗和以后必然到来的反攻——因为这是最后打败日本的一个重要因素。"④

陈纳德的美国空军志愿队在完成训练后开始投入战斗。1941 年 12 月 20 日,10 架日本三菱轰炸机袭击昆明。美国空军志愿队第一、第二中队的 24 架 P-40C 战斗机起飞拦截,在昆明东南 50 公里的宜良上空遭遇敌机,飞行员雷克首开纪录,打下 1 架日机。日本轰炸机没有战斗机护航,只得匆匆扔下炸弹,快速返航,但无法逃脱美国战斗机的追击,结果 10 架中被击落 9 架。美国空军志愿队来华后第一次参战,即取得辉煌战果⑤。美志愿队的首次大捷,在心理上给备

① 日本防卫厅防卫研究所战史室. 中华民国史资料丛稿:译稿(日本海军在中国作战)[M].天津市政协编译委员会,译.北京:中华书局,1991:324.
② 日本防卫厅防卫研究所战史室. 中华民国史资料丛稿:译稿(日本海军在中国作战)[M].天津市政协编译委员会,译.北京:中华书局,1991:328.
③ 罗斯福.罗斯福选集[M].关在汉,编译.北京:商务印书馆,1982:344.
④ 罗斯福.罗斯福选集[M].关在汉,编译.北京:商务印书馆,1982:348.
⑤ 刘怡.志愿队大战正规军:陈纳德与"飞虎队"的诞生[J].同舟共进,2018(12):68.

受空袭侵扰的昆明人民以极大的鼓舞,"捷报传来,莫不额手称快"①。

从 12 月 21 日起,日军开始袭击缅甸仰光的美国空军志愿队,但却接连遭到重大损失。12 月 23 日,日军 54 架三菱轰炸机,在 12 架九七式战斗机和 8 架零式战斗机的掩护下,对仰光进行空袭。美国空军志愿队第三中队的 15 架 P - 40 战斗机和英国皇家空军的 18 架伯雷斯特战斗机起飞迎敌,激战中共击落日机 32 架,其中,英国战机击落 7 架,但损失 11 架,美国空军志愿队击落 25 架,仅损失 3 架②。

1941 年 12 月 25 日,复仇心切的日军出动 60 架轰炸机,在 32 架战斗机的护航下分三批轰炸仰光。美国空军志愿队 12 架飞机和英军 16 架飞机升空迎战,经过一个半小时的空中激战,在几乎耗尽油料和弹药的情况下结束了战斗。日军的这次行动并没有捞到什么便宜,美国空军志愿队以损失 2 架飞机的代价击落日机 19 架,飞行员全部安全返回,而英军击落日机 7 架,自己损失了 9 架,牺牲 6 名飞行员③。

太平洋战争爆发后,日本为防止中国军队在华南配合香港地区的英军作战,对长沙发动了三次进攻。为支援中国陆军守卫长沙,切断日军退路,中国空军第二大队于 1942 年 1 月 8 日出动 9 架苏式 CB - 3 轰炸机,在大队长金雯带领下,从成都太平寺机场飞往长沙以北的长乐街日军阵地进行轰炸。中国空军完成投弹轰炸任务后,在返航途中遭到 8 架日军九七式战斗机的攻击,展开了空中激战。此战,中国空军轰炸机在与性能优良的九七式战斗机激战中,创下了轰炸机击落战斗机的先例,成为各家媒体争相报道的头条新闻④。这次空战中,中国战机被击落 2 架,1101 号机焚毁于湖南境内,飞行员欧阳寿跳伞后重伤;1104 号机坠毁于长沙东南的东山,飞行员吴伦跳伞后因降落伞未打开而牺牲,射击士高传贤跳伞着地,被当地人误杀。

为牵制日军在东南亚的军事行动,更好地配合美英盟军,中国空军和美国空

① 希求.十二月二十日昆明空战大捷记[J].青年空军,1942,4(2):56.

② 希求.十二月二十日昆明空战大捷记[J].青年空军,1942,4(2):57.

③ 舒尔茨.陈纳德与飞虎队:独行其是的战争[M].于力,译.昆明:云南人民出版社,1989:177.

④ 要秋霞.远去的雄鹰:中国空军斗士金雯[J].台声,2015(7):101.

军志愿队主动出击,对越南境内的日本航空队基地进行轰炸。1942 年 1 月 22 日,美国空军志愿队第一中队中队长桑德尔率领 9 架 P‑40 战斗机,掩护中国空军第一大队副大队长杨仲安所率领的第一、第二两个大队的 18 架 CB 轰炸机,从云南蒙自出发,袭击越南河内的日军嘉林机场。因云雾遮蔽,中国空军使用计时轰炸法,投弹地点在海防以东 30 多公里处,日方损失较重。中国空军第二大队中队长邵瑞麟所驾 1982 号机被日军高射炮击中,人机均受伤,迫降越南汶河,撞地起火,邵瑞麟英勇殉国。

1942 年 1 月 23 日,日军恢复对仰光的白天轰炸,并派出大批战斗机担任掩护。从 23 日至 28 日,美英空军在仰光共击落日机 50 架。2 月 15 日新加坡沦陷后,日军加强了对仰光的空袭,每日出动飞机近 200 架次。2 月 25 日,日军开始对仰光发起总攻。由于日本地面部队的推进,驻缅英军溃退,缅甸防御战的败局已无法挽回,2 月 27 日,美国空军志愿队撤出仰光。

美国空军志愿队协防仰光 70 天,作战 31 次,共击落敌机 217 架,自己损失 16 架,5 名美国飞行员牺牲,1 人被日军俘虏。与美国空军志愿队并肩作战的英国空军共击落敌机 74 架,损失 22 架①。英国首相丘吉尔对美国空军志愿队的战绩大加赞赏:"这些美国飞行员在缅甸的稻田上空所取得的巨大胜利在其性质上,如果不是在规模上,可以和不列颠战役中皇家空军在肯特郡的果园和蛇麻草田上空所取得的胜利相媲美。"②

### (二)中美空军联合开辟"驼峰航线"

随着战争形势的发展,美国高层逐步认识到中国战局直接关系到盟国对日作战的整体部署。1942 年 6 月,中美签订《租借协定》,美国开始以前所未有的力度向中国提供最急需的战略物资,其中就包括中国空军最为急需的飞机。全国抗战初期,中国有四条交通线与外界沟通:香港与内地线,中苏之间的西北路线,越南海防与昆明间的印支通道,连接缅甸仰光、腊戍、中国昆明的滇缅路线③。其

① 徐康明.援华抗日的美国"飞虎队"[J].云南大学学报,2004(3):70.
② 舒尔茨.陈纳德与飞虎队:独行其是的战争[M].于力,译.昆明:云南人民出版社,1989:206–207.
③ 谭刚."驼峰"航线与美国对华援助[J].长白学刊,2007(2):131.

中滇缅公路于 1937 年 12 月开工建设,至 1938 年 8 月修建完成,成为战时中国西南最为重要的陆路国际运输通道。太平洋战争爆发后,日军迅速出兵侵占东南亚地区,滇缅公路受到威胁。1942 年初,鉴于战争形势的变化,中方向美英盟国提出:"为了供应中国军队并维持人民士气使中国能继续战斗,有必要开辟一条到中国去的新的生命线。"①美国总统罗斯福在收到中方建议后,认为有必要开辟新航线。

1942 年 4 月 28 日,日军切断滇缅公路,盟国物资往中国运输的最后一条陆路通道被封锁。在这紧要关头,中美双方决定开辟新的通道。当时可供选择的航道只有两条:一条是北部航线,从中国的西北经甘肃、新疆折向南,飞越昆仑山脉抵达印度北方;第二条是从云南昆明西行飞越"驼峰",直达印度。1942 年 5 月,中美共同开辟的由印度阿萨姆邦的汀江至昆明之间的航班正式通航,标志着"驼峰航线"开始运营。

"驼峰航线"西起印度阿萨姆邦,向东横跨喜马拉雅山脉、高黎贡山、横断山、萨尔温江、怒江、澜沧江、金沙江,到达丽江的白沙机场,进入中国的云南高原和四川省。航线全长 800 多公里,地势海拔均在 4500—5500 米上下,最高海拔达 7000 米,山峰起伏连绵,犹如骆驼的峰背,故而得名"驼峰航线"。

"驼峰航线"也有南线、北线之分。南线从昆明起飞,经云南洱海、下关、苍山、云龙导航台、泸水、河叉,北飞 140 公里至印度的杜姆杜摩导航台,再西飞 32 公里,即到达印度东北边境的汀江机场。北线由汀江起飞至杜姆杜摩,然后改向 98 度,飞 185 公里抵达葡萄,再改向 106 度飞 329 公里至程海,再改向 129 度飞 273 公里直达昆明,全程共 819 公里。当时的运输机通常 3 至 4 小时可以飞完全程。南线山峰较低,天气也较好,但距离密支那、八莫等日本空军基地较近,容易遭到敌机袭击,因此通常多飞北线。

"驼峰航线"上经常有恶劣天气,雨季时更是如此,汀江附近的乞拉朋齐是世界上降雨量最多的地方。航线所经过的地方,每年都有几个月的雷雨时期,气流非常不稳定,强劲的季风经常给高空飞行的飞机带来严重的冰冻。受当时科技

---

① 利里.龙之翼:中国航空公司和中国商业航空的发展[M].徐克继,译.北京:科学技术文献出版社,1990:143.

条件的限制,在没有可靠的天气预报和精准的导航设施的情况下,仅凭经验飞行难免出现不测。当时的运输机性能落后,飞行的最高高度只能达到 5000 米,在载重的情况下更不能飞越 5000 米以上的山峰,只能穿行于崇山峻岭间的峡谷中,空难发生率居高不下。

"驼峰航线"成为第二次世界大战期间最危险的航线。美国著名的新闻记者白修德和贾安娜曾对"驼峰航线"做了如下描述:

> 这的确是世界上最危险、最可怕和最野蛮的空中运输线。不论日本空军力量、热带雨季气候以及西藏的冰雪是怎样,没有武装的运输机都要在二万英尺高度上飞过五百英里没有航空标志的山区。有几个月,驼峰指挥部损失的飞机和人员比直接参加战斗的第十四航空队还要多。①

"驼峰航线"也是第二次世界大战期间最为繁忙的航线。空运由美军空运队(The Air Transport Command)和中国航空公司共同承担,其中以美军空运队运输为主,使用的飞机是双发动机的 C-46 和 C-47 型运输机。在这条航线上,美国逐步增加运输能力,到 1945 年夏天,已有 738 架运输机在"驼峰航线"上飞驰,其中主要包括:330 架 C-46 运输机,167 架 C-47 运输机,132 架 C-54 运输机,109 架 C-87 运输机。1945 年 6 月,"驼峰"空运平均每天飞行 622.4 架次,平均每一分钟就有一架飞机飞过②。美国人格兰姆·贝克对当时繁忙的昆明机场这样描述:"正值午后,深蓝色的天空中大群飞机在嗡嗡地飞来飞去,整个机场像一个巨大的蜂箱。"③美国记者白修德也对这一景象进行了描述:"你躺在(昆明机场)跑道旁边的草地上,仰望天空,任何时候都能看到从 C-54 式和 B-24 式到 L-5 式和 L-4 式的各种飞机一起拥挤在半空中,除非到大雨天实在无法航行,这个机场上的马达吼叫声从未停止过一分钟。"④

随着运输机和导航设备的改进,货物运输能力也在不断地提高。在货物运

---

① 怀特,雅各布.风暴遍中国[M].王健康,康元非,译.北京:解放军出版社,1985:163.
② 徐万民.战争生命线:国际交通与八年抗战[M].桂林:广西师范大学出版社,1995:235.
③ 贝克.一个美国人看旧中国[M].朱启明,赵叔翼,译.北京:三联书店,1987:136.
④ 怀特,雅各布.风暴遍中国[M].王健康,康元非,译.北京:解放军出版社,1985:169.

输方面,从 1942 年 6 月至 1945 年 12 月,通过"驼峰航线"共运入物资 48397 吨,其中紧急械弹、兵工器材、军航器材、军需被服、飞机汽油等物品合计达 25227 吨①。美国的这些军援物资多数提供给在华美国空军使用,部分军火提供给中国远征军。在人员运输方面,"驼峰航线"为驻印盟军运输补充兵员,以 1942 年 10 月 20 日至月末向印度空运 4000 人为开端,陆续每日平均空运 650 人②。1944 年通过"驼峰航线"从中国运往印度的补充兵员总计 25014 名③。"驼峰航线"的开辟和投入运营,成为中国大后方与外界沟通的"空中生命线",对支持中国长期抗战发挥了重要作用。

"驼峰航线"是第二次世界大战期间美国支援中国抗战投入人力物力最多的项目,然而人员和飞机及物资的损失也是惊人的。1946 年美国的《时代》杂志曾这样描述"驼峰航线"的情形:"至战争结束,在长 520 英里、宽 50 英里的航线上,飞机残骸七零八落地散布在陡峭的山崖上,人们称为'铝谷'。"时任中国空军第一路司令部参谋长的罗英德曾亲自飞越"驼峰",他目睹坠机美籍飞行员站立在坠落谷底的机身上,向飞越上空的飞机招手呼救,却无法营救。对于飞越"驼峰航线"的艰难,他曾留下如下记载:

> "驼峰"系千岩万壑的喜马拉雅山脉中,最崇峻的地形,艰险艰难。飞机经一个高峰,随强劲的上升气流爬高,嗣即翻越山头,顺着顽强的下降气流滑落,飞越谷底。驾驶员受梗于强劲的下降气流,稍一不慎,极易失速坠机。一九四四年,桂柳会战,我驻军实力不足十二万人,以劣势兵力,未克挫残敌凶焰,复陷于交通困难,增援不易,频频电请洽催空运补给。某日美空运大队司令决定冒着当日恶劣天气,增援补给,不幸当日增援空运机数架,全部坠落驼峰低壑,无一幸免。④

① 龚学遂.中国战时交通史[M].上海:商务印书馆,1947:273 –274.
② 日本防卫厅战史室.日本军国主义侵华资料长编:《大本营陆军部》摘译(中)[G].天津市政协编译委员会,译校.成都:四川人民出版社,1987:267.
③ 徐万民.战争生命线:国际交通与八年抗战[M].桂林:广西师范大学出版社,1995:341.
④ 朱力扬.中国空军抗战记忆[M].杭州:浙江大学出版社,2015:295.

由于"驼峰航线"上的飞机经常失事，当时美国飞行员的皮夹克背后都贴有标识牌，上书"来华助战洋人，军民一起救护"12个大字，以便这些美国飞行员在迫降或坠机后，能得到中国民间的救助。

"驼峰航线"有多悲壮惨烈？曾一天就损失飞机18架。1945年1月6日，"驼峰航线"上的一场大风暴，造成18架飞机损毁，机上42名机组人员和乘客遇难。日军的攻击也是"驼峰航线"的一个重要威胁。由于飞行事故频发，"驼峰航线"也被称为"空中地狱"。在长达三年的艰苦飞行中，美军空运队共损失飞机468架，平均每月13架。在"驼峰航线"上飞行员的年死亡率高达20%左右。

1942年4月18日，美国16架B-25型轰炸机在杜立特中校率领下，从大黄蜂号航空母舰上起飞，长途奔袭，对日本的东京、横滨、名古屋和神户等地进行轰炸。B-25轰炸机航程可达2170公里，载弹1360公斤。这是日本自发动侵华战争以来，首次在本土受到轰炸，因此虽然人员物资损失不大，却在朝野引起很大的轰动。日本联合舰队司令山本五十六大将为了此次轰炸，向天皇再三请罪，表示要毫不延迟地寻找并歼灭美国的航母舰队。杜立特机队在投完炸弹完成任务后，因无法返航降落至美国航母，被迫飞往距离最近的中国江浙一带，在燃油耗尽后迫降。美国的82名飞行员，有70人被中国民众救起，并先后辗转送到陪都重庆。时任国民党中央宣传部部长的王世杰，高度评价了盟军杜立特机队轰炸日本本土的壮举：

> 重庆视针对日本东京和横滨受到盟军轰炸的消息是重大的进展；这是美国政府之前对盟国承诺的很快将战火带到日本本土的实现。除了针对日本战争物资层面的摧毁，这对日本民众在心理层面上的打击是巨大的。日本民众长期以来被日本军国主义者所蒙蔽，这次轰炸能让他们清醒地认识到日本军国主义的脆弱和盟军真实而强大的实力。①

日军为了防止美国空军利用中国江浙沿海一带的机场再次袭击日本本土，

---

① 多索·弗兰杰·棵拉卡.《重庆日记》之盟军轰炸东京4[J].郑越，译.红岩春秋，2018(5)：52.

于 1942 年 5 月至 8 月发动了浙赣战役,主要目的是摧毁浙江省内的各机场并攫取金华地区丰富的萤石资源。通过三个月的持续轰炸,日军打通了浙赣线,彻底破坏了玉山、衢州、丽水等地的机场。日本大本营 1942 年 7 月底指示:"中国派遣军击溃浙江之敌,摧毁衢州、玉山、丽水等地敌主要空军基地,确信足以粉碎敌军利用上述机场轰炸我本土的企图。"①

1942 年以后,日本由于正全力在太平洋上与美军决战,因此对中国后方的重庆、成都、昆明等城市进行空袭的次数明显减少,侵华日军空中力量只能集中用于湘、桂等地配合陆军作战。同时,中国空军也正忙于赴印度接收美国新机和训练,无力出击敌人,因此这一时期的空战处于相对沉寂期。

1942 年 5 月 7 日至 9 日,美国海空军同日军在南太平洋澳大利亚以东的珊瑚海进行了一次大规模的海战。美国参战的有约克城号和列克星敦号两艘航空母舰、5 艘重巡洋舰和 7 艘驱逐舰,有飞机 122 架。日本参战的有祥凤号、瑞鹤号、翔鹤号 3 艘航空母舰以及 4 艘重巡洋舰、6 艘驱逐舰,有飞机 121 架。双方舰队始终保持几十公里的距离,由飞机展开空战并轰炸对方舰队。结果,美国的列克星敦号航母被炸沉,另一艘约克城号航母被炸伤,飞机被击落 74 架,阵亡 543人;日本的祥凤号航母也被炸沉,另两艘航母也受重创,飞机损失 85 架,死亡1000 多人②。这次海战双方胜负相当,这是世界上首次全用舰载机作战的大规模海战。

珊瑚海海战只是美日太平洋海战的预演。1942 年 6 月 4 日,日本海军主动出击中途岛,企图全歼美国太平洋舰队。中途岛位于夏威夷西北 1828 公里的北太平洋中,是美国海军在太平洋的重要基地之一。山本五十六几乎动用了日本联合舰队的全部 200 多艘舰艇,其中包括 8 艘航空母舰、11 艘战列舰、23 艘巡洋舰、65 艘驱逐舰和 21 艘潜艇,外加 600 架飞机助战。山本五十六按照作战任务将庞大的舰队分成 5 支编队。相对强势的日军而言,美军能够调动的力量只有 3艘航空母舰、6 艘巡洋舰、11 艘驱逐舰、158 架舰载机及 70 架岸基飞机。然而,日军的计划被美军情报部门截获。虽然美国的海军、空军处于劣势,但由于美方巧

---

① 杨善.宁绍战役和浙赣战役始末[J].浙江档案,2005(6):21.

② 巩琳萌.历史上最著名的十次航母行动[J].生命与灾难,2013(9):8.

妙应对,掌握进攻的时机恰当,日方指挥失误,结果,日本的 4 艘主力航母赤城号、加贺号、苍龙号、飞龙号全部被美国轰炸机俯冲炸沉,285 架飞机和大批训练有素的优秀飞行员全部消耗殆尽,一艘重巡洋舰也被炸沉。而美国仅损失一艘约克城号航母和 147 架飞机①。这次海空战以日本的惨败告终,日本丧失了在太平洋战争初期据有的海空控制权,从此被迫停止了在战略上的全面进攻,转而采取守势,中途岛之战是日本海空军从胜利走向灭亡的转折点。

### (三)中美空军联合对日作战

美国空军志愿队从缅甸撤退后,开始与中国空军积极配合,并对日军主动出击。1942 年 5 月,中国空军联合美国空军志愿队对滇缅边境的日军阵地不断地进行轰炸,迫使日军无法渡过怒江进入云南境内。1942 年 7 月,美国空军志愿队被正式编入美国陆军第十航空队(后改组为第十四航空队),驻扎在昆明、桂林和衡阳等地,重点轰炸汉口、南昌、广州、九江等地的日本航空队基地。1942 年 10 月以后,中国空军在经过一个时期的休整、训练后,开始对日军进行主动出击。10 月 27 日,中国空军第二大队 9 架 A - 29 型轰炸机,在第四大队 16 架 P - 40、P - 43 战斗机的掩护下,对山西运城日军机场发起攻击,击毁日侦察机 1 架,炸毁跑道、营房多处。11 月 2 日,中国空军第二大队又出动 4 架 A - 29 飞机对汉口及其附近的日军设施进行了轰炸。11 月 22 日,中国空军第一、第二大队的 6 架飞机袭击了沙市的日军机场。11 月下旬至年底,则主要是由美军出击并实施防卫,中国空军暂无活动②。美国空军方面,12 月 26 日在云南上空击落了 5 架日军轰炸机和 3 架日军战斗机。由于汽油严重缺乏,除对缅甸有过几次大规模的出击外,整个冬天处于休战状态。

总之,由于 1942 年"驼峰航线"空运量的限制,中美空军的补给较为困难,影响了军事行动。而日本因忙于太平洋战争,也没有对中国后方进行大规模的袭击,1942 年再次处于相对沉寂期。

1942 年 8 月 7 日至 1943 年 2 月 7 日,美国和日本在南太平洋所罗门群岛的

---

① 中途岛海战:日本称霸太平洋的企图被截止在中途[J]. 军事文摘,2015(13):68 - 71.
② 中国空军抗战史[J]. 中国的空军,1946(94):8.

瓜达尔卡纳尔岛展开了一场为时半年之久的海陆空大战,双方投入了大量兵力。该岛距离日本或美国的夏威夷群岛都在 5000 公里以上,进行如此持久的战斗,补给对于最终的胜负至关重要。历时半年的瓜达尔卡纳尔岛战役,美军战死约 5000 人,伤 6700 人,损失 1 艘航空母舰、23 艘巡洋舰或驱逐舰、3 艘运输船、约 250 架飞机、100 余名飞行员;日军战死、失踪或病死 2.38 万人,1000 余人被俘,损失 1 艘轻型航空母舰、2 艘战列舰、21 艘巡洋舰或驱逐舰、16 艘运输船、892 架飞机、2362 名飞行员①。从战役的结果上来看,日军惨败。瓜达尔卡纳尔岛战役是第二次世界大战太平洋战场最为持久的一场岛屿争夺战,被称为太平洋战场上的"斯大林格勒战役"。

美国对日德宣战后,对中国战场仍没有足够重视。美国的战略目标是"先欧后亚",以击败法西斯德国为主要目标,在东方战场,将主力用于太平洋战场。在中国的陆海交通线被日本切断后,唯一赖以支持战争的"驼峰航线"空运量又受到限制,无法运送大型的军用物资。从太平洋战争爆发到 1944 年 10 月止,在美国给盟国的 210 亿美元的物资中,中国仅占 5%,而这些有限的物资往往在途中被盟军截留,移作他用。因而,无论是中国空军还是陈纳德的驻华空军特遣队(即原来的美国空军志愿队,1942 年 7 月纳入现役后,改称此名),都感到补给严重不足,常常因缺乏汽油而无法作战。

尽管如此,与 1940—1941 年的艰难时期相比,中国空军还是出现了新的转机。1942 年 6 月 2 日,中美双方签订了《租借协定》,规定了中国根据美国《租借法案》获得租借物资的具体事宜,这为中国获得大宗美援奠定了法律基础。鉴于中国飞机严重短缺的现实,这一时期,美国以前所未有的力度向中国提供飞机。到 1942 年底,中国空军共从美国方面接收 B - 29 型轰炸机 19 架、P - 40 型驱逐机 27 架、P - 43 型驱逐机 41 架、P - 66 型驱逐机 82 架,这样,中国的空军部队逐步恢复到了 7 个大队、1 个侦察中队的规模,飞机数量达到了 337 架②。这使中国空军的实力得到了很大的补充。与此同时,在美国的援助下,中国空军飞行员的

---

① 丁顺发.瓜岛上的生死决战:太平洋战场的"斯大林格勒战役"[J].军事文摘,2019 (11):69.

② 军事科学院军事历史研究部.中国抗日战争史:下卷[M].北京:解放军出版社,2005: 286.

培训迁移到印度境内实施,此外,国民政府航空委员会还选送部分学员直接到美国国内接受高级训练。

1943年年初,由于汽油缺乏,中美空军都很少主动出击。1月10日,中国空军第四大队出动5架P-40战斗机和8架P-43战斗机,从四川梁山机场起飞,对驻扎在湖北荆门的日本陆军航空队第四十四战队所在机场发起攻击,当场炸毁日机3架,日军机库和营房等都被不同程度地破坏。但因采用美式训练的超低空轰炸法,中国战机被击落2架,第四大队第二十三中队分队长莫同浙、第二十二中队飞行员黄光润阵亡。这种轰炸方式虽然命中率较高,但容易被击中。后来,美国发明了轰炸瞄准器,将它装置在轰炸机上,可以在高空瞄准,由领航员在观察到目标时指挥操纵,大大提高了投弹命中率,并减少了自己的伤亡。

为了进一步加强中国战区的美国空军力量,在蒋介石和陈纳德的请求下,1943年3月10日,美国政府对驻华空军特遣队进行了扩充和改编,成立美国第十四航空队,不再受驻印度的第十航空队的管辖,成为中国战场上独立作战的航空力量。陈纳德被晋升为陆军少将,继续担任第十四航空队的司令官。第十四航空队的主要任务是:保卫"驼峰"运输线;侦察和破坏日军飞机与部队营地;轰炸日本在华军事设施;轰炸中国海岸与岛屿附近的日本船只;在印支、缅泰及日本占据的台湾破坏敌军供应与军事设施;鼓励中国的抗日并以一切可能方式支援地面部队。

1943年年初,因"驼峰航线"运输困难,物资补给无法及时跟上,特别是进入4月,因雨季提前到来,"驼峰航线"在恶劣天气影响下几乎中断航运,缺少物资的美国第十四航空队只好暂停军事活动,这正好使日军有了可乘之机。1943年2月底日本大本营参谋本部在制定的《1943年帝国陆军对华作战指导计划》中,明确规定"1943年春季以后及时加强航空作战,击溃敌空中势力,并尽力遏制敌对帝国本土空袭之企图"①。按照计划,日军拟增加战斗机、轰炸机各两个战队,准备一举击败中国内地特别是西南方面的在华美国空军②。3月底,日军航空队

————————

①　陈应明,廖新华.浴血长空:中国空军抗日战史[M].北京:航空工业出版社,2006:263.

②　日本防卫厅战史室.日本军国主义侵华资料长编:《大本营陆军部》摘译(中)[G].天津市政协编译委员会,译校.成都:四川人民出版社,1987:702-704.

从广州起飞开始攻击桂林。4月初,日军不断袭击衡阳、零陵等地的在华美国空军基地。日军从3月30日起,对丽水机场连续三天进行了累计80架次的轰炸。4月22日,44架日机进袭零陵、云南驿机场,造成美机17架损毁。4月29日,日军又出动31架飞机再次进攻桂林,迫使美机向后方转移①。

1943年5月,美国总统罗斯福在华盛顿召开的"三叉戟"会议上,明确主张从每月飞越"驼峰"的7000吨物资中抽出4700吨给予驻华美国空军。第十四航空队的物资供应得到一定程度的改善后,又活跃起来,而此时中国空军飞机补给量也多起来,并且飞机的性能、火力、速度等均优于日军,由此中国军队的作战计划也更为积极。5月26日,国民政府军令部下达的《军令部拟拱卫陪都作战计划稿》规定:"空军及驻华美空军之主力,应协力第六战区之作战,其任务是:先争取制空权,掩护战场之上空,轰炸汉宜间敌舰船;连续侦察汉宜间敌水路及陆路运输状况及战场上敌后方部队移动状况。"该项计划还专门对防空作了具体要求:"第六战区,尤其沿江各要塞之防空,应竭力加强。"②

中国空军力量的恢复引起了日本方面的警觉。1943年8月,日本大本营在《1943年秋季以后的中国派遣军作战指导大纲》中如此计划:"迅速恢复由于夏季进攻所消耗之战力,同时,伺机进攻中国西南腹地及四川省,寻歼敌空军尤其是大型机,以遏制在华敌空军之活动。"③为此,对日本航空兵的作战提出了如下要求:"第一,继续进行进攻作战,粉碎在华美军特别是桂林地区的空军势力,随时攻击并阻止中美空军向桂林以东地区的扩展;第二,视重庆空军的行动,根据情况可对重庆进行短促的攻击;第三,为了援助海军,以一部分力量担任中国沿海的反潜巡逻和长江防空。"④

日本空军此时处于相对劣势,陈纳德分析道:"它(日本)不希望在中国战斗,特别是在中国空中作战。日本现在在中国的大多数空战是为着训练目的,而不

①② 顾学稼,姚波.美国在华空军与中国的抗日战争:1941年8月—1945年3月[J].美国研究,1989(4):111.

③ 陈应明,廖新华.浴血长空:中国空军抗日战史[M].北京:航空工业出版社,2006:267.

④ 日本防卫厅战史室.日本军国主义侵华资料长编:《大本营陆军部》摘译(上)[G].天津市政协编译委员会,译校.成都:四川人民出版社,1987:67.

是准备在那里战斗。日本有太多的地区需要保护。"①中美空军联合出击,在鄂西会战与日军进行了较量。

鄂西会战自1943年5月19日开始,至6月6日结束,中日双方投入了大批飞机进行作战。日军在汉口、荆门等地集中了第九十、第四十五、第十六、第二十五、第三十三、第四十四战队,共有各式飞机248架。中国空军参战的有第四、第十一、第一、第二大队以及美国第十四航空队,共有各式飞机343架②。

5月19日,中国空军第四大队出动8架P-40E、4架P-43飞机,对停泊在湖北枝江附近的长江江面上的日本军舰进行攻击。副大队长徐葆畇在俯冲攻击时被炮火击中,英勇殉国。5月25日,中国空军第四大队大队长李向阳率15架P-40E飞机,分两批从四川巴县起飞,对湖北长阳及宜昌一带的日军进行轰炸、扫射,第二十三中队副队长杜兆华被日军地面炮火击中牺牲。5月27日,第一大队大队长姜献祥率7架苏式CB-3轰炸机,自四川温江起飞,轰炸鄂西日军。机队返航至四川石柱县境内时,因天气不良队形分散,飞行员郭岳生所驾的117号机因故障迫降,机毁人亡。同日,第四大队在出击湖北长阳一带的日军时,第二十二中队副队长张祖骞被日军高射炮击中殉国。

5月29日,日机袭击四川,中国空军第一大队的6架苏式CB轰炸机自温江机场起飞疏散,至眉县上空,因天气恶劣视线不明,飞行员胡汝单的座机与另一僚机相撞,又损失两架CB轰炸机。由于《苏日互不侵犯条约》的掣肘,加之苏联卫国战争的爆发,中国空军原有的苏联飞机的零件不能有效地补充,许多飞机的发动机已经超过使用年限,加上战争期间的损耗,至1943年夏,中国空军仅剩下7架苏式CB-3轰炸机。鄂西会战后,苏联飞机所剩无几。

6月6日,中国空军第四大队及美国第十四航空队的2架P-40飞机由鄂西前线返回四川梁山机场,飞机正在加油之际,忽有14架日机尾随而至,进行偷袭。第二十三中队队长周志开来不及扣保险伞带,立即单机起飞,与日机猛烈交火,连续击落日机3架。他因此成为抗战后期著名的空军英雄,并荣获青天白日勋章③。

---

① 韩永利.美国"先德后日"战略与中国抗日战场:1941—1945[D].武汉:武汉大学,2000:114-115.

② 谭玉龙.试论鄂西空战与中国战场空战的转折[J].湖南行政学院学报,2017(4):100.

③ 吕传彬.抗日空军英雄周志开[J].军事文摘,2018(21):76.

中美空军在鄂西会战中取得的战绩,当时的《新华日报》这样报道:"曾与敌机作战多次,击落之敌机至少34架,地面被炸毁之敌机至少5架,另有兵舰4艘,在江中被炸毁,至其军需人员、交通工具之损失,则不胜枚举。"①《中国空军抗战史》的统计为:"中方共出动战斗机326架次,共击落日机42架,炸毁日机6架,炸沉日船23艘,攻击日军地面部队14次。"②

鄂西会战期间,中美空军总计动用了165架飞机,出动53次。中美空军进攻的主要目标是汉口、荆门、沙市、宜昌等地的日军机场及前沿阵地的日军。鄂西空战的胜利,成为中国战场空战的转折点,就连日方在总结"江南歼灭作战"(中方称"鄂西会战")的损失时也认为:"在我方损失中,由敌机造成的损失激增,这一点值得注意,这表明航空优势敌我易位的征兆已经开始出现。"③

① 鄂西战役:空军助战伟绩[N].新华日报,1943 - 6 - 29(02).

② 中国空军抗战史[J].中国的空军,1946(94):9.

③ 日本防卫厅防卫研究所战史室.中华民国史资料丛稿:译稿(昭和十七、八年的中国派遣军)[M].高书全,译.北京:中华书局,1984:107.

# 第九章　决战:从反攻到夺取最后胜利

从 1943 年下半年开始,随着中美空军的浴血奋战、"驼峰航线"的开辟和日军在华航空部队主力移至西南太平洋战场,中国战场上的制空权逐渐被中美空军掌握。1944 年 4 月,美军 B-29 超级空中堡垒轰炸机部队来到中国,并于 6 月 15 日对日本八幡钢铁厂进行轰炸,自此,日本本土已处于同盟国的轰炸之下。1944 年年底,日军航空队已从中国天空中消失。1945 年 8 月 15 日,日本宣布无条件投降。日本投降后,第一批洽降的日方代表在中国空军的监视下飞往芷江机场,与中方代表会谈接洽投降事宜。9 月 9 日,中国战区的受降典礼在南京举行,长达 14 年的抗日战争宣告结束。

## 一、失而复得:制空权的逐步收回

1943 年下半年,在美国等同盟国的援助下,中国空军的飞机等军事物资得到补充,并进行了大幅度的改组整编,实力得到了明显提升,空军抗战的局势逐步从防御阶段进入反攻阶段。

### (一)中美空军在大西南的战斗

1943 年 6 月下旬,陈纳德建议国民政府在印度卡拉奇成立中国战区战斗飞行训练中心。国民政府接受其建议后,派中国空军第一、第三、第五 3 个大队先后到印度受训,学习驾驶美国的 P-40、B-25 等飞机,以及训练轰炸、射击、战斗机与轰炸机的协同作战等技能,并配备了一批美国教官。第一批受训的是第一、第三大队,7 月抵达印度,经 4 个月训练,于 11 月结业回国,并从美国接回美制 P-40、P-43、P-66 等型号的作战飞机[1]。第二批受训的是第五大队,从 11 月

---

① 马毓福.抗日战争期间的中美空军混合团[J].军事历史,1996(3):53.

开始到 1944 年 4 月初回国。

1943 年 7 月 26 日,美国第十四航空队 P-40 战斗机掩护 B-25 轰炸机轰炸汉口日军机场,炸毁棚厂及机库多座。日军零式战斗机起飞迎战,激战中美国 B-25 轰炸机共击落日机 5 架。在美国第十四航空队服役的中国飞行员李鸿龄在低空扫射时被日高射炮击中牺牲。

8 月 23 日,日军轰炸机 54 架在 20 多架战斗机掩护下分两批袭击四川万县、重庆等地。中国空军第四大队、第十一大队先后起飞 P-43 战斗机 8 架、P-40 战斗机 10 架及 P-66 战斗机 11 架,与日军展开激战,当即击落日轰炸机 2 架,中方战机也损失 2 架,分队队长苏任贵、飞行员段克恢在空战中阵亡。

1943 年 7 月至 8 月,美国第十四航空队在衡阳—零陵—桂林一线加强了攻势,第三〇八轰炸机大队轰炸了广州和汉口的机场,"被击落和炸毁的日本机达 155 架之多"[1],美机也损失 27 架[2]。

同年秋,第十四航空队又接收了一批 P-51 野马式战斗机。这种飞机是第二次世界大战中较为先进的机种之一,时速可达 700 千米,比 P-40 战机要快 150 千米。这时,日本也装备了改进的零式战斗机——三菱 A6M5 战机,装有两门 20 毫米机炮,时速可达 564 千米,但在性能上要比 P-51 战斗机逊色得多[3]。日军第三飞行师团中将师团长中薗盛孝在向陆军参谋本部报告时说:"由于敌预警机的加强和战斗机的优势,使我方一直采用的战斗机、轰炸机联合攻击受到阻碍,不易成功,我方轰炸机损失日重。本飞行师团只得依靠战斗机单独进行各种奇袭和以优秀的轰炸机在夜间、黎明和傍晚冒险出击。"[4]

### (二)中美空军混合团的组建

1943 年 10 月,中美空军混合团组建,设有一个轰炸机大队和两个战斗机大

① 许蓉生,林成西.国民党空军抗战实录[M].北京:中国档案出版社,1994:409.

② 王晓华.陈纳德航空队对中国抗战的贡献[J].民国春秋,1995(6):30.

③ 刘庭华.中国抗日战争与第二次世界大战系年要录:统计荟萃 1931—1945[M].北京:海军出版社,1988:544.

④ 日本防卫厅战史室.日本军国主义侵华资料长编:《大本营陆军部》摘译(下)[G].天津市政协编译委员会,译校.成都:四川人民出版社,1987:66.

队,人员主要由中国空军第一、第三、第五大队和美国陆军第十四航空队部分人员共同组成,仍由陈纳德指挥①。各大队下辖 4 个中队,各级指挥官由中美双方派人担任,各大队的大队长是:第一大队中方队长李学炎少校,美方队长布兰契中校;第三大队中方队长苑金函少校,美方队长本奈特中校;第五大队中方队长向官生少校,美方队长柔斯中校。中美空军混合团的作战、训练和勤务补给等,由混合团驻地的中国空军战区司令负责,混合团司令由驻地的战区司令兼任。混合团美国空军 3 个大队分别驻桂林、赣州、遂川等地,中国空军 3 个大队则分别驻防梁山、汉中、老河口、恩施、芷江等地②。至 1944 年夏,混合团共装备有 60 架 B－25 轰炸机和 100 多架 P－40 战斗机。

1943 年 11 月,日军集中 10 万兵力,向鄂西、湘北进犯,曾一度攻入常德。为配合常德会战,日军集中了第十六、第九十、第四十四、第四十五、第二十五、第八十五等战队及第十七、第十八、第五十五独立中队,共 253 架各式飞机参战。中美参战的空军有第二、第四、第十一大队,中美空军混合团及美国第十四航空队,使用了 B－24、B－25、A－29 轰炸机,以及 P－40、P－43、P－66 等战斗机,共约 200 架③。

### (三)中日空中战场的转折点——常德会战

常德会战从 1943 年 11 月 2 日起,至 12 月 25 日结束,共历时 54 天。此战,中国空军、中美混合团、美国第十四航空队昼夜出动,轰炸敌后方物资和阵地,有力地配合了常德地面部队的作战。重庆军事委员会为中美空军布置的作战任务是:"向沙市、石首、监利、华容之敌及沙市、岳阳间的敌舰轰炸。"④

常德会战空军作战的第一阶段是外线轰炸。从 11 月 2 日至 24 日,中美空军主要对日军的后勤供应基地如仓库、油库,运输线路如浮桥,运输工具如大小木船、小火轮等进行轰炸,同时对敌步兵、骑兵进行低空扫射。

11 月 21 日,日军战斗机 29 架、轰炸机 9 架、侦察机 1 架,袭击湖北恩施中国空军基地。中国空军驻该地的第四大队、第十一大队的飞机立即起飞,分区迎

---

①②　马毓福. 抗日战争期间的中美空军混合团[J]. 军事历史,1996(3):53.

③　唐学锋. 中国空军抗战史[M]. 成都:四川大学出版社,2000:256.

④　徐永昌. 关于常德会战之检讨(1943 年 12 月 31 日)[A]//中国第二历史档案馆. 中华民国史档案资料汇编:第 5 辑第 2 编. 南京:江苏古籍出版社,2000:47.

战。第四十一中队队长任肇基率领 4 架 P-66 战斗机,与日战斗机 10 余架、轰炸机 9 架遭遇,发生激战,共击落日军战斗机 3 架、轰炸机 1 架,中方战机也损失 3 架。第十一大队第四十二中队副队长颜泽光,飞行士张船伟、周福心阵亡。

常德会战空军作战的第二阶段是争夺常德的制空权。11 月 18 日,常德城保卫战打响,因南北两个方向的地面部队无法及时赶赴常德增援,重庆军事委员会急令:"中美空军继续轰炸湖内敌船,并取常德制空。"①中国空军第四、第十一大队及美国第十四航空队,先后出动各种飞机,袭击常德外围增援之敌,击毙日军第三师团第六联队联队长中畑护一大佐,击沉敌汽艇 5 艘、木船 40 余只,毙伤大量日军。

11 月 28 日,日本步兵第一三三联队第一、第三大队从马木桥正在向城内突入的时候,中美混合团对其发起猛烈的轰炸和扫射,当场击毙日军第一三三联队第一大队大队长饭代英太郎中尉、第四中队队长北田一男中尉及日军多人,并且击毁日本零式战斗机 1 架。

11 月 29 日,第四大队第二十一中队中队长高又新率 P-43 战斗机 4 架,掩护 P-40M 战斗机 1 架,由湖北恩施起飞,飞往湖南常德,向守军投送子弹,并侦察常德及洞庭湖之间的日军动态。途中遭遇日机 4 批,激战中击落日机 4 架,第四大队第二十一中队飞行员杨枢于空战中失踪②。

从 11 月 25 日到 12 月 9 日常德城失而复得,中美空军对疯狂进攻常德城的地面日军从南、北、西三面不断进行轰炸,在空中与日机搏斗,从而有效地减弱了日军进攻的势头。同时,对困守常德城内的中国军队空投物资,仅 11 月 28 日到 30 日三天时间内,中美空军就投送弹药 20000 余发,牛肉、猪肉各计 7000 余斤。

常德会战空军作战的第三阶段是乘胜追击。12 月 9 日,中国军队收复常德后,即对日军发起反击。重庆军事委员会"要求空军轰炸其退路要点及滨湖船只,妨碍其退却"③。12 月 9 日,中国空军轰炸沙市日军,美国第十四航空队夜袭

① 徐永昌. 关于常德会战之检讨(1943 年 12 月 31 日)[A]//中国第二历史档案馆. 中华民国史档案资料汇编:第 5 辑第 2 编. 南京:江苏古籍出版社,2000:47.

② 罗裕庭. 略论中美空军在常德会战中的对日作战[J]. 湖南文理学院学报(社会科学版),2005(4):14.

③ 中国第二历史档案馆. 抗日战争正面战场:中[A]. 南京:凤凰出版社,2005:1237.

武昌、汉口的日军机场。12月14日，美国第十四航空队，中国空军第三大队、第五大队第二十八中队对武昌的日军机场进行了轰炸，日军弹药库中弹爆炸。中美空军混合团的第三大队、第五大队的第二十八中队及美国第十四航空队出动34架飞机联合轰炸岳阳日军仓库、兵站及运输设施。

在常德会战期间，中美空军动用约200架飞机，共出动216次，轰炸、扫射常德、藕池口、石首、华容等地，击落日机25架，击伤19架，摧毁地面日机12架①。第六战区司令长官孙连仲在战后回答记者时说："此次会战……中美空军每日出动，制空权之获得，致此大捷。"②时任军事委员会参谋总长的何应钦在12月29日报告国内外战局时说："此次会战中，我空军及美空军由各方不断出动，既使敌空军不能任意肆虐，并直接给予敌军以重大打击，亦为我军战力之新发展。"③常德会战结束后，日方也认为"去年年底进行常德作战时，由于驻华美空军参加作战，敌我战线上空的制空权发生了微妙的变化，尤其是在作战高潮时，派遣军开始体验到在敌人制空权下进行地面作战的滋味"④。从作战双方战时的体验和战后的总结上可以看出，经过常德会战，中美空军夺回了部分制空权，日军在中国空中战场不可一世的局面开始扭转。

### （四）中美空军开始主动出击

1943年冬，中美空军已不再处于守势，能够以大编队频繁地袭击日军在广州、香港等地的重要基地。日本东京湾的港口和在海南岛占领的口岸，也遭到了从云南基地出动的B-25轰炸机的沉重打击。美国第十四航空队的摄影侦察机飞遍了从西贡到东北的整个日占区。中美空军还经常出动双机巡逻南海，打击从日本到南海的日本海上交通线，炸沉了不少日本运输船只。11月4日，中国空军第一大队第二中队队长谭德鑫和飞行员高锦纲各自驾驶B-25轰炸机一架，经广州、南雄、惠阳、汕头作巡逻飞行，在福建厦门海面巡逻搜索，于10时45分在

---

①　中国空军抗战史[J].中国的空军，1946（94）：9.

②③　罗裕庭.略论中美空军在常德会战中的对日作战[J].湖南文理学院学报（社会科学版），2005（4）：15.

④　日本防卫厅防卫研究所战史室.中华民国史资料丛稿：译稿（1号作战之一　河南会战上）[M].天津市政协编译委员会，译.北京：中华书局，1982：26.

台湾海峡海面炸沉日运输船一艘。日本的海上生命线受到严重威胁。

常德会战期间,美国第十四航空队还轰炸了台湾的日本航空队基地——新竹机场。11 月 25 日,由第三○八轰炸机大队大队长文森特率领的 12 架 B - 25 轰炸机,各带 20 磅炸弹 72 枚、100 磅炸弹 7 枚,由桂林机场起飞,在江西新建的遂川机场加油后,低空飞越台湾海峡,避开日军雷达侦察,袭击了台湾新竹机场。这次轰炸,由美国第二十三战斗机大队大队长希尔率领的 8 架 P - 38 战斗机和 7 架最近运抵中国的新型 P - 51 野马式战斗机护航,共炸毁地面日机 30 架,空中击落战斗机 6 架、轰炸机 6 架、运输机 2 架,取得重大成果。美机仅被击落 1 架,其余全部安全返航。此次突袭,使日军在台湾的最大轰炸机改装地和战斗机训练所遭到沉重的打击,日军大本营一怒之下,将新竹海军航空队番号永远撤销①。

不久,美军从情报获悉,日本已从海上运送了 40 架战斗机抵达九龙,将用于华南战场,这批飞机尚未卸船。美国第十四航空队和中美空军混合团出动 B - 25 轰炸机 13 架、P - 51 战斗机 8 架和 P - 40 战斗机 24 架,共 45 架飞机,于 12 月 1 日上午 11 时 55 分从桂林二塘机场起飞,袭击香港。机队于下午 1 时 57 分抵达香港九龙码头,当即投放炸弹,随即右转俯冲脱离。经地面情报证实,此次袭击共炸沉日本大型货船 1 艘,炸毁待修日本船只 1 艘,日本修船厂遭严重破坏,码头多处起火。机队返航途经中山县上空时,遭遇日零式战斗机 10 架,结果美机被击落 2 架,中国 P - 51 战斗机也被击落 1 架,其余飞机均于下午 3 时 40 分安全返航②。

12 月 20 日,中美空军混合团第三大队第二十八中队队长郑松亭率 P - 40 战斗机 7 架,会合从衡阳起飞的美国第十四航空队 P - 40 战斗机 6 架,共 13 架飞机,联合袭击岳阳日军火车站、仓库、兵站及其运输设施,未遭到日机抵抗,直接摧毁了目标。

12 月 24 日,美国第十四航空队出动 P - 51 战斗机 6 架、P - 40 战斗机 24 架,共 30 架飞机,由桂林起飞,掩护美国第三○八轰炸机大队的 B - 24 轰炸机 28 架,大举袭击日本航空队的重要据点——广州天河机场。下午 3 时 20 分,美军

---

① 李浩.“飞虎队”偷袭新竹机场:盟国空军对台湾日军基地的首次空袭[J].环球军事,2003(17):60 - 61.

② 沈奕巨.“飞虎队”依托广西痛创日军:下[J].文史春秋,2014(1):32.

机群在广州北部上空与日机遭遇。日本零式战斗机10余架由高空8000米处向下袭击,美军战机占据绝对优势,激战中日机不支,被击落3架,其余匆匆逃窜。美方也损失P-40战斗机2架及B-24轰炸机1架①。

从1943年开始,在缅甸的中国军队与英美盟军联合发动反攻,中国处于东西两线作战的局面。由于中国唯一的补给线——"驼峰航线"运输量有限,而握有美援物资分配权的中印缅战区总司令史迪威将军将补给的重点用于缅甸战场,因此,后勤供应的匮乏仍然是中美空军充分发挥战斗力的重要障碍。

1943年下半年,日军继续与美军在太平洋上进行决战。至1944年3月,日本共损失飞机8000多架、舰艇70艘、各种船舶115艘。1944年,美军在太平洋上采取越岛进攻战略,向日军展开强大攻势。1月,美军进攻马绍尔群岛,歼灭岛上日本陆军航空队的200余架飞机。2月,美军猛攻特鲁克岛,全歼岛上的日机300余架,使日本的战争后备力量遭受重大损失。

日本为了同美国抗衡,不得不扩大飞机、舰艇的生产和建造。1937年,日本年产飞机1580架,到1944年,竟增加到24000架。日本是岛国,资源有限,此时军需生产的规模超过了其国力的承受范围,只能靠牺牲民用工业、榨取民脂民膏的办法来弥补。长期的侵略战争使日本在军事、政治、经济各个方面走上了绝境。

1944年年初,美国第十四航空队得到500架飞机的补充后,根据整个东方战场的形势一分为三:用200架飞机保卫成都的B-29远程轰炸机基地,准备轰炸日本本土;用150架飞机支援史迪威的征缅作战,以打通印缅陆路运输线;用150架飞机用于东部战场作战。先前赴美国、印度训练的中国空军第二批人员学成回国,他们带回的18架P-40战斗机和33架B-25轰炸机,分别编进中美空军混合团,中美空军实力得到提升②。

2月28日,中国空军第一大队2架B-25轰炸机从桂林二塘机场起飞,轰炸安徽芜湖至安庆之间长江江面上的敌舰,命中日本运输舰1艘。1架中国飞机在轰炸时被日军炮火击中,飞行员张天民、投弹手蒲良楼等4人阵亡。

3月4日,美国第十四航空队和中美空军混合团第三大队联合出动P-40战

---

①②　沈奕巨."飞虎队"依托广西痛创日军:下[J].文史春秋,2014(1):32.

斗机 24 架、B‐25 轰炸机 6 架,共 30 架飞机,从桂林的 3 个机场分头起飞。为了迷惑日军间谍,大编队在飞越桂林上空时故意向北飞行了一段距离,然后右转低空飞往海南岛的日军机场。中美空军大编队到达海口日本机场上空时,发现约 80 架飞机停放在机场上,还有几架日军飞机正在空中进行训练。中美飞机的突然出现,使日军措手不及,结果中美空军在空中击落日零式战斗机 10 架、轰炸机 1 架,炸毁地面零式战斗机 18 架、轰炸机 2 架①。

在中国战场,1944 年 1 月至 3 月,中美空军在掌握了空中主动权后,开始进行反击,先后对香港、湖南、江西、安徽等地的日军机场、船舶进行频繁轰炸和攻击,共击沉沿海日军船舶 16 艘,毁伤其他船舶 20 余艘②。

### (五)豫中会战中的对日空战

美国在太平洋战争中逐渐夺得主动权,资源短缺的日本在战场上逐渐处于被动。1943 年 11 月,日本大本营作战课课长服部卓四郎曾说:"因为在太平洋受到美军的压制,所以无论如何也必须考虑确保西南的中国大陆和南洋的联络。在海上正面万一发生问题,对在南方的 50 万军队不能坐视不救。"③

1944 年 1 月 24 日,日本杉山元总参谋长奏请日本天皇批准"1 号作战"计划时说:"摧毁中国西南要地的敌各机场,以保本土及中国东海的防护安全为其第一目的。打通大陆后,即使在海上与南方的交通被切断,也可经过大陆运输南方的物资,以加强战斗力,为其第二目的……"④

1944 年 4 月起,日本妄图打通大陆交通线,使侵华日军和南洋日军连成一片,发动所谓"1 号作战",先后从北到南,向华北、华中、华南地区采取大规模的军事行动,妄图占领平汉、粤汉、湘桂等线,打通大陆交通要道。这是抗战以来中日间爆发的规模最大的一次会战。这次大会战,日军共投入兵力 150 个大队约

①② 沈奕巨.“飞虎队”依托广西痛创日军:下[J].文史春秋,2014(1):32.

③ 日本防卫厅防卫研究所战史室.中华民国史资料丛稿:译稿(1 号作战之一 河南会战上)[G].天津市政协编译委员会,译.北京:中华书局,1982:11.

④ 日本防卫厅防卫研究所战史室.中华民国史资料丛稿:译稿(1 号作战之一 河南会战上)[G].天津市政协编译委员会,译.北京:中华书局,1982:18.

51 万人,战马约 10 万匹,火炮 1551 门,汽车 15550 辆,坦克 794 辆①。日军在中原战场投入各式飞机 270 架。中美空军以梁山、安康、重庆、成都、南郑等地为基地,投入战机 120 架、轰炸机 36 架,用于豫中会战。此时,美国第十四航空队因为有 200 架飞机用于保卫成都的 B-29 远程轰炸机基地,另有 150 架用于缅甸战场,所以用于豫中会战的飞机较少。

豫中会战是日军"1 号作战"计划的第一阶段,从 4 月 18 日起,至 6 月 10 日结束。日军总共投入人员约 14600 名,马约 14800 匹,汽车约 1970 辆,重机枪 740 挺以上,迫击炮 90 门,联队炮(山炮)88 门,作为师团炮兵的野炮及山炮级的炮 280 门,榴弹炮 24 门,坦克师团的坦克和装甲车等 1400 辆以上,野战工兵约 30 个中队②。

中国航空委员会主任周至柔和美国空军代表陈纳德经过研讨后,决定在空军军力方面进行如下部署:"中美空军混合团以芷江、梁山、恩施、安康、南郑为基地,俾可切断长江敌之水上补给线及汉口至信阳之交通线,并可攻击武汉敌空军基地;以 B-52 一中队驻梁山,任破坏黄河铁桥及铁桥以南信阳以北之铁道线;混合团之 B-52 一中队驻扎梁山机场、P-40 一中队驻扎安康机场、P-40 一中队至二中队驻扎南郑机场。"③

4 月 18 日,日军在河南中牟一带强渡黄河。次日,日军步兵、骑兵在数十门大炮和 40 余架飞机的掩护下,向中国阵地展开全面攻击,尉氏县、郑县等地相继沦陷。

5 月 6 日,中美联合出动 14 架 B-25 轰炸机、19 架 P-40 战斗机、12 架 P-38 战斗机、9 架 P-51 战斗机,共 54 架飞机袭击汉口日军机场,一次就击落日机 20 多架,而中方损失仅数架④。

---

① 钟启河.试论日本发动豫湘桂战役的原因[J].湘潭大学学报(社会科学版),1985 (4):41.

② 王猛.豫湘桂溃败原因再探讨:以河南会战日军为中心[J].黑龙江史志,2013(10):56.

③ 李琴芳.1944 年中原会战中美空军联合作战史料选[J].民国档案,2004(2):22.

④ 南京市政协文史资料委员会.蓝天碧血扬国威:中国空军抗战史料[G].北京:中国文史出版社,1990:76-77.

5月12日,正当中国陆军与日军在洛阳血战之际,中国空军出动多批战机前往助战。第四大队第二十一中队队长高又新率P-40战斗机7架,自陕西安康出击河南洛阳、伊川一带日军。P-40战斗机是美国在1943年交付使用的新式战机,时速可达700千米,航程可达3700公里以上,升限超过11530米,攻击火力为6挺12.7毫米口径的机枪,可携带2枚1000磅炸弹或15枚5英寸的火箭弹①。中国战机抵达洛阳西工区附近上空时,发现日军坦克车集群约70~80辆,当即降低高度投弹,炸毁其中10多辆,并对日军反复扫射,杀伤大批敌人,还击毁了日本运输车20多辆。

6月2日,第三大队第八中队5架P-40N战斗机、第七中队6架P-40N战斗机,自安康出击河南郑州日军占领的火车站及附近日军目标,以7架俯冲轰炸及低空扫射,以4架担任掩护,炸毁日军卡车8辆、火车4列及停在机场的轰炸机1架。这时,忽有日零式战斗机4架、东条式战斗机6架从上向下袭来,后面还有增援的日军飞机。经20多分钟激烈空战,中国空军击落日机6架。中国空军第三大队第七中队队长张乐民在激战中迫降商南失踪。

6月10日,第三大队第二十八中队队长郑松亭率8架P-40N战斗机,在第四大队9架P-40战斗机的掩护下,自湖北恩施飞往宜昌莘福山,对日军阵地进行轰炸,投弹均命中目标。返回途中,忽有日零式战斗机12架来截击,双方发生激战,中国空军击落日机6架,自身损失1架,飞行员张永彰牺牲。

同一天,第三大队还出动6架P-40N战斗机,第十一大队出动1架P-40N战斗机,自西安出击河南灵宝县等地的日军,飞行员刘国栋在低飞扫射日军时,被高射炮击中身亡。

其间,中美空军还对运城、郑州、汉口的日军机场进行了13次轰炸②。此外,中国空军还轰炸了黄河铁桥13次,炸毁桥梁16座,使得日军的运输多次中断。同时,炸毁日军坦克、装甲车、汽车、马车等各种车辆1000多辆,炸沉日军各种船只36艘,而中国空军仅24人牺牲,中美空军混合团损失B-25轰炸机1架及驱

---

① 祁雪春.中美空军在长衡会战中联合作战述评[J].中共桂林市委党校学报,2016(1):67.
② 中国空军抗战史[J].中国的空军,1946(94):9.

逐机 25 架①。豫中平原有利于日军坦克部队和机械化部队作战，不利于防守，再加上平汉防线上的汤恩伯部被动消极，部署分散，防务混乱，导致河南大片国土沦丧。

### （六）长衡会战中逐渐取得优势

1944 年 5 月 27 日，日军集结了 20 余万兵力进攻长沙和衡阳。在攻陷长沙后，中日双方在衡阳展开了长达 48 天的争夺战。长衡会战中，日军抽调了陆军航空队第九十、第十六、第十四、第五十四、第二十五等战队，共 168 架飞机。中美空军则投入第四大队、第十一大队、中美空军混合团及美国第十四航空队，共有轰炸机 68 架、战斗机 113 架，数量已超过日军。

长衡会战从 5 月 27 日开始，日军分三路由北向南推进，迂回包围长沙。在会战中，中国空军"乃以适应六、九战区，并兼顾中原战场作战之目的，依照上述规定之作战指导要领，作适当兵力部署，实施战斗，逐日分批出动，协助地面部队作战"②。6 月 10 日，日军 24 艘汽艇在长沙以北的丁字湾向白沙洲偷渡，遭到中国空军猛烈轰炸，击沉其中的 23 艘。6 月 15 日，日军向长沙守军猛烈轰炸。17 日，正当长沙守军与日军激战之际，驻芷江的中国空军第五大队出动 4 架 B－25 轰炸机，在 12 架 P－40N 战斗机的掩护下，对长沙外围的日军炮兵阵地进行了攻击和轰炸。机队在轰炸过程中，与日军零式战斗机在长沙上空遭遇并发生了激烈空战，激战中 3 架日军飞机被击落，中国战机 1 架受伤。18 日，日军主力全部投入攻击长沙的战斗，并出动 30 多架飞机助战，轮番轰炸、扫射中国守军。日军炮兵也向中国军队进行猛烈轰击，并发射毒气弹。中国守军伤亡惨重，长沙陷入敌手。

日军侵占长沙后，沿湘江继续南下，6 月 23 日起开始攻击衡阳。衡阳是美国第十四航空队的重要基地，有较为大型的机场。日军为了破坏衡阳同外界的空中联系，于 6 月 25 日夜间组织了千余名敢死队队员，潜入机场高地。第二天拂晓，日军敢死队队员在炮火掩护下，突然冲进机场，将机场完全占领。衡阳机场失守后的第二天，陈纳德就亲自率领一个驱逐机中队从昆明巫家坝机场飞到衡

① 李琴芳.1944 年中原会战中美空军联合作战史料选[J].民国档案,2004(2):37.
② 湖南省档案馆,中国第二历史档案馆.抗日战争湖南战场史料:4[A].长沙:湖南人民出版社,2012:737.

阳上空,将陷入敌手的衡阳机场炸毁[①]。

6月26日,第五大队11架P-40战斗机由芷江起飞,袭击益阳沿江一带日军运输船只,其间与日军零式飞机发生遭遇战,日机被中方击落3架。第二十九中队队长林耀冒着长沙附近日军密集的高射炮火,又与沿途日机作战,不幸阵亡于湘乡县仙女乡。

6月29日,第四大队出动21架P-40战斗机,自湖南芷江起飞,分四批出击衡阳日军阵地及临时目标,杀伤大量日军,分队长陶友槐在低空扫射日军时被日军地面炮火击中身亡。整个6月,中美空军频繁出动助战,仅第五大队就出动了22次。

7月,衡阳保卫战更加激烈,中美空军不分昼夜连续出击,"空军日夜鏖战的劳绩,更是不可埋没的"[②]。此时,尽管日本航空队也出动助战,但中方已占优势,日机多活动于拂晓及傍晚。7月9日,向冠生率领20余架P40战斗机超低空贴洞庭湖飞行,至白螺矶机场轮番轰炸日军3个大型机库,击毁日机110余架,这是抗战以来中国空军击毁日机的最高纪录[③]。

7月上旬至8月底,中美空军又连续出动,袭击洞庭湖边岳阳白螺矶、新市的日本航空队基地,尤其是7月14日、24日、28日三次超低空奇袭,给日军以重创。7月25日,美国第十四航空队三〇八轰炸大队的27架B-24轰炸机,在第五大队副大队长张唐天率领19架P-40战斗机的掩护下,轰炸岳阳附近新市的日军补给中枢,日军被迫应战。战斗中,飞行员冷培树击落零式战斗机1架,周天民、周励松也各击落1架。中美空军利用制空优势,派出各种飞机与日军在衡阳上空展开搏斗,直至"8月17日,敌主力移动至湘江西岸,企图继续犯桂,但我已有备,不虞敌寇之西犯,而我中美空军仍不断予以监视、攻击,以期击破其企图"[④]。

衡阳保卫战历时48天,日军付出伤亡6万多人的惨重代价。长衡会战期

---

① 祁雪春.中美空军在长衡会战中联合作战述评[J].中共桂林市委党校学报,2016(1):68.

② 李玉贞.抗日战争时期的中国空军和空战[J].百年潮,2005(8):21.

③ 祁雪春.中美空军在长衡会战中联合作战述评[J].中共桂林市委党校学报,2016(1):68-69.

④ 湖南省档案馆,中国第二历史档案馆.抗日战争湖南战场史料:4[A].长沙:湖南人民出版社,2012:737.

间,中国空军共出动349架次,美国空军出动202架次,中美空军共计出动551架次,空中击落日机70架,地面击毁52架,炸毁30多架,轰炸日机场30次、日占城市41次,炸毁火车站13座、铁路桥梁5座、公路桥梁20余座;日军工事、营房等多处被炸,1858辆坦克、卡车被炸毁,日军步兵被炸死7000多人,就连日军司令部也被炸了16次①。中美空军对日军的水陆补给线进行的持续轰炸和扫射,使日军后勤无法保障,弹药开始缺乏,粮食出现短缺。

长衡会战,中美空军完全掌握了制空权。对于当时中日空中力量的变化,日本军史学家服部卓四郎分析道:"1942年以前对华作战时,我方始终以绝对优势的空军力量完全掌握着制空权,相形之下,现在正好相反,这种情况固然事先思想上早已有所准备,但当进行'1号作战'时,空军本身固不待言,就是地面作战,特别是后勤补给方面,我军遇到的困难,确实超出想象。"②日军第六方面军司令官冈村宁次当时也公开承认"目前制空权竟已被敌人掌握,对敌机的猖獗活动几乎束手无策,我方空路交通极为艰难"③。

## 二、空中堡垒:B-29轰炸机空袭日本

1941年1月,美军阿诺德将军在与罗斯福总统出席卡萨布兰卡会议期间,与英国就对德国进行战略轰炸事宜达成协议。从2月6日起的4日内,阿诺德访问了重庆,同蒋介石进行了有关轰炸日本的一系列会谈。8月,在加拿大的魁北克召开了美英军事会议(中国代表宋子文出席了此次会议),制定了对日战略长期构想,其中包括对日本本土的空袭计划。该计划决定以四川省成都市为基地展开对日轰炸,代号为"Matterhon",并很快被罗斯福、丘吉尔和蒋介石批准。

① 南京市政协文史资料委员会.蓝天碧血扬国威:中国空军抗战史料[G].北京:中国文史出版社,1990:79.
② 服部卓四郎.大东亚战争全史:第4册[M].易显石,金明善,路甲印,等,译校.北京:商务印书馆,1984:1098.
③ 冈村宁次.冈村宁次回忆录[M].天津市政协编译委员会,译.北京:中华书局,1981:243.

同盟国要实施对日本本土的轰炸,必须解决两个难题:一是必须迅速建设 B－29 轰炸机需要的宽敞的飞行基地;二是要解决储存弹药和燃料问题,必须设立翻越喜马拉雅山的兵站。当务之急是飞行基地的建设。罗斯福照会蒋介石,要求务必在 1944 年 3 月末之前建设完成。罗斯福称:"我由衷地相信,利用 B－29 的空袭,一定能给日本以毁灭性打击。"①

B－29 超级空中堡垒轰炸机是波音公司研制的著名战略轰炸机。1943 年秋第一架生产型 B－29 交付,1944 年 6 月 5 日首次参战。B－29 一共生产了 3970 架,它的武器系统包括 1 门机炮、10 挺机枪,载弹量 9.07 吨,航程高达 6598 公里,在第二次世界大战末期实施对德国和日本的战略轰炸中发挥了巨大作用。1945 年 8 月 6 日和 9 日,就是用这款飞机分别在日本的广岛和长崎投下了一颗原子弹,加速了日本法西斯的投降。当然,这些都是后话。

阿诺德将军在 1943 年 5 月写给马歇尔将军的便函中强调:"假如 B－29 首次部署不是用于对日本的轰炸,就会失去奇效。"②B－29 轰炸机卓越的远程攻击能力,使日本军方感到来自太平洋对岸的空中威胁:"(美国)新型的超级重轰炸机 B－29,较之现有的各种轰炸机远为巨大,性能也极为优越,1944 年将用于第一线,在攻击日本本土时,首先是选择中国基地。"③

为了尽快促使日军投降,国民政府积极响应罗斯福的提议。1943 年 12 月,四川省召开了县级以上干部紧急会议,四川省主席张群亲自主持。这次会议强调,为反击日军侵略,配合同盟国美军对日本本土的轰炸,四川省要举全省之力建设若干个空军基地,即"特种工程"。这次会议专门成立了四川省特种工程委员会,负责组织四川人民在规定时间内完成建筑新津、邛崃、彭山、广汉四个轰炸机机场和成都、温江、德阳等五个战斗机机场基地。为完成这一紧急重大任务,四川省特种工程委员会除处理征用土地补偿事宜外,还计划在各县设立民工委员会,负责招募民工 32 万人,同时还要筹集 32 万人 5 个月的口粮等等。

---

① 许蓉生,林成西.国民党空军抗战实录[M].北京:中国档案出版社,1994:420.
② 周丽娅,张艳明.他们炸毁了东京,他们炸毁了广岛,他们炸毁了长崎:B－29 出击!美国陆军第 20 航空队史[J].国际展望,2004(10):77.
③ 日本防卫厅防卫研究所战史室.中华民国史资料丛稿:译稿(1 号作战之一 河南会战上)[G].天津市政协编译委员会,译.北京:中华书局,1982:12.

轰炸机和战斗机机场的修建标准较高,质量要求严格,工程量大,时间也比较紧迫。按照美方的要求,四川省需要在 5 个月内建成 9 条飞机跑道、能储存 35 架 B-29 轰炸机的机库、2 处引擎修理所、6 个弹药库、3 个燃料储存库、2 个无线电通信所,以及指挥部和飞行员宿舍等等。当时一条 B-29 轰炸机的跑道标准是长 2600 米、宽 60 米、厚度 1 米,需要 10 万立方米的砂石,用鹅卵石、砂粒、黏土浆混合多层夯实①。当时彭山一个基地,为建设机场就把眉山岷江两岸 50 公里的鹅卵石全部开采光了②。

1944 年,新津机场迎来了又一次扩建。据该县县志记载,当时参加建设的有成都、华阳、三台等 22 个市县的约 23 万民工,他们在缺少运输器械的情况下,用扁担肩挑,蚂蚁搬家似的将大量的鹅卵石从采石场运到工地。民工运输队伍组成了长龙,日夜不停地运送着。参与过建设机场的许多老人,后来回忆起当时的艰辛时,印象最为深刻的就是飞机跑道的碾压工序。因为没有任何碾压机械,只能使用最古老最实用的工具——石磙碾压路面。由于用大量的劳力来拉动,很难控制速度,既要有一大批壮劳力在前面拉动,还要有人在后面进行反方向控制。为了更好地协调双方进度,中间还需要有人吹口哨指挥。如果协调不好,很容易造成人员跌倒,被碾压受伤甚至死亡。最大的一次事故,竟发生压死民工 13 人的惨剧。机场的修建和扩建,缺少先进的工程机械,庞大的工程量和超强度的劳动,造成民工死伤的现象经常出现。据记载,仅简阳县的民工在修建 B-29 轰炸机跑道的工事中,死伤者就多达数百人。

1944 年 5 月下旬,尽管修建条件艰苦,四川省的“特种工程”靠一批批民工的双手和肩挑,在预定计划内按时完成了,并通过了美方专家的检查和验收。参与修建机场的美国工程师凯纳逊对中央社记者说:“中国工人大公无私的精神,为全体计划中之特色。当时,调用的中国工人,数目达五十万之多,工作之精神,堪称伟大……如此巨大的工程,唯在中国始克底于成,美国在同样情形下,决不能

①　刘祯贵.抗战时期四川“特种工程”修建始末[J].成都大学学报(社会科学版),1998(2):52.

②　中国人民政治协商会议四川省成都市委员会文史资料研究委员会.成都文史资料选辑:第 11 辑　纪念抗日战争胜利四十周年专辑之三[M].成都:中国人民政治协商会议四川省成都市委员会文史资料研究委员会,1985:134.

如此,深信以中国为盟邦,战争进行终必成功。"①曾参加机场建设的一位国民党官员事后曾感慨:"四地机场,完全是万千劳工的血汗铺就。建成之后,若两人分别站在跑道的两端,彼此根本就望不见对方。"②蒋介石对四川民众能够按时高质量地修筑好如此庞大的"特种工程"倍加赞赏,在致电四川省临时参议会向传义等人时,进行了高度评价:

> 我川省同胞……每年粮政兵役所负担之数量,均属甲于各省。输将慷慨,缴纳必先;丁壮从戎,踊跃恐后。推而至于增产、运输、募债、献金等一切有关抗战之工作,莫不有极优良之表现……尤其去冬以还,发动50余万之同胞,修筑多数机场,祁寒赶工,风雨无间,不仅应征做工之同胞,昼夜辛劳,沉瘁无比;即民间财力之所耗费、土地之被征划,其贡献之巨,盖亦不可数计。而各县同胞,皆能深明大义,勇于报效,卒使此项空前伟大之军事建设工程,仅以简单之人力,均于最短期间一一如限完成。此举对我共同作战,固有重要意义;而盟国人士,亦相率致其赞誉……故我四川同胞,不惟在我国抗战史上克尽其国民之天职,无愧为贯彻胜利之基础;即在全世界反侵略战争之阵营中,亦具有卓越光荣之贡献!③

中国民众抢修机场是美军能够顺利完成任务的基础,陈纳德将军对中国民众的贡献是这样评论的:"不论日机在中国机场跑道炸多少洞,一大群中国民工在几点钟内即可把它们修好。有一次桂林遭空袭后,45个大洞在两小时内就填好了。……那些瘦削而又尽力的中国民工们是第十四航空队最有效的武器之一。不论日军攻占了多少机场,美空军仍旧能够继续活动。中国人几乎随处都能迅速地建筑飞机场。"④

---

① 中国人民政治协商会议四川省成都市委员会文史资料研究委员会.成都文史资料选辑:第11辑(纪念抗日战争胜利四十周年专辑之3)[M].成都:中国人民政治协商会议四川省成都市委员会文史资料研究委员会,1985:137.

② 周斌,田双喜.中国的天空:中国空中抗日实录46[J].现代兵器,2007(3):56.

③ 郑光路.被遗忘的抗战史:四川大抗战[M].成都:四川人民出版社,2015:388.

④ 徐勇.军事系列征服之梦:日本侵华战略[M].桂林:广西师范大学出版社,1993:298.

1944 年 6 月 15 日,盟军飞机从中国基地起飞,前往日本本土进行空袭,开启了对日本的远程轰炸。B-29 轰炸机机群首次轰炸的目标是位于日本九州的八幡钢铁基地,该基地是日本第二次世界大战时最重要的工业中心。当天下午 4点 20 分,63 架 B-29 轰炸机各自携带 2 吨炸弹,分别从新津、彭山、邛崃、广汉等4 个机场分头起飞,在成都上空组成 3 个编队,然后向东飞去。经过 7 个多小时的远距离飞行,最终有 47 架 B-29 轰炸机在 23 时 40 分抵达九州上空,利用高度优势,在日本防火网的上方把携带的 90 多吨炸弹全部倾泻而下。日本的重要钢铁工业基地陷于瘫痪,八幡钢铁厂厂区被 1 枚炸弹直接命中,陷入一片火海。美军机群在完成轰炸后,于第二天天亮返回到四川各机场①。

关于这次对日本本土的轰炸情况,美军随行记者罗伯特通过重庆广播电台向中国人民进行了报道:

> 16 日下午,美国空军从中国某基地出发,事先对飞机和军需物资做了充分准备……各飞机从基地相继出发后目标瞄准八幡。八幡是日本的钢铁基地,产量占全国的 1/5,炼铁炉占全国的 76%,此次轰炸的重要性就在这里……炸弹击中了目标,给敌人的损害不甚明了,因为没有返回目标上空进行观察……此次轰炸具有极其重大的意义。第一是从中国基地初次出动轰炸日本;第二是有史以来最长距离的飞行。多亏中国数十万工人的血汗修筑了空军根据地,才实现了此次壮举。②

正在欧洲诺曼底战场前线视察的美国陆军航空兵司令亨利·阿诺德将军听到这个消息后肯定道:"这次空袭是真正的全球性空中战争的开端。"③

---

①　周斌,田双喜.中国的天空:中国空中抗日实录 46[J].现代兵器,2007(3):57.

②　前田哲南.从重庆通往伦敦、东京、广岛的道路:二战时期的战略大轰炸[M].王希亮,译.重庆:重庆出版社,2015:340.

③　71 年前轰炸日本的飞机从新津起飞[N].四川日报,2015-06-12(5).

## 三、决战:中美空军相互进行战略支持

马里亚纳群岛被日军称为"太平洋的防波堤",因其位于台湾以东太平洋航道的咽喉处,是日本的海上生命线,也是美日争夺的战略要地。如果美军控制了马里亚纳群岛,日本本土正处于 B-29 轰炸机的轰炸半径范围内,日军将处于极为不利的被动地位。1944 年 1 月,美军发起了攻击马里亚纳群岛的"破堤之战"。在争夺马绍尔群岛的战役中,日本海军联合舰队为了保存实力而没有出海迎战,反而退至帛琉群岛。4 月,美军攻占马绍尔群岛。

1944 年 2 月起,日军加强了沿千岛群岛、小笠原群岛、马里亚纳群岛、加罗林群岛和新几内亚岛西部一线的防御工事,构建以马里亚纳群岛为核心的国防圈。2 月 10 日,日军大本营调遣驻中国东北的关东军第二十九师团和新组建的 8 个支队到马里亚纳加强防守。2 月 25 日,日军大本营把太平洋地区的所有陆军进行了整编,成立第三十一军,任命小畑英良中将为军长,听命于日本联合舰队。从 3 月至 5 月下旬,三十一军增补了其他地方部队,扩充到 5 个师团又 8 个旅团的规模,分别在马里亚纳、特鲁克、小笠原和帛琉等岛屿,加强火炮掩体等防御工事的建设。因时间紧迫,到 11 月双方开战时,防御工程才完成了一半,地雷和铁丝网等还没来得及铺设。

1944 年 6 月 19 日至 20 日,日本海军第一机动舰队在海军大将小泽统率下,出动 9 艘航空母舰和其他战舰,同美国米切尔海军上将统帅的航空母舰舰队,在太平洋马里亚纳群岛附近海面展开空前的海空战。美国出动了 15 艘航空母舰、956 架飞机。19 日上午 8 时 30 分起,日本连续派出飞机,发动了 4 次进攻。美军雷达侦悉日机来袭,派出几百架飞机迎战。同时,美国航空母舰上的轰炸机猛烈轰炸了马里亚纳群岛上的日本航空队基地,双方飞机展开大规模空战。美方以压倒性优势取得胜利,击落日机 218 架,自身只损失 20 多架。20 日,米切尔上将又派出 216 架飞机追击残敌,击沉日军飞鹰号航空母舰,摧毁日机 65 架,连同日军在岛内基地损失的飞机,共达 480 架,大批日军飞行员被消灭。7 月,美军又攻占了塞班岛、特尼安岛和关岛。美国空军取得这些基地后,对日本本土展开了大规模的直接轰炸。

日本在太平洋战场上接连惨败,然而在中国战场却发动了攻势。9 月上旬,日军集中 15 万兵力,继续由湖南南下,进犯广西,桂林、柳州等地先后沦陷。桂柳会战期间,中美空军连续出动,协助陆军作战。

9 月 16 日,中国空军第五大队 16 架 P-40 战斗机自湖南芷江机场起飞,轰炸长沙以北的日军许家洲机场,与日军 12 架零式战斗机在湘潭上空激战,击落日机 5 架。9 月 21 日,第五大队 15 架 P-40 战斗机袭击新市,与日军 10 多架零式战斗机发生激战。中国飞行员梁同生、张亚岗、杨少华、林雨水各击落日机 1 架,美国飞行员也击落日机 3 架,中方仅 1 架飞机受伤迫降①。10 月 15 日,美国第十四航空队又轰炸了日军占领的衡阳,炸毁日战斗机 30 架、轰炸机 12 架。

从 10 月 12 日至 16 日,美国第三舰队的航空母舰出动 1100 架飞机,对台湾各日军基地和港口进行大规模的连续轰炸。同时,从中国基地起飞的 B-29 超级空中堡垒轰炸机也参加了这次袭击。结果,日本共损失了飞机 500 多架,台湾地区各港口中的日本船只纷纷狼狈逃至岘港避难。美国第十四航空队对该处之敌猛烈袭击,炸沉 8 艘日本运输船,炸伤 11 艘。

10 月 23 日至 26 日,美国和日本在菲律宾群岛中部的莱特湾进行了一次有史以来规模最大的海空战。日本投入了全部海军力量与美国作最后的决战,双方参战的舰船多达 282 艘。美国第十四航空队的战机也从中国起飞,参加了这次大战的侦察巡逻。在此次战役中,日本首次使用了神风特攻队的自杀式飞机。关行男大尉等 5 名敢死队队员,驾驶装有 250 公斤烈性炸药的零式自杀飞机,连人带机猛撞美舰,美国的圣·劳号护航航空母舰被炸沉。但这不能挽救危局,日本的千岁号、千代田号、瑞鹤号、瑞凤号 4 艘航母被击沉,此外,还损失了 3 艘战列舰、9 艘巡洋舰、8 艘驱逐舰,而美国只损失 1 艘护航航空母舰、2 艘巡洋舰和 3 艘驱逐舰。日本海军经历此次海战后,从此一蹶不振。

1944 年 11 月 24 日,美国第二十一轰炸机航空队出动 111 架 B-29 超级空中堡垒轰炸机,从太平洋马里亚纳群岛的塞班岛出发,轰炸日本东京的中岛飞机厂等目标。这是自 1942 年杜立特从航空母舰起飞轰炸东京以来,日本东京第二次遭到轰炸。日本出动 125 架飞机起飞拦截,但美国 B-29 轰炸机只损失了 2 架。

---

① 　陈云枢.苍梧县志[M].南宁:广西人民出版社,1997:30.

在中国战场上,中美空军加大了进攻力度,对日军同时进行多点攻击。据日军 1944 年 12 月 8 日的战况统计:衡阳、常德附近,遭到了 34 架飞机的攻击;桂柳地区,有 14 架战机攻击,地面部队遭到袭击;南京地区,13 架战机两次攻击,日机被击落 2 架,另外各种飞机在地面被击毁的有 17 架,8 架被击伤,共有 27 架飞机损失;太原机场及兵工厂遭到 8 架战机攻击;香港地区,遭到 20 多架飞机的攻击,运输船舰和运输机各毁一①。

12 月 18 日,84 架 B - 29 轰炸机从成都出发,在美国第十四航空队的配合下,对汉口日军基地实施了空袭。84 架 B - 29 轰炸机,同数年前从汉口出动轰炸重庆和成都的日本飞机相比,数量相差甚远,可是攻击力却是日本飞机不可比拟的。日本海军中型攻击机只能携带不足 1 吨的炸弹,B - 29 却能携带 10 吨炸弹或燃烧弹。B - 29 携带的燃烧弹为 M69 型,以凝固汽油油脂燃烧剂为主要成分,在散发热量和喷射火焰方面,远超日军使用的镁铝合金燃烧弹。38 枚 M69 型燃烧弹捆绑成 1 枚 E - 46 集束弹,重量为 500 磅,一架飞机可携带 80 枚。为了制造火焰地狱,在四年多的时间内,美国技术取得了质的飞越。美国沿着当年日本轰炸重庆相反的航线,从重庆飞往 780 公里外的长江中游的汉口。12 月 18 日中午,B - 29 轰炸机编队出现在汉口上空,从低空把新型燃烧弹投向江岸边的军事设施、仓库群、船坞以及邻近的日本租界区。在此之前,日本第三十四军将 3 名在豫湘作战中被俘的美国飞行员处决,为此美军的轰炸更不留情面。B - 29 轰炸机编队后面的美国第十四航空队约 70 架战斗机和轰炸机也飞到了汉口上空,燃烧弹和机枪并用,使长江岸边 30 公里区域燃起了大火,日本租界区也完全被破坏②。日本每日新闻社武汉支局的益井康一亲自体会到此次空袭产生的巨大破坏力,他在当天的日记中记载了美军攻击方式的变化:"被害甚大,全市成为火海,死尸累累。燃烧弹地毯式的轰炸,这是第一次。中国人说是为了报复昨天处决美国飞行员事件。"③

---

① 防衛庁防衛研究所戦史室. 中国側陸軍航空作戦[M]. 東京:朝雲新聞社,1974:549 - 550.

② 周斌,田双喜. 中国的天空:中国空中抗日实录 47[J]. 现代兵器,2007(4):57 - 58.

③ 前田哲南. 从重庆通往伦敦、东京、广岛的道路:二战时期的战略大轰炸[M]. 王希亮, 译. 重庆:重庆出版社,2015:343.

中美空军对汉口的轰炸,基本上肃清了日军在华中地区的空中力量,日军第二十五、第八十五、第四十八3个战队所剩的战斗机总数不到20架,绝大部分有经验的飞行员都已被击毙①。

12月下旬,桂柳会战结束,日军打通了至越南的交通线,实现了"1号作战"的主要战略目标。然而,这并不能扭转日本整个战局的不利局面,相反却更加分散了日军的兵力,使日本无力抵抗美军在太平洋战场上的反攻。

至1944年年底,中美空军已在中国战场占据了空中优势。由于日本的空中力量在太平洋战场上被美军大量歼灭,面对日益增强的中国空军,日方不得不采取守势。与正面战场上中国陆军的失败相反,1944年是中国空军取得胜利的一年。

缅甸战场上的盟军也转入反攻。1944年8月4日,中美联军攻克密支那,接着又在12月15日收复八莫,并于1945年1月27日与滇西的中国军队会师。1月28日,连接中印之间的史迪威公路通车,大队美国卡车满载军用物资从印度驶入中国,中断多年的中国陆上补给线畅通了②。中美空军的汽油等补给获得改善,实力大大增强。

经过中美空军的联合打击,到1944年年底,日本空军已成强弩之末。1945年年初,中美空军连续三次打击日本航空队的主要基地武汉,使日本航空队主力受到重创。4月间,日本航空队被迫撤出华中。中美空军乘胜扩大战果,进一步对运城、太原、青岛、上海、南京、杭州、徐州等地的日本航空队基地进行扫荡,中国上空的全部制空权又重新回到中国手中。

## 四、胜战:驾长风横扫寰宇

失去制空权的日军仍然在做最后挣扎,根据其1945年制定的计划,日本上半年生产飞机的任务是20000架,下半年生产目标是24000架。然而事实上,由于当时美军不断对日本本土进行空袭,其重工业基础设施持续受到重大打击,预定的生

---

① 周斌,田双喜.中国的天空:中国空中抗日实录47[J].现代兵器,2007(4):58.

② 蒲元华.血肉筑成的生命线:记滇缅、中印公路及"驼峰航线"的开辟[J].文史精华,1998(12):31.

产目标根本无法实现。据统计,日本在 1945 年战败前只生产了飞机 5130 架,而此前的 1944 年为 24000 架,1943 年为 17510 架,1942 年为 9500 架,1941 年为 6260架,1937 年为 1580 架。产能的急剧下降直接影响了日本航空队在中国战场和太平洋战场的作战效能,1945 年也是日本走向毁灭和盟军走向胜利的一年。

### (一)日本航空队的垂死挣扎

在中美空军的联合打击下,日本航空队尽显颓势,日军在制定作战计划时也一改先前的嚣张气焰。1945 年 1 月,日本大本营新的作战计划"主要为促进重庆势力衰亡,并遏制驻华敌航空势力的活动,以诸多小部队,对中国内地进行有组织、长期的挺进奇袭作战"①。此时的中美空军在空中已经很难看到日军战机的影子,作战目标主要集中在对日军地面部队的攻击。

1945 年,中美空军除协助陆军进行桂柳、豫西、湘西等会战外,还主动出击平汉、津浦、陇海、粤汉、湘桂等铁路线以及河南、湖北、湖南、江西、广西等省的公路线,破坏敌后水陆运输补给线,使日军的补给陷于瘫痪。在抗日战争的最后阶段,中国空军向敌后空降伞兵部队,配合陆军反攻。

在 1944 年 12 月 18 日美国空军对汉口大举袭击之后,1945 年 1 月初,中美空军又对武汉日军机场连续发动了三天的空袭。武汉日本航空队既妨碍到中国四川、湖北、陕西各省前进机场飞机向东的去路,又是日机夜袭中国西南后方的基地,具有极为重要的军事价值。因此,中美空军决定拔除该空军基地。1 月 5 日,中美空军混合团所属的第三大队出动 P-40 战斗机 23 架、P-51 战斗机 5 架,自湖北老河口出击汉口及武昌的 3 个日军机场,炸毁地面日机 39 架、库房 4 栋,空战中击落日机 10 架。翌日,中国空军再袭武汉。1 月 11 日,第三大队 P-40 战斗机 11架、P-51 战斗机 11 架第三次轰炸武汉。三次袭击武汉,共击落、炸毁日机 71架。武汉地区的日本航空队主力经过 1944 年年底、1945 年年初的连续打击后,基本上被消灭。此后,中美空军在武汉上空再也没遇到日机的有力抵抗。

此外,1945 年 1 月间,中国空军第四大队多次出击广西北部河池的日军,给妄图进犯贵州的日军以沉重打击。第一大队则多次出击长沙、衡阳一带的日军。

---

① 陈应明,廖新华.胜利日:从豫湘桂到芷江[J].国际展望,2003(19):80.

第五大队在一天内出动 4 次,使用飞机 40 架次,分批袭击长沙、衡阳、湘乡、零陵等地的铁路线及洞庭湖日军。

1945 年 1 月 17 日,美国第十四航空队出动 20 架 P-51D 战斗机,在队长菲利普·G.查普曼的率领下,对日军上海机场发动攻击。日本陆军航空队刚组建的 90 多架神风敢死队飞机整齐地停放在跑道上,被突然袭来的美军全部炸毁①。

为了配合美军在菲律宾的进攻,2 月 10 日,中美空军混合团第三大队出动 P-51 战斗机 21 架,远征青岛日军机场,炸毁日机 45 架,日机未升空迎战②。与此同时,在长江以北,中国空军 25 架 B-25 轰炸机,在没有战斗机掩护的情况下,独立出击轰炸了运城、临汾等地的日军火车站、仓库等目标,未遇到日机的抵抗。

1945 年 3 月 10 日至 19 日,美国空军使用燃烧弹对日本本土进行了连续 10 天的狂轰滥炸,使日本遭到了史无前例的重大损失。3 月 10 日,从太平洋马里亚纳群岛基地起飞的 279 架 B-29 超级空中堡垒轰炸机,每架携带 40 枚燃烧弹,于凌晨飞抵日本东京上空,进行大规模轰炸。燃烧弹的袭击在人口稠密的东京产生了惊人的效果,东京有 40 平方公里燃起大火,27700 幢建筑付之一炬。日本东京的防空力量和救火队面对如此灾难束手无策,连河面的水也被煮沸,浑身是火的东京市民跳入河中也被烫死。这次轰炸共烧死 73000 余人,美国仅损失 14 架飞机。在之后的 9 天里,日本的大阪、神户、名古屋等大城市也都遭到了同样的轰炸,10 天内美国空军向日本倾泻了 10000 吨燃烧弹,直到美军库存的燃烧弹全部用完,才在 19 日停止轰炸③。

为了挽救其空中的颓势,3 月 21 日,日本陆军对中国空军第三大队的机场老河口发动地面攻势。为了躲避中国空军的袭击,日军在 4 个夜间强行军 130 多公里。由于中国地面部队未能阻止日军的推进,虽然第三大队在 24 日连续出击 13 次,25 日又出击 14 次,主要打击日装甲部队、重装车队及后续补给,扫射其步兵,但终不能单凭一己之力固守老河口。最后,第三大队放弃老河口,全部西移至安康集中,老河口于当天被日军占领④。然而,这并不能削弱中国空军的力量,也无

---

①② 周斌,田双喜.中国的天空:中国空中抗日实录48[J].现代兵器,2007(5):58.

③ 王恩收.二战时期美国对日本的大轰炸[J].档案时空,2014(7):36.

④ 陈应明,廖新华.胜利日:从豫湘桂到芷江[J].国际展望,2003(19):81.

法阻挡中国空军对日军后方的袭击。此时,第三大队已经装备了美国的 P－51 野马式战斗机,航程可达 3700 公里,能够袭击中国领土上敌占区的任何地方。

为了对付美国 B－29 超级空中堡垒轰炸机的袭击,日本三菱公司研制了一种秋水型火箭动力战斗机,设计要求在 3 分钟内爬升 10000 米高空,最大时速为 800 千米。日本陆海军对它寄予厚望,妄图用它来拦截袭击日本的美国 B－29 轰炸机。然而,该飞机在试飞中就因燃料系统故障而导致失败。日军又制造了一种灭绝人性的樱花人弹,实际上是一种有人驾驶的飞航式导弹,由轰炸机携带,在高空抛下、点火,由驾驶员操纵飞向目标,命中目标时驾驶员与对方目标同归于尽。1945 年 3 月 21 日,日本首次使用樱花人弹来袭击美国舰队。当日,由 18 架日军壹式轰炸机携带 18 枚樱花人弹,在 24 架零式战斗机的掩护下,向冲绳以东太平洋中的美国舰队发起进攻。该机队在距离美国舰队 110 公里的上空,遭到了 50 架美国 F－6F 式舰载战斗机的拦截,担任掩护的零式战斗机被美机驱逐,日本轰炸机只得将樱花人弹全部抛入海中,但也无法逃脱美国战机的追击,18 架轰炸机全部被击落[①]。

在 1945 年 3 月的豫西会战中,中美空军给予中国陆军以强有力的空中支援,参战的空军有第四大队、第十一大队、中美空军混合团以及美国空军第五十一大队第十六中队。中美空军攻击的主要目标是陕县、洛阳、伊阳、舞阳、新乡、鲁山、叶县、襄城、南阳等地的日军。中美空军对地面日军频频发动攻势,使日军无容身之地。在 3 月 24 日,第一大队出动 18 次,使用 B－25 轰炸机 43 架;第三大队出动 20 次,使用 P－40、P－51 战斗机 53 架。25 日,第一大队又出动 13 次,使用飞机 53 架。豫西、鄂北日军重要基地全部被重创,无一幸免[②]。中国空军第三大队利用安康等地机场,不断地对日军及其后方交通线进行轰炸,两个月内共出动轰炸机 159 架次、驱逐机 149 架次,对敌后交通线进行了 5 次轰炸,"作战的频繁在时间比率上,较之长衡会战实尤过之"[③]。

3 月 29 日,中美空军混合团第五大队 17 架 P－51 战斗机组成两个编队,远

①　周斌,田双喜.中国的天空:中国空中抗日实录 48[J].现代兵器,2007(5):60.
②　张其昀.抗日战史[M].台北:新亚出版社,1966:233.
③　中国第二历史档案馆.抗日战争正面战场:下册[A].南京:凤凰出版社,2005:2039.

袭日军在南京的三大机场,在南京上空 20 分钟内先后对明故宫机场、大校场机场及新修之运输机场进行了轰炸,摧毁停放在机场上的 15 架日军飞机,在无一伤亡的情况下安全返航。

4 月 1 日,美军在冲绳登陆,把战火烧到了日本南大门。为挽救危局,日本在没有任何空中掩护、油料只够单程行驶的情况下,命令停泊在德山港的大和号战列舰赴冲绳进行"决死特攻"。4 月 6 日下午,大和号在一艘轻巡洋舰和 8 艘驱逐舰的护卫下启程,当晚即被美军发现。4 月 7 日拂晓,大和号遭到了从航空母舰上起飞的 280 架美机的第一次攻击,接着,第二批、第三批美机接踵而至,当第四批 106 架美机飞到时,大和号已燃起熊熊烈火。经过两个小时的挣扎,堪称世界第一大舰的大和号战列舰终于沉没海底。大和号战列舰的沉没,标志着日本海军舰队基本被消灭,也标志着战列舰时代的结束。

为了拯救冲绳日军的灭顶之灾,驻上海的日本航空队也倾巢出动,组成神风特攻队去攻击在冲绳登陆的美军和美国舰只。中国空军为配合美军在冲绳的行动,发起了对上海各日本航空队基地的远程奔袭。4 月 1 日,中美空军混合团第三大队的 40 架 P-51 战斗机全部出动,分两路袭击上海江湾、大场两个日军机场。机队到达目标上空时,只见机场空空荡荡,几乎没有日机了。江湾机场上有一架正试图强行起飞的日机,当即被中国飞行员邢海帆击毁。黄浦江上空发现的少数日机和一小队返航的日军轰炸机,也被中美空军歼灭。4 月 2 日和 3 日,第三大队又连续两天出击上海。在三天的连续行动中,中美空军只损失 3 架飞机和 1 名美国飞行员。从安康到上海的途中要不停地飞行 8 个小时,经过武汉、南京等日占区大城市,然而中美飞机在往返途中未遇到任何日机的拦截,中美空军如入无人之境,日本航空队已完全丧失了抵抗能力。

至 6 月 22 日,美军完全占领了冲绳,岛上的 9 万余日军全部被歼灭,日本航空队也损失了 2300 多架神风特攻队飞机①。

**(二)中国空军在湘西会战中的反攻**

芷江机场是中美空军的前沿阵地,在轰炸日军补给线和军事目标等方面,发

① 施征.1945 冲绳岛海空上的硝烟[J].舰载武器,2004(2):86.

挥了重要作用,被日军视为心腹大患。日军于1945年4月发动长达两个月的"芷江作战",中方称为"湘西会战"。

参加湘西会战的中国军队主要有第二、第三、第五等飞行大队的一部分和美国第十四航空队,共有400多架飞机,以芷江机场为基地协同陆军各部队作战①。

4月10日,日本陆军从宝庆分四路展开攻势,但遭到中国军队的顽强阻击,进展缓慢。20天后,日军主力部队才窜到距芷江85公里的洞口县,这与日军进犯老河口的情况大相径庭。但日军地面侦察小组的狙击手,于4月20日夜曾一度偷袭至芷江机场附近。21日凌晨,埋伏的日军狙击手以步枪击伤了一名走进机场休息室的美国飞行员,可见日军是如何疯狂地想拔掉芷江空军基地这一眼中钉。

湘西会战期间,中美空军与地面部队密切配合,对几乎失去空中掩护的日军进行了猛烈打击。在4月底至5月初,中国空军出动战机180架次,先后对放洞、青山界一带的日军进行低空扫射和轰炸,给日军造成重大伤亡。中国空军于5月4日和5日两天连续出动战机31架次,配合地面部队第一九一师、第五十八师的进攻,攻击大背水、分水界的日军阵地,日军第二一七联队联队长被当场炸死,敌军阵地陷入一片混乱之中。5月6日,中国空军出动战机82架次,对正向我军青岩阵地发起进攻的4000余名日军实施空中扫射和轰炸。5月9日,空军出动战机65架次配合国民党军队反攻青岩、天台界、土岭界②。

湘西会战中,日军没有空中掩护,采取了避开公路,由崎岖山路及浓密森林中进袭的策略,以减少伤亡。后来,中方在地面设置了6个对空联络电台,指示空军轰炸、扫射的位置。陆军在地面及时准确地布置标识符号,指示空军进袭的方向,从而提高了杀伤力,迫使日军不得不后撤。

在湘西会战期间,中美空军在200余公里的战线上,对几乎没有空中保护的日军进行了猛烈的扫射和轰炸,给日军带来了极大的伤亡和阵地破坏,成为日军被迫撤退的主要原因。据不完全统计,中国空军第二、第三、第五大队共出动飞机3101架次,日均达60架次,向日军发射子弹360万余发,其中出动轰炸机183架次,日均投弹1000磅,并向日军阵地投掷了大量凝固汽油弹,杀伤大量敌人。

---

①② 罗玉明.湘西会战简论[J].怀化学院学报(社会科学),2006(9):63.

作战期间，中国空军还把新六军25799名官兵从昆明空运到芷江，及时对地面部队进行了兵员补充①。

### （三）中国空军伞兵团的参战

1945年夏，日军为准备对美苏作战，缩短了在华战线，将华中、华南的部队北调，中国陆军乘机在湘南、黔东、桂北一线发动反攻，空军的空降伞兵也配合陆军作战。

早在1944年1月，中国第五集团军在昆明组建了中国第一支伞兵部队——伞兵团，代号"鸿翔部队"，下设3个营共计1000余人。1945年3月，美国派出以柯克斯为首的顾问团300多人进驻伞兵团，并运来了美军的伞兵军事装备。1945年4月8日伞兵团进行了整编，番号改为"陆军突击总队"，直属中国陆军司令部。总队下辖20个伞兵队，每队160人，另辖3个步兵分队、1个重机枪分队、1个迫击炮分队和1个工兵分队②。

1945年7月12日，伞兵团飞赴广东进行了首次空降作战。该日凌晨3时，伞兵第一队180人乘坐19架C-46运输机，由美国第十四航空队担任护航，从昆明呈贡机场起飞。伞兵队上午8时在广东省开平县（今开平市）东北3公里处空降着陆，在日占区开展游击袭扰活动，一度到达广州西南约70公里的新会县，然后又从新会西返罗定县休整。8月3日夜间，伞兵队主动出击，偷袭了日伪军守卫的重要渡口——南江口，歼敌数十人，使日军的水上运输陷入一片混乱，打乱了日军在开平地区的兵力部署。当时海南岛日军已开始北撤，伞兵的行动对日军撤退起了一定的干扰作用。

7月18日，伞兵团进行了第二次空降作战。伞兵第八、第九、第十三队乘坐美国第十四航空队的C-47运输机，从云南昆明起飞，到广西丹竹空降着陆，在地面部队的配合下，一度占领了日丹竹机场，袭击了日军的补给基地，并对日军西江水运造成了威胁③。

---

① 罗玉明.湘西会战简论[J].怀化学院学报（社会科学），2006（9）:63.

② 秦军."鸿翔部队"：中国伞兵第一团[J].钟山风雨，2008（4）:16-17.

③ 秦军."鸿翔部队"：中国伞兵第一团[J].钟山风雨，2008（4）:18.

7月27日凌晨3时,伞兵第二、第三、第四队各选出一部分兵力,共组成180人的作战队,乘坐C-46运输机在美国第十四航空队护航下,从昆明呈贡机场起飞,上午8时在湖南衡阳市西50公里的洪罗庙地区跳伞。着陆后,伞兵进驻附近山中的一所古庙内,伺机行动。伞兵队首先由一个分队伏击了日军运输队,击毁日军军车3辆,毙敌6人,后来又在当地游击队的协助下,袭击了日军台源寺据点,经过近4个小时的激战,全歼据点的日军一个中队和骑兵一部①。

中国伞兵部队在这一个月内发起的三次空降作战,用少数兵力对日军进行出其不意的攻击,达到了扰乱敌军正常军事部署的目的,体现了伞兵作战机动灵活的特点,有力地配合了地面部队的作战。日本投降后,伞兵部队分别进驻广州和衡阳,成为中国军队接受日军投降的先遣队。

### (四)中国军队芷江受降,迎来胜利荣光

1945年7月26日《波茨坦公告》发表,中、美、英三国敦促日本无条件投降,日本政府以"不值得考虑""荒唐""无理"为借口予以拒绝②。8月6日下午,美国空军在日本军工基地广岛上空投下一颗相当于2万吨TNT炸药的原子弹,这是人类社会第一次体验原子弹爆炸的痛苦。原子弹爆炸显示出的强大摧毁力在日本国内引起巨大震动,8月8日下午,日本天皇表示:"敌方既然已经使用这种武器,继续进行战争越发不可能了。为争取有利条件,不可错过结束战争的时机。"③铃木首相也决定立即接受公告。同日,苏联外长莫洛托夫按计划召见日本驻苏大使佐藤,宣布苏联对日宣战。

日本于8月9日到14日时断时续地召开最高战争指导会议,军部仍然不愿意完全接受公告,要求实现体面的投降,至少要坚持四个条件:(甲)国体问题即保留天皇制问题;(乙)战犯问题由日本自主处理或盟军保证公正审判;(丙)解除武装最好由日方自主解除;(丁)盟军进占日本问题,最好不让占领,即令万不得已也应将东京除外,作象征性驻兵。军部主张,这些条件得不到满足,日本就

---

① 秦军."鸿翔部队":中国伞兵第一团[J].钟山风雨,2008(4):18.

② 杜鲁门.杜鲁门回忆录:上卷[M].李石,译.北京:东方出版社,2007:338.

③ 服部卓四郎.大东亚战争全史:第4册[M].易显石,金明善,路甲印,等,译校.北京:商务印书馆,1984:1637.

应"一亿玉碎"，将"本土作战"进行到底[①]。

最高战争指导会议进行讨论的第一天中午，美国空军在长崎投下了第二颗原子弹。同日，苏军以 80 个师、26000 门火炮、5500 辆坦克、3800 架飞机的庞大兵力，迅速进入中国东北，中国各个战场也开始反攻。此时，日本已陷入四面楚歌之绝境，首相铃木发表声明："苏联今晨参战，使我们最终处于绝境，已无可能继续作战。"[②]

8 月 10 日，最高战争指导会议起草了一份议案，附上军方的四项条件上奏日本天皇。经日本天皇裁决，放弃了盟军方面不会同意的四项条件方案，另用外务省起草制定的《关于接受美、中、英三国共同公告的照会》，由驻瑞典公使转达美、中、英、苏，要求迅速得到答复。其内容为："日本政府准备接受中、美、英三国政府首脑于 1945 年 7 月 26 日在波茨坦发表、后经苏联政府赞同的联合公告所列条款，而附以一项谅解，即上项公告并不包括在任何有损天皇为最高统治者权利的要求。日本政府竭诚希望这一谅解获得保证，且希望迅速得到关于对此的明确表示。"12 日，美国以广播形式进行了回复："自投降时起，日本天皇及日本政府统治国家的权力，即须听从盟军最高统帅的命令。最高统帅将行使认为适当的权力，实施投降条款……按照波茨坦公告，日本政府的最终形式将由日本人民自由表达的意愿来确定。盟国武装部队将留驻日本，直到实现波茨坦公告规定的目的为止。"[③]

8 月 14 日，日本天皇决定召集最高战争指导会议成员及内阁成员举行御前会议。这种大型会议为 1941 年 12 月 1 日决定开战后所未曾有过的，亦是最后一次御前会议。会上日本天皇挥泪表态："不管我本人如何，也要营救国民的生命……如果需要我向国民呼吁，我随时准备站在麦克风前面……必要时，由我亲自晓谕也行。"[④]日本天皇的直接表态，才平息了各方面的意见分歧，最后决定接

①　井上清，铃木正四.日本近代史：下册[M].杨辉，译.北京：商务印书馆，1972：689.

②　华西列夫斯基.毕生的事业[M].柯雄，译.北京：生活·读书·新知三联书店，1977：660.

③　服部卓四郎.大东亚战争全史：第 4 册[M].易显石，金明善，路甲印，等，译校.北京：商务印书馆，1984：1657 – 1658.

④　服部卓四郎.大东亚战争全史：第 4 册[M].易显石，金明善，路甲印，等，译校.北京：商务印书馆，1984：1668 – 1669.

受公告,无条件投降。翌日,日本放送协会正式播放由日本天皇亲自宣读的停战诏书。16日,大本营向各驻军下达停战命令。8月27日盟军海军进入东京相模湾,28日首批占领军在厚木机场着陆,30日麦克阿瑟到达日本。9月2日,在停泊在东京湾的密苏里军舰上,举行了日本向盟军投降的签字仪式。

8月18日,国民政府致电日本中国派遣军总司令冈村宁次,以湖南芷江为受降地点。国民政府之所以选择芷江作为受降地点,主要出于以下几个方面的考虑:一是芷江位于昆明、重庆和南京三个城市的中间,机场保存比较完整,可以为中、美、日军三方代表所乘飞机的安全起降提供保障;二是芷江机场是中国战区第二大军用机场,拥有战机数百架,周围驻扎着大批中国陆军部队,选择这里作为日军投降地,可以从军事方面对日军形成威慑力;三是芷江机场在抗日战争中是日军"欲图之而不得"的重要军事基地,这次让其来此地受降,日军大本营是"怕来之而不可避"①。

8月21日,第五大队P-51战斗机于事先约定的洞庭湖上空会合点,押回了一架两翼上系有白布条,机头、机尾都竖着白旗的日本运输机。该机在芷江机场上空绕场三圈,向中国人民谢罪和致敬。周先民等驾驶的P-51战斗机先行着陆,日机才随后着陆。日本洽降代表、副参谋长今井武夫少将,参谋桥岛芳雄中佐和前川高雄少佐等8人,遵照中国宪兵的命令,打开机舱门先行军礼再下飞机。他们分乘两辆插上白旗的敞篷吉普车,绕行机场一周,让围观的群众观看日本侵略者的可耻下场。随后,今井武夫被押送到受降会场,俯首向中国政府双手呈交两份文件,一份是日军驻地分布地图,另一份是人员武器表。今井武夫报告称,只有冈村宁次本人才能代表日本政府呈递投降书,他是冈村宁次的代表,是前来呈送驻华日军有关情况和接受指示的。8月23日,今井武夫在接到中方的备忘录后乘机飞返南京复命②。

在芷江受降的三天中,中国政府根据洽谈的问题,拟定了五号备忘录,对日

① 马艳,李继红.抗日大空战:中国空军抗战影像全记录[M].北京:长城出版社,2015:306-307.

② 南京市政协文史资料委员会.蓝天碧血扬国威:中国空军抗战史料[G].北京:中国文史出版社,1990:91-92.

本航空队受降做了明确的规定:"日本空军凡能飞行并能修理的航空机立即修理完毕,准备飞往湖北恩施机场或其他指定机场,难于修理的飞机及所有基地存储的弹药、武器、油类一律封存,并造具详细清册,听候派员接收。各空军地面部队及伞兵部队由各地区受降主官接收。"①

芷江人民为中国军队接受日军投降,举行了声势浩大的庆祝胜利大会。何应钦在《对芷江各界庆祝胜利大会的演说词》中讲道:"芷江这一个偏处山丛的小城,因八月二十一日日军降使的远来洽降,忽已闻名世界,在历史上留下永不磨灭的光辉一页。"②

侵华日军投降签字仪式于9月9日上午9时在南京举行,地点在陆军总司令部前进指挥所(原中央军官学校大礼堂)举行。日本中国派遣军总司令冈村宁次大将,代表侵华日军(不含东北关东军)及北纬16度线以北的法属印度支那日军,签署了投降书。各地日军分批在中国15个城市及越南河内向中国政府投降。日军在中国战区计有1个司令部、3个方面军、10个集团军、36个师团、41个独立混成旅团,以及其他警备队、海军陆战队等,共计128万余人,伪军95万余人。在中国东北地区的日本关东军已被歼灭,不在受降之列。驻越南河内的日军(北纬16度以北),也由中国受降。中国还根据盟军统帅部的决定,拟派出部队进驻日本,为此还选定荣誉第二师担任驻日任务(后因内战爆发未能成行)。驻台日军投降签字仪式于1945年10月25日在台北举行,沦陷半个多世纪的台湾终于回归祖国,其后国民政府决定以10月25日为台湾光复日。

至此,由日本发动的长达14年的侵华战争,终以日本战败而结束。

在纪念中国人民抗日战争暨世界反法西斯战争胜利70周年大会上,中国共产党中央委员会总书记、中共中央军事委员会主席、中华人民共和国主席、中华人民共和国中央军事委员会主席习近平指出:

---

① 罗玉明.抗日战争时期的湖南战场[M].上海:学林出版社,2002:398.
② 江洪.战争与和平[C]//慈爱民.战争和平与人权:第二届人权文博国际研讨会文集.北京:五洲传播出版社,2015:69.

这一伟大胜利,彻底粉碎了日本军国主义殖民奴役中国的图谋,洗刷了近代以来中国抗击外来侵略屡战屡败的民族耻辱。这一伟大胜利,重新确立了中国在世界上的大国地位,使中国人民赢得了世界爱好和平人民的尊敬。这一伟大胜利,开辟了中华民族伟大复兴的光明前景,开启了古老中国凤凰涅槃、浴火重生的新征程。①

① 习近平.在纪念中国人民抗日战争暨世界反法西斯战争胜利70周年大会上的讲话[N].人民日报,2015-09-04(1).

# 第十章　忆战:空战轰炸与历史记忆之间

日本战败投降,至今已逾70春秋。逝者如斯,那场荡气回肠、长达十多年的中国空军抗战,以及尸横遍野、令人断肠的日军对中国民众的无差别轰炸,作为后人的我们又可曾记得? 空战、轰炸的往事可堪回首? 徜徉于南京紫金山北麓王家湾的抗日航空烈士公墓,驻足于重庆的那条曾经炼狱般令人窒息的大隧道旁,思索纪念的意义,不禁让人幡然醒悟:在满是纪念之场的空间里,缺少的恰是具有生命跃动感的记忆。历史和记忆,既相关又根本不同,在没有接受"认识的转向"洗礼之前,历史学者不可能摇身一变成为记忆研究者。于考据、义理和辞章之外,正如法国历史学家保罗·利科在《记忆,历史,遗忘》中所倡导的,历史学者最需要做的是正面当下的发问而我思、我说、我做。

## 一、碧血蓝天:记忆中的先烈

在反击日本法西斯的空战中,中、苏、美三国的优秀飞行员们团结一致,与日军空中力量展开殊死搏斗。他们为了中华民族的独立和解放而血洒长空,在争取抗日战争和世界反法西斯战争的胜利中献出了年轻的生命,他们的辉煌业绩和英名应永载史册。今天,我们用他们亲属的回忆和纪念文章,来追忆那段激情燃烧的岁月,让我们来共同缅怀这些为人类进步和世界发展作出巨大贡献的空军英烈们吧。

### (一)国难当头投笔从戎,为出战隐瞒妻儿的存在——空军烈士任云阁

先父任云阁,1910年1月出生于河北省文安县兴隆宫村的一个农民家庭里。幼年时代,家境贫寒。我祖父任通山是农民,父亲兄弟4人。大伯任工田在家务农,二伯任工志在得知我父亲牺牲的1937年,为抗日救国,为给我父亲报仇,哥俩一起参加抗日队伍,后复员荣归乡里……

1920 年至 1925 年先父在本村国民小学就读,学习成绩较好。同时先父还酷爱体育,当时小学有简易双杠、木马,也有篮球。他好胜心很强,每天坚持各项练习,攀杠子、拿大顶、跳木马、打篮球,都比同学们技高一筹……由于父亲学习勤奋,学习成绩好,再加上有强烈的求知欲望,高小毕业后,于 1927 年又考进了河北省立第九师范学校第四班学习,学制六年……

九一八事变后,在全国抗日热潮的影响下,父亲和同学们一起积极参加了学生运动,学校先后爆发了两次震惊燕赵大地的学潮斗争。同学们成立了"学生自治会""社会科学研究会""反帝大同盟""抗日救国会"等组织。学生纷纷走上街头,游行示威,宣传抗日救国,抵制日货。先父 1934 年泊头师范毕业后,取得了文凭。当时如应聘参加办理民众教育,就可担任高小教员。可是由于他从小受到许多爱国主义教育,对岳飞、文天祥等民族英雄极为崇拜,对日本侵略者铁蹄践踏祖国的大好河山极为愤慨,再加上他特别好强,不满足于自己的学业,决心要在民族存亡的危急关头,寻找一条报国之路。"抗日救国,匹夫有责,热血男儿要立志奔赴抗日前线,杀敌立功。"在学校里他是这样学习的;在社会上,他是这样宣传的。他勇敢地实践了他这些誓言,毅然放弃了教育工作,投笔从戎。由于文化基础较好,身体健壮,便很幸运地于 1934 年秋,在北京考入国民党中央航空学校第六期甲班轰炸飞行科学习。航校地址在杭州笕桥机场。航校对报名投考者的文化考试要求不太严,但体格检查很严。当时在北京考场投考者约有 1000 人,只录取了 50 人……

父亲经过两年的学习于 1936 年 10 月 12 日按时从航校毕业。毕业那天,上午 8 至 9 点举行飞行表演,10 点举行毕业典礼。校长黄光锐讲了话。总校长蒋介石亲自向毕业生颁发了国民党中央航校学校毕业证书。接着,蒋还给毕业生每人赠送一把佩剑,剑的两面分别刻有"国土未复、军人之耻""蒋中正赠"的阴刻字样。晚上召开恩亲会,宴请学生家长,我爷爷亦应邀参加了恩亲会,蒋介石接见了大家,并给家长一一敬酒。

不久,先父被分配到国民党空军第二大队第九队任准尉见习飞行员。6 个月后升任少尉飞行员,驻安徽广德机场。

空军第二大队是中国国民党空军当时的基本轰炸部队之一。我父亲驾驶的飞机是美国当时最新式的"诺斯罗普"轻轰炸机,最大时速 280 英里,载弹 1100 磅,装备机枪 3 挺,乘员前后座共两人……

七七事变之后,中国空军各队激于爱国主义的义愤,纷纷动员,原准备在华北与日本侵略军决战。八一三淞沪抗战开始前后,我父亲所在的第二大队奉命紧急飞返安徽广德,准备参加淞沪会战。

1937 年 8 月 13 日晚,日本帝国主义借口 8 月 9 日两名日本侵略军官兵乘军用汽车向虹口机场猛冲而被中国空军机场卫兵击毙事件,猝然向上海发动大规模进攻,在人民抗日热潮推动下,驻上海的中国军队奋起抵抗。

淞沪抗战爆发后,中国陆军、空军在战场上面临的空中威胁主要有两个:一是所谓上海派遣军特设航空队所属木更津等 7 个航空队,企图把上海杨树浦纱厂改建成飞机跑道,在陆上建立航空基地;二是来自海上的日本第三舰队,以炮舰支援其在上海的陆军部队作战。淞沪会战爆发后,第三舰队由旗舰"出云号"率领,不断向中国陆军猛轰,因此,狠狠打击和除掉日军的这些威胁的任务,便落到中国空军身上。

1937 年 8 月 14 日上午,中国空军驻安徽广德的第二大队在空军总指挥的紧急命令下,主动出击轰炸侵沪的日军。飞行员自告奋勇,轮流到上海去,要炸平登陆的日军基地,要炸沉在上海江里的日本军舰。

听到命令后,整个机场一片欢腾,许多飞行员流下了兴奋的眼泪。我父亲和许多飞行员争先恐后,自告奋勇参加出击。父亲为了求得空军领导的批准,在填写家中有何人时,只写有父母,而一字没有提及我们母女三人,此时此刻,他一心想到的就是狠狠打击日本侵略者,杀敌立功,为国效劳;想到的是在航校旗杆石基上刻着的"我们的身体飞机和炸弹,当与敌人兵舰阵地同归于尽"的大字。经过战前开会动员,选拔排定,我父亲被批准参加出击,顿时,一个平常沉默寡言的人,也高兴地跳起来,欢呼起来。

14 日上午 9 时许,中国空军二大队共出动了 3 架"诺斯罗普"轻轰炸机,父亲和祝鸿信驾驶的飞机号码是 907,每架飞机各携带炸弹 1100 磅,装配有机枪 3 挺。飞机冒雨从广德机场出发,飞临上海轰炸敌舰。当时,天气异常恶劣,天空中阴云密布,并间有雷雨,能见度很坏,飞机在烟雨迷茫中颠簸飞翔。经过约两个多小时的飞行,终于飞临上海,在吴淞口海面发现敌舰 10

余艘。这时,敌人也发现我空军出击的飞机,敌舰立即绕成圆阵,像跑马灯似的兜圈子,同时,以猛烈的炮火对空射击,一团团带着白烟的闪光,不断在飞机前面的空间迸发,以增加我机低空投弹的困难,但先父全然不顾,临危不惧,沉着地寻找日本侵略军的旗舰,当他们发现右下方有一艘大型舰的时候,立即猛压操纵杆,开足马力,朝着目标俯冲下去,向日舰猛烈轰炸扫射,在首次轰炸日舰的战斗中,父亲和同机驾驶员祝鸿信的飞机投下的炸弹准确地炸中日本侵略军的旗舰"出云号",舰上顿时爆炸起火,拖着大火堆狼狈逃窜。

父亲和同机驾驶员祝鸿信驾驶着飞机正欲再次追赶轰炸日舰,但由于飞机飞得很低,日舰使用密集的高射炮火向他们射击,飞机突然中弹受伤,九队队长谢郁青发现这一情况后,命令他们立即返航。不幸的是父亲因受重伤当时为国捐躯,时年 27 岁。同机驾驶员祝鸿信亦受伤,但仍安然降落在虹桥机场。上海《大公报》中华民国二十六年(1937 年)八月十五日登载了一则我国空军轰炸日舰的消息,消息的标题是"空军少尉任云阁昨殉国",据载:"昨日,我国空军应战,在日舰之高射炮火中奋勇作战,飞机一架中弹受伤,我空军少尉任云阁当时为国捐躯,另一驾驶员祝鸿信,身虽受伤,但仍奋勇驾该机安降于某处机场。"先父牺牲后,由国民党空军总部负责送至马白路中央殡仪馆入殓,后移葬于南京航空烈士公墓。1986 年公墓整修后在其墓前树一墓碑,铭刻的碑文是:"任云阁,二大队九队少尉飞行队员,河北省雄县(今文安县)人,中央航校六期甲班毕业。一九三七年八月十四日轰炸上海日舰阵亡,追赠中尉。"让烈士功绩永垂不朽。①

## (二)80 多年前的战火与情书——"飞将军"刘粹刚与许希麟的生死绝恋

1933 年春,中央航校第二期学员刘粹刚,在火车上邂逅了时任杭县临平镇镇立小学校长、18 岁的许希麟,一见钟情无法自拔,并给她写了第一封情书:

> 初遇城站,获睹芳姿。娟秀温雅,令人堪慕!且似与余曾相识者!……

---

① 任文璞. 捍国捐躯,雄风长在:回忆先父任云阁烈士[G]//南京市政协文史资料委员会. 蓝天碧血扬国威:中国空军抗战史料. 北京:中国文史出版社,1990:204-209.

车至笕桥,忽促而别,然未识谁家闺秀。如是风姿,意不复见。耿耿此心,望断双眸……

**两人此后相恋并结婚。刘粹刚在中日空战打响的三个月后写信给许希麟:**

假如我要是为国牺牲、杀身成仁的话,那是尽了我的天职。您时时刻刻要用您最聪慧的脑子与理智,不要愚笨,不要因为我而牺牲一切。您应当创造新生命。我只希望您在人生的旅途中,永远记着遇着了我这么一个人。我的麟,我是永远爱您的。

**许希麟在刘粹刚牺牲后陷入悲痛之中,因长期思念而给亡夫写了一封信:**

粹刚:

为了御侮,为了捍卫祖国,你壮烈地牺牲了。你离开了我,我已经不能再和你一起相处了,我相信,你的魂灵仍和我相亲相近。粹刚!当兹国难正殷,国家需人之际,你竟撒手长逝,这不仅是我个人之不幸,亦是国家之大不幸、大损失,在我丧失了挚爱的丈夫,在国家损失了一个前线的战士——一个空军英杰。粹刚:你的光荣,也正是我的哀荣!

回忆九一八前夜,你抱着满腔热忱,决心南下,投入中央军校,继以国家提倡航空,巩固国防,及感空军在现代战争中地位之重要,仍毅然地转入航校,以六年来不断之努力,虽不能说登峰造极,但依此次作战的结果,已可上慰国家及领袖之垂训,下副(孚)民众之热望。你不但有艰苦卓绝、百折不回、苦干硬干的精神,亦有正确冷静的头脑和缜密精细的心意。你见强敌之侵我无已,常说:"国家兴亡,匹夫有责。"当今国家多事之秋,正男儿效命疆场之时,因此益当奋发,常以德国红武士厉秋芬自励,你说:"假设一旦作战的话,我决不放过任何敌机,我得以厉秋芬为榜样,打下大量数目来。"七七卢沟桥事变,你深远的目光已看透了一切,所以你说:"此番卢沟桥事变,形势之严重,不比平常,准定会引起中日战争,日人无节制的侵扰,我们此次会起而长期抗战的。政府培育我多年,今日方有机会为祖国报效,虽说初试锋芒,可是希麟,我非替祖国争口气不可。"我平日常讲,希望你将来成为一个空中霸王,所以说:"此番敌我真会冲突的话,希望以你的毅力、果敢以及熟练的技术,征服一切,做一个空中权霸者,中国的厉秋芬。"

"那当然,我只(至)少得打下一百多架,予敌人一个重大打击,并用我之铁和血,去炸毁扶桑三岛,把富士山踏为平地。"粹刚呀!彼时我们热烈激切的情绪,确实是太兴奋了,你并屡屡地对我讲:"假设他日战争爆发,希麟,我残废了的话,一定自杀,自杀实比不死不活干脆得多了。希麟,尤其是不能移动,一定拖累你,两人均觉痛苦,还不如一手枪死了,倒痛快得多。"粹刚你果是爱我,替我着想,可是你沉痛的声调,深深地刺伤了我,我曾讲过:"这成什么话!假如你一旦受伤残废了,我可以好好地顾护你,还可回到教育界去服务,虽说几十元一月,两人刻苦点也够维护日常生活了。物质上虽不能享受,精神上不是很愉快的吗?!"咳,粹刚,命运是注定的,我最低之希望都不容达到,我们的期望,只还是昙花一现,旧日的兴奋,都变成了今后悲壮的回忆!我的——刚,在你果是求仁得仁,已尽了军人天职,可是——我,正日月茫茫,又不知若何度此年华!

粹刚,你平日常说:"将来年老退休后,决以余力办学。"如今你已尽最后的心力,远大的志愿虽未能实现,可是你,你已经有不朽的功绩,不可磨灭的纪录,你泉下有知,就可稍以自慰。至于你未了之事,未竟之志,可以由我完成,我决竟你的遗志,先从基本教育着手,拿你英勇不屈的精神,灌输于未来的青年,俾尔之精神,可发扬光大之,我也可藉此以报效祖国。粹刚,我自此不苟且偷生,也不再轻生,我虽无学识能力,我可以我之坚心定力,克服一切,补救一切,我定为你做一番事业。每个人心中永恒有了你,则我亦与有荣矣!谚云:"精诚到处,玉石为开",凭我以秉(身)挚诚,我意决无办不通(到)之事,况且你的长官朋友,他们都很器重你,所谓"爱屋及乌",一定能予我十分同情,与莫大帮助。再说粹刚,你虽不能踏遍三岛,亲手将我国国旗,飘扬于东京上空,你的同志决能扶(担)起大任。敌人蹂躏下的东北、江浙、华北等处,也有收复的一天,倭寇虽猖獗,覆巢之日亦将不远,这些,都不过是时间的迟早而已!至于你堂上严亲,你虽不能承欢膝下,以尽人子之道。粹刚,我定可替你晨昏侍奉,可尽子妇之责,你慈善故母前,我亦会四时祭扫。粹刚，你泉下有知稍可自安。粹刚，所谓死有重于泰山，轻于鸿毛，你为祖国生存而奋斗，中华民族之解放而战争、而牺牲，你已死得其所了，我应该为你欢欣。可是，每当见到你朋友同事们，他们的鹣鹣鲽鲽，融融乐乐，战罢归来的生活，往往唤起了我的回忆及过去的依恋，如今的茕独，海角天涯，再从何处见你？！感今怀旧，能不涕泪滂沱，呜咽伤泣，然而一想到消灭在人世间的只不过是一个躯壳，整个宇宙充满了你的灵感。你精神已卓然不朽，我们行迹虽远，而我们的精神已永结不解，想到这些，我应当解颜，并堪自慰。粹刚，理智是胜于一切的，我今后决用理智来支配种种，让我的情感深深地埋了吧！粹刚，话有说完的时候，而我们的感情永远是无尽的。

　　我的刚！再谈，祝您

安息！

希麟草于灯下①

1990年5月20日，白发苍苍的许希麟最后一次来到南京航空烈士公墓，在刘粹刚的墓前献上亲手所写的《出塞》条幅："秦时明月汉时关，万里长征人未还。但使龙城飞将在，不教胡马度阴山。"

### （三）世界空战史上与敌机对撞的第一人——中国空军烈士陈怀民

　　中国空军烈士陈怀民出生在镇江的一个大户人家，家境殷实。受父亲的爱国主义教育，陈怀民自小就树立了尚武救国的信念，曾夺得全国少年武术大赛的冠军。一·二八事变后，陈怀民考入中央航空学校，立下航空报国的决心。1937年8月，陈怀民在淞沪会战中多次驾机迎敌，获得空中勇士的称号。1938年武汉"四二九"空战中，时任第四大队第二十一中队飞行员的陈怀民，在身受重伤、油箱着火的情况下，没有跳伞，而是驾机撞向从后面扑来的敌机，成为世界空战史上与敌机对撞的第一人。陈怀民生前曾经说过："每次飞机起飞的时候，我都当作是最后的飞行。与日本人作战，我从来没想着回来！"他生前在宿舍写的一篇

　　① 南京市政协文史资料委员会.蓝天碧血扬国威：中国空军抗战史料[G].北京：中国文史出版社，1990：242－244.

日记中提到：

> 我常与日机在空中作战。打仗就有牺牲，说不定哪一天，我的飞机被日机击落，如果真的出现了那种事情，你们不要悲伤，也不要难过。我是为国家和广大老百姓而死，死得有价值。如果我牺牲了，切望父母节哀，也希望哥哥、姐姐、弟弟、妹妹继续投身抗日，直到把日本侵略者赶出中国。

敌机飞行员做梦也没想到，中国的飞行员会杀身成仁。顷刻间，两架飞机在空中相撞爆炸，黑烟红火，弥漫空中。陈怀民被弹出座舱，随即坠入江底，飞机残骸也落入江中。这一年陈怀民年仅 22 岁。他用自己的生命，实现了当初进入航空学校的誓言："我们的身体飞机和炸弹，当与敌人兵舰阵地同归于尽！"

陈怀民的未婚妻王璐璐从报纸上看到未婚夫牺牲的消息后当场昏厥，醒来之后便急急忙忙赶赴武汉，奔向陈怀民烈士牺牲的长江边。面对滔滔江水，她触景生情，更加思念心上人。她曾经有过无数次的憧憬：抗战胜利举国同庆时，他为自己穿上最美的嫁衣，迎上他灼灼的目光……她在江边徘徊了很久，实在抑制不住对陈怀民的思念，最后穿着陈怀民送她的旗袍，纵身跳入波涛滚滚的江中，化成一朵浪花，与蓝天白云作伴，与爱人怀民永不再分开。

图 17　在南京抗日航空烈士纪念馆展出的陈怀民烈士的飞行手套

人们在打捞陈怀民的遗体时,也一同发现了高桥宪一的尸体,在他的上衣口袋里,紧紧地藏着他刚刚收到的妻子的照片和妻子的书信:

> ……我甚至有时想到,不做飞行士的妻子才好,做了飞行士的妻子,总是过着孤凄的日子。所以,我时而快乐,时而悲痛,内心深处总是在哀泣着,有时一想到已经有许多人无辜地牺牲……光是死并不是荣誉的事,我是祈求你十分小心地去履行你的职责!
>
> 孩子总是睡得很熟的,这两个孩子,每天是在大笑中过日子……
>
> 美惠子 昭和十三年四月十日

1938年5月31日,陈怀民的妹妹陈难怀着巨大悲痛给美惠子写了一封公开信:

高桥夫人美惠子女士:

当你接到这突如其来的信,看到陌生异国人的名字时,你将感到不安与惊异吧?愿你平静一下激动的心,这儿,我将带给你一些时刻关心挂念着你的消息——高桥君的遭遇和下落——和我们从这些惨痛的经过中所获得的宝贵教训。

四月二十九日——贵国的天长节——中日两国在武汉的空战是多么惊心动魄的一幕啊!在武汉上游十余里的江面,青山峡,万丰的上空强烈阳光的反映里,静肃而有节奏的高射炮声中,我们看见无数闪动的光,纷乱的飞舞着,忽然我们见着一架国机,在五六架银色敌机围困中,以最生动敏捷的姿态将一架银色机击落了,那迅速的刹那,如秋风暴雨卷落黄叶似的,跟着一缕白烟飘落到平静的长江里,激起猛烈的水花而湮没了。可是这国机转眼被围击而中伤,吐出一缕白烟摇摇欲坠,在危急的关头,那国机迅速的调转机头,向着那一架最精悍的银色机冲撞,一缕耀眼的光芒,跟着震动山岳的声响,两机壮烈而又亲密的划成一流光圈,而同归于尽。大地顿然为之沉寂,武汉几百万同胞,被这卫国的空军勇士感激而流泪了!

在已经许多次英勇的中国空军为保卫领空抵抗侵略的战役中,很荣幸我们家族里的一个成员，我的二哥是当中骁勇善战的一员。他曾经建立了许多血汗的功勋，他屡次被围而终于击散敌群，他的伙伴赞佩他，大家信任他。他是一个身经百战的斗士。

"四二九"之夕，全家正是和往常一样的期待着二哥天民（即怀民）带着空前胜利的微笑归来，年老慈爱的母亲，倚门凝望着街头行人，夕阳西下将近黄昏了，天边反映着紫红色的云霞，渐渐的夜深了，街头静寂冷清了，可是，二哥的影子，好似一阵吹过去的风，好似海面擦过去的燕子，使我们望穿了秋水再也不降临到我们的眼前来。直到次日清晨，二哥还是杳无消息，接着赞美空军烈士陈怀民肉弹击敌壮烈牺牲的消息从报纸杂志上出现，全中国的人民都对他昂首致敬，歌颂他的杀身成仁。我的爸妈虽为爱子心切不免悲伤，而他们是更满意他们儿子的为国牺牲，所引以为缺憾的，是感动他们的儿子死得太早了，不能更多次的为保卫祖国而腾达天空。现在他们希求的是获得他们儿子的尸体，老人们兴奋地不带一点忧色地各处去寻找，但是寻遍了青山一带的田野，再在附近的长江里打捞，即或是尸体的一片段吧，一块肉或一块骨头他们都会认得，都希望有，可是除了我国飞机的碎片和贵国的一架飞机翅膀外，什么也找不到。而那个贵国飞机的翅膀，却无疑代表着你所关心的高桥的遭遇。你知道我前面告诉你过的那空战最精彩的一节相撞的男士们究竟是谁？就是他们两个！高桥先生的脑浆胶水一样的沾在飞机里，身体零碎地飞散在天星洲一带荒郊，给一个不知名的乡下人，将许多贵国飞机师零星的残躯混同着埋送到一个不知名地方去了，而在一件血衣袋里却有完整地一封缠绵悱恻的信和一张端美的你的照片。你如果单凭听到贵国的消息还感不够详尽而又还以为有些微的希望时，那我给你的报告是不是因为太翔实反而觉得我的好意是冷酷的呢？请你不要误解，我失掉了胞兄的心境，使我设身处地的想到你失去高桥先生的心境，因此我不能不把真实告诉你，同时也就是把一个悲惨的真实告诉和你有着同样命运的人们。在我们的土地上，我们无辜的同胞不知牺牲了多少，我们不保卫自己只有灭亡，抗战本来是不得已的。但想到贵国的人民也大量的牺牲在我国土地上，难道贵国不征服中国就会灭亡么？丝毫也不是的！想到中日人民竟如此凄惨的牺牲于贵国军阀的错误政策之下，我不能不告诉你这个真实啊!

我们的母亲她只有感伤的仰望着漫不经心的江水和惨淡的月色,让惨痛的回忆敲打着她年老将断了的心弦,然而青春多情的您,也许能够从悲惨的遭遇,想想人类的命运吧?

如果我们没有失去国土,我们不知道失去了的痛苦,如果我们没有失去了美丽的家园,我们不知道家园的亲切和可爱,贵国军阀们的疯狂,在和平的中国土地上造成了世界少有的暴行,我们的土地被占,人民被残杀,姊妹被污辱,财产被抢掠,特别是贵国飞机经常地在中国不设防的后方城市如疯狂般地轰炸;无辜民众被残杀的不能计数,一种切齿的仇恨、愤怒普遍而深刻地充满在每个中国人的心里,中国的陆海空军受了人民的委托,尽了神圣的任务,誓死保卫国土,战死的军人受着全中国一切人出自衷心的崇拜,以生命换取这无限崇高的荣光,而这种死后的光荣,死了自然自己不知道,活着的人所得到的是一个多么不能免除"伤心"的光荣呀!

在你和高桥呢?正如你信上所说:"想到已经有许多人是无故地牺牲,不再会到这个世界上来……"高桥也"无故地"牺牲了。受了贵国军阀的欺骗,无故地来侵略中国,战死了,这种在你们是没有他们,没有光荣,而仅有痛苦的牺牲,这在活着的你是会加倍的伤心啊!这种的伤心纵有千万人来安慰你,但怎能安慰到你的心呢?这将成为你和贵国一般与你同命运的女人的永远不能磨灭的创伤,而你过去的一切祈祷,希望他保重身体的叮嘱之词,也都扑了一空。你得谅解高桥,他并不是不愿意将自己的身体保重得更健康一点,他并不是愿意无辜牺牲,而是贵国为少数人操纵的一种政治权力强制他,要他死就死了(贵国飞行员常以一条链子扣在飞机上并且没有降落伞)。你的祈祷失了效用,这并不是你不诚心,而是一种疯狂的野心,使日本人民走上死路。你现在所有的是惆怅、悲哀、苦恼,无论你到世界上任何一块土地上也不会消灭你的伤感。在你眼眶中常闪耀着如凤凰一样美丽色彩的羽翼,直到你的泪水枯竭时,你所见的就都是旱田和枯木一片模糊荒凉的村庄。

我呢?我同我的二哥感情非常好,可是从来没有对他希冀过什么,也没有祈祷,由于他的过去的驶技经验和丰富的作战以及他那百折不回的为国效忠的勇敢精神。我相信他胜利没有失败。在休假日我们一起尽情地玩耍。分手时我们各干各的事。这次"四二九"空战，他仍旧没有失败，他是胜利的。他为了要救护那不设防城市中的良善同胞，为了想免除我们一样更多人的伤心，他坚毅地猛撞高桥君的飞机，和高桥君同归于尽，这不是发泄他对高桥君的私仇，他和高桥君并没有私人的仇恨，他们只是在代表两种不同的力量上粉碎了他们自己。不过因为从那天以后，他不再回来了，我觉得这是出乎意外的事，在他虽久已抱了为国牺牲为正义奋斗的决心，而这事变的迅速到临，给予我的刺激太大了！我有些失了常态，感觉特别敏锐，一切极细微的声响都会全身痉挛。有时候又完全失去了知觉，好像世界全不存在。平时顽强的个性，如今变成易于为外物所影响。但有时，我又如蛮牛，横冲直撞，如果有谁劝我不要伤心，我即以为这人是情感残忍不过的动物。我没有眼泪，我不知道要睡眠，为什么要吃饭，我真要因此把心碎了，粉裂了我全身。有时我又会很肯定地以为他还会回来，我又会自得地微笑起来。

由于我自己强烈的哀伤，我就常常思念到你，关怀到你的一切，比关怀到任何人更利害，只要你相信我所说的每一句话都是心坎深处发出的自然之声，我就感到满意了。我想到你的孤苦，想到你整天在笑中生活着的两个孩子，和你此后残缺凄凉的生涯，我恨不得立刻到贵国去亲自见到你，和你同度友爱的生活。我决不因为你们国内军阀对我们的侵略而仇视你，我深深地明了你们被那般疯狂的军阀压迫的痛苦，这不但我是这么想，我们全中国的人都是这么想，这拿中国当局优待俘虏的事实可以证实的。

美惠子女士：当我一贯地想到你的遭遇时，我会忘记了我自己的悲哀；假如我不忘记自己，我还会写得出一个字来吗？但假如我不身处其境，我也不会了解你的痛苦，那么我现在应该以什么来安慰你呢？最好自然是在事前我能给我二哥一个暗示，即是"撞不得"，但为了国家，我从未那样想到过，而且现在已经来不及了。目前我能向你说的，即是任何国家若不抑制他疯狂的侵略野心，这些悲剧是永不会休止的，贵国再一贯地向中国作不断地侵略，我同你也许都有会面沙场、互为肉弹的一天。如果这恐怖的世界，残暴的烧杀，烽火绵延到世界上每个角落，不消说我们再会演出"同归于尽"的悲剧，即地球也都有毁灭的那一天。

美惠子女士：你曾说："我甚至有时想到，不做飞行士的妻子才好。"你不愿意做飞行士的妻子吗？但我有我的一点见解,飞行士有顶健全的身体,最丰富的知识,馥郁高洁的人格,最现代的志趣,和远大宽宏的胸襟。他们从不因为自己的优秀而露丝毫的骄矜之色;相反地,他们最能引起人的爱慕。他们从不虚伪,不怕一切的艰难困苦,尽力地工作着,和万里长空相斗争,他们并没有想到过他们的勋章、荣誉,这些在他们是太渺小的身外之物,尤其可贵的是他们都有一颗明敏活泼理解人的心灵,而他们的一字一句一言一动也都发自天籁感人深刻,他们确是人群中最优秀最光辉的选手! 实际上他们同我们一样地没有见过像日光或比日光更灿烂的光荣日子,他们也没有知道人的悲哀和悲哀的智识,所以他们才能那么安静地死去! 而当他们遇有困苦围住时,就不可能得到我们的帮助和慰藉,残暴者依然着上魔鬼的衣裳,张开了口,握住刀,而进行吞噬了地球上最勇敢、最活跃、最有创造力的新鲜份子,这些孩子们,他们的努力得不着同他们努力同等的代价,而很快地死亡了,在人类的进化论上难道是说要将顶健全的顶先牺牲,才可以达到人类最大的进步,才能最有效的克服自然而获得最大的光明吗? 我们满园的春笋都给拔掉而且连笋根也不留,这目的原来是使生物都不复存在。

最后,我们要认清我们的时代和环境,它已不允许我们在哀痛中讨生活。人来到世界,自有他生活的意义,加以这时间和空间,恶魔的气焰飞涨着,消极、哀痛,徒足以加强他们的跋扈。

我们从哀痛创伤中挣扎出来的朋友,除了让我们的压感谨慎地奋发,使他增加我们的斗争的力量之外,我们更要用冷静的理智,以必死的决心锻炼成坚忍不拔艰苦奋斗的人生,我们要能合理地克服哀伤,打破种种非常的困难,能忍受一切苦厄,反对一切压迫我们不搅扰或羡慕他人的安宁和愉快的生活,认清并承认自己不是一种逃避艰难的人,要在这种复杂的历史中,以考察体验判断中来决定我们的目标和计划,不要作慷慨激昂的冲动,不要怀单纯的怨恨,不存逃避维护正义和人道责任的私心,把握住现实,咬紧了牙根开始斗争吧! 不正视现实,认清真正的敌人,去推翻他,我们便永远不能的,永远只能在悲苦中屈辱地度日。如这次贵国军阀无理的侵略行为,至今已过十月,不但中国爱好和平的人民受到他们的荼毒,就是贵国的百十万人民,也无理由的赶到中国来送死,再加上国内增高捐税人民负担加重,痛苦不堪。这种抛弃人类尊敬心和不仁爱的举动,这种违背公法违背贵国人民意志的企图,无论如何不应该让它继续下去,你不明白这种武力侵略对于人类的残害,既然这样,你应该以爱护自己,爱护全人类,救自己救人类的热忱来防止自己国内侵略军阀的跋扈,只有这样,才可以免除为了侵略战争而叫一个人的灵魂在冤屈凄风苦雨中颤栗,这才可以每个人呼吸到他正常的洁净的空气,排除阻害人类进化的障碍,以前我们的工作全没有和世界全人类发生过关系,目前我们应向这一方面去努力,我们要使工作成为和侵略者的斗争,那样的工作,才是光荣的,我们要使这两个国家以及世界所有的国家从侵略战争的悲惨命运里解放出来,全世界的自由思想者都会响应起来,达到这个共同的目的。在这里,我还得告诉你,我是厌恶战争的,但我们中国为抵抗暴力而战,这种战争,是维护正义和人道的战争,是值得歌颂的战争,这意义完全和贵国不同,如果贵国军阀对于中国的残暴行为和强占中国领土的野心一天不停止,我们每一个中国人,不分男女老少,都将参加到更猛烈更强化的斗争中去,即使粉身碎骨,也绝不致于一丝一毫的怨恨,也决没有一个人会屈服。

美惠子女士:这冗长的信将使你看得疲乏吗,末了我告诉你。我家里的父母和大哥都非常深切的关怀你,如同关怀他们自己的孩子一般;不带一点怨恨。我盼望有一天,让我们的手互相友爱地握着,心和心相印着,沉浸在新鲜的年轻人的热情里,我们有理由可以为着这个信念而努力,我们可以领悟到我们心灵所造成的一种环境,愿你能将你的意念,尽情地活跃在纸上告诉我,使我们的心灵永远地会合在一起!

祝你

为全世界的和平而奋斗!

陈难书于二十七年五月卅一日(转载《扫荡报》)①

陈难的这封公开信写好后,她的老师转交给当时的大作家郁达夫,请他指点

---

① 武汉空中高桥战死:陈难女士致书美惠子姑娘,应爱护自己爱护人类,防止侵略军阀的跋扈[J].中国画报,1938,1(11):14-15.

润色一下。郁达夫看过之后评价说,这是心灵之作,不必修改。这封长信的字里行间,无不透露着陈难对二哥的怀念,对日本侵略者的痛恨。陈难在信中表达出对失去丈夫的日本女子美惠子的同情,并希望爱好和平的中日民众联起手来,阻止日本法西斯主义的侵略,共同建设一个温暖美好的世界。

### (四)你死是为了谁——林徽因《哭三弟恒》

林恒是林徽因的继母所生的三弟,林徽因从小就非常疼爱这个懂事乖巧的弟弟,姐弟感情非常深。由于战乱,梁思成、林徽因一家迁居至昆明,正在昆明航校读书的林恒经常带领航校的同学来姐姐家做客。在航校毕业之际,林恒的8名同届飞行学员的家长,都因在沦陷区而无法赶来参加他们的毕业典礼。于是这些学员就邀请梁思成、林徽因夫妇作为他们的名誉家长,来航校做毕业见证人。林恒和同学们毕业后很快就奔赴前线,成为抗日战争中的空中雄鹰。林徽因看着这群生龙活虎的年轻人一步步成长起来,心里充满了欢喜和担忧。当这群鲜活的生命变成一封封阵亡通知书时,林徽因在内心默默地为他们哀悼的同时,更加担心三弟的生命安危。1941年林恒在成都阵亡的消息传来,林徽因陷入无限的悲痛之中无法自拔。三年后,林徽因强撑着病体,为她最爱的三弟写下了这首悲壮哀婉的诗《哭三弟恒》①。

图18　林徽因(右)和三弟林恒(左)

① 　陈学勇.林徽因文存:诗歌小说戏剧[M].成都:四川文艺出版社,2005:88.

## 哭三弟恒
### ——三十年空战阵亡

弟弟，我没有适合时代的语言
来哀悼你的死；
它是时代向你的要求，
简单的，你给了。
这冷酷简单的壮烈是时代的诗
这沉默的光荣是你。

假使在这不可免的真实上
多给了悲哀，我想呼喊，
那是——你自己也明了——
因为你走得太早，
太早了，弟弟，难为你的勇敢，
机械的落伍，你的机会太惨！

三年了，你阵亡在成都上空，
这三年的时间所做成的不同，
如果我向你说来，你别悲伤，
因为多半不是我们老国，
而是他人在时代中碾动，
我们灵魂流血，炸成了窟窿。

我们已有了盟友、物资同军火，
正是你所曾经希望过。
我记得，记得当时我怎样同你
讨论又讨论，点算又点算，

每一天你是那样耐性的等着,
每天却空的过去,慢得像骆驼!

现在驱逐机已非当日你最理想
驾驶的"老鹰式七五"那样——
那样笨,那样慢,啊,弟弟不要伤心,
　你已做到你们所能做的,
别说是谁误了你,是时代无法衡量,
　中国还要上前,黑夜在等天亮。

弟弟,我已用这许多不美丽言语
　　算是诗来追悼你,
要相信我的心多苦,喉咙多哑,
　你永不会回来了,我知道,
青年的热血做了科学的代替;
中国的悲怆永沉在我的心底。

啊,你别难过,难过了我给不出安慰。
　我曾每日那样想过了几回:
你已给了你所有的,同你去的弟兄
　也是一样,献出你们的生命;
　　已有的年轻一切;
　　将来还有的机会,
可能的壮年工作,老年的智慧。

可能的情爱,家庭,儿女,及那所有
　生的权利,喜悦;及生的纠纷!
你们给的真多,都为了谁? 你相信
　今后中国多少人的幸福要在

你的前头,比自己要紧;

那不朽中国的历史,还需要在世上永久。

你相信,你也做了,最后一切你交出。

我既完全明白,为何我还为着你哭?

只因你是个孩子却没有留什么给自己,

小时我盼着你的幸福,战时你的安全,

今天你没有儿女牵挂需要抚恤同安慰,

而万千国人像已忘掉,你死是为了谁!

## 二、无差别轰炸:沉重的历史记忆

无差别轰炸是人类战争史上的残暴行径之一。所谓无差别轰炸,即战略轰炸,指交战方对对方不分军事目标还是民用目标,全部进行轰炸。日本是第一次世界大战后无差别轰炸的始作俑者[1]。1937年11月,日本陆军航空本部通过了《航空部队使用法》,其中第103条规定:"战略攻击的实施,属于破坏要地内包括政治、经济、产业等中枢机关,并且重要的是直接空袭市民,给国民造成极大恐怖,挫败其意志。"这是人类战争史上第一次明文规定可以在战争中直接以平民和居民街道为目标实施空袭,突破了战争伦理的底线。日军对中国的轰炸和盟军对日本的轰炸性质是完全不同的,前者是为了扩大侵略战争,是非正义的战争暴行,后者则是制止侵略战争的手段,是正义的战争行为,前者是因,后者是果[2]。日本对中国不设防城市进行长时间的狂轰滥炸,无论是从法律层面还是从历史事实层面考察,都犯下了违背国际法规、破坏人类和平和违反人类道德的罪行。抗日战争时期,日军对中国长期进行的大范围无差别轰炸,给无辜平民带来惨痛的灾难,留下恐怖的历史记忆。

---

① 潘洵,高佳.抗战时期侵华日军"轰炸记忆"的演变与建构:以"重庆大轰炸"为中心的考察[J].西南大学学报(社会科学版),2018(6):135.
② 潘洵.不应忘记的侵华日军重庆大轰炸暴行[N].重庆日报,2014-09-05(15).

### (一)日本空军的无差别轰炸

1937年7月7日全国抗战爆发后,日军迅速集结陆海军航空队,首先对京沪杭地区进行猛烈轰炸,计划于数日内消灭中国空军,控制华东一带的制空权,以达到其三个月灭亡中国的战略目标。

淞沪会战爆发后,中国空军主动出击,并取得了抗击日军空中袭击的"八一四"空战的胜利,但随着战争的推进,中国空军在飞机的数量、质量和航空工业能力及飞行员兵力补充方面的劣势愈加明显,至1937年10月基本丧失了作战能力,京沪杭及东南沿海一带的制空权逐渐丧失。弱小的中国空军后来虽在苏联空军志愿队的支援下,在武汉空中战场也取得过若干局部战役的胜利,但从总体而言,因前期损耗巨大而又补充不济,逐渐趋于沉寂[1]。

随着中国空军制空权的逐步丧失,日本陆海军航空队在几乎没有空中阻拦的情况下,对中国的军事重地、重要设施、中东部城镇以及平民百姓进行了长期的无差别大轰炸,以期消弭中国人民的抗日意志,实现其迅速灭亡中国之目的。无差别大轰炸给中国民众造成了深重的灾难,国民政府对1937年8月至1940年5月的空袭损害进行了统计,具体如表15所示。

表15　全国各地遭受空袭损害统计表[2]

| 时间＼项目 | | 空袭次数 | 投弹 | 人员死伤 | | 房屋损毁间数 |
|---|---|---|---|---|---|---|
| | | | | 死 | 伤 | |
| 1937年 | 8月 | 148 | 716 | 332 | 627 | 1384 |
| | 9月 | 249 | 1751 | 1758 | 2104 | 2696 |
| | 10月 | 425 | 3308 | 409 | 1338 | 809 |
| | 11月 | 254 | 2765 | 198 | 430 | 948 |
| | 12月 | 193 | 2200 | 835 | 753 | 527 |

---

[1]　袁成毅.抗日战争时期国民政府对日防空研究:1931—1945[M].北京:中国社会科学出版社,2016:109.

[2]　黄镇球.首次防空节来谈我国防空之创造作战及演进[J].防空节纪念特刊,1940:149.

续表

| 时间 \ 项目 | | 空袭次数 | 投弹 | 人员死伤 | | 房屋损毁间数 |
| --- | --- | --- | --- | --- | --- | --- |
| | | | | 死 | 伤 | |
| 1938 年 | 1 月 | 168 | 2331 | 337 | 490 | 1249 |
| | 2 月 | 297 | 3328 | 406 | 496 | 1253 |
| | 3 月 | 173 | 2567 | 308 | 430 | 1001 |
| | 4 月 | 138 | 2823 | 670 | 925 | 835 |
| | 5 月 | 162 | 5180 | 5229 | 5726 | 31415 |
| | 6 月 | 344 | 7173 | 2972 | 7343 | 4229 |
| | 7 月 | 255 | 6598 | 2225 | 3152 | 4572 |
| | 8 月 | 289 | 5109 | 2665 | 4141 | 4297 |
| | 9 月 | 267 | 6225 | 1444 | 1812 | 8180 |
| | 10 月 | 70 | 2475 | 838 | 908 | 3386 |
| | 11 月 | 123 | 4506 | 2360 | 3085 | 5363 |
| | 12 月 | 49 | 1457 | 431 | 992 | 2084 |
| 1939 年 | 1 月 | 162 | 3923 | 1549 | 1409 | 3855 |
| | 2 月 | 126 | 2951 | 1921 | 3473 | 5616 |
| | 3 月 | 196 | 5097 | 2587 | 2623 | 4850 |
| | 4 月 | 235 | 5236 | 3253 | 3461 | 13398 |
| | 5 月 | 282 | 4808 | 5846 | 5038 | 20213 |
| | 6 月 | 211 | 4686 | 3971 | 3422 | 13289 |
| | 7 月 | 190 | 3830 | 1577 | 2379 | 8895 |
| | 8 月 | 266 | 4516 | 2609 | 2986 | 12715 |
| | 9 月 | 243 | 5031 | 1571 | 2019 | 9541 |
| | 10 月 | 290 | 8310 | 1755 | 2237 | 11172 |
| | 11 月 | 194 | 4358 | 868 | 1131 | 4162 |
| | 12 月 | 203 | 7408 | 956 | 1368 | 23965 |
| 1940 年 | 1 月 | 100 | 2759 | 559 | 640 | 2872 |
| | 2 月 | 92 | 1939 | 550 | 542 | 2168 |
| | 3 月 | 97 | 2103 | 635 | 692 | 3862 |
| | 4 月 | 147 | 3486 | 853 | 887 | 3898 |
| | 5 月 | 187 | 5413 | 1997 | 3211 | 3933 |
| 总计 | | 6825 | 136366 | 56474 | 72270 | 222632 |
| 附记 | | 本表所列数字仅系包括各后方城市乡镇之损害,至于战区附近之损害虽属无法统计,但衡其数字亦必与后方之损害相等也 | | | | |

从以上统计表中可以看出,日军航空队的无差别轰炸,给中国民众造成了大量的人员伤亡和财产损失,这些数据直观地反映了日军犯下的战争罪行。

太平洋战争爆发后,日军将战火扩大到了太平洋海域,因其飞机数量有限,故对在华空中力量进行了调整。1941 年,活动于我国境内的敌机总数为 31235架,而在太平洋战争爆发后的 1942 年,总数为 15297 架,不及 1941 年的一半。

1942 年后,日军将作战重点转移到太平洋战场上,集中兵力与美国展开了大规模的海空大战。在中国战场上,日本空中力量发起的空袭主要集中于浙赣会战、三次长沙会战、滇西会战期间。在 1942 年度中国遭受空袭损害最大的是浙赣等地,其次是云南、广东两省,这一点从表 16 所示的 1942 年中国各省受日军空袭概况可以明显看出。

表16　各省遭受空袭概况统计表(1942 年)①

| 省份 | 城市 | | | 乡村 | | | 机场 | | | 交通 | | |
|---|---|---|---|---|---|---|---|---|---|---|---|---|
| | 次数 | 机数 | 弹数 | 次数 | 机数 | 弹数 | 次数 | 机数 | 弹数 | 次数 | 机数 | 弹数 |
| 广东 | 88 | 233 | 1332 | 180 | 205 | 1453 | | | | 2 | 7 | 16 |
| 湖北 | | | | | | | | | | 17 | 54 | 182 |
| 安徽 | 7 | 16 | 63 | 20 | 80 | 315 | 1 | 1 | 5 | 2 | 2 | 4 |
| 河南 | 24 | 127 | 236 | | | | 1 | 3 | 12 | 2 | 7 | 23 |
| 浙江 | 57 | 310 | 979 | 30 | 91 | 513 | 28 | 156 | 517 | 7 | 50 | 215 |
| 江西 | 28 | 19 | 280 | 9 | 27 | 117 | 33 | 314 | 1020 | 8 | 44 | 156 |
| 湖南 | 14 | 45 | 291 | 2 | 10 | 12 | 14 | 152 | 320 | 4 | 18 | 52 |
| 陕西 | 14 | 39 | 181 | 1 | 1 | 8 | 3 | 11 | 28 | 4 | 36 | 335 |
| 云南 | 14 | 201 | 401 | 2 | 29 | 42 | 6 | 75 | 124 | | | |
| 福建 | 64 | 108 | 505 | 12 | 13 | 26 | 17 | 63 | 321 | 1 | 1 | 8 |
| 山西 | 10 | 21 | 2 | 6 | 28 | 663 | | | | | | |
| 总计 | 331 | 1445 | 5411 | 273 | 610 | 3188 | 121 | 1005 | 2880 | 47 | 219 | 986 |

在太平洋战争后期,日军为了确保能有一个稳定的后方基地,加大了对浙江、江西、福建三省的重点轰炸和打击,同时对湖南、云南机场的空袭也较多。

---

① 全国空袭状况之检讨[A].中国第二历史档案馆,卷号 787 - 17013,1942.

日军自 1931 年对中国东北锦州进行无差别轰炸开始,到 1945 年宣布投降的 14 年时间里,给中国人民造成了巨大的生命伤害和财产损失。据周至柔(抗日战争后期任航空委员会主任)在《中国空军简史》里的统计:敌空袭 12144 次,敌机架数 24948 架,投弹 213565 枚,民众伤亡人数 762183 人,死亡 335934 人,受伤 426249 人,"生命估价"达 85749.5 万元①。

日军对中国进行的无差别轰炸有三个显著特征:一是地域广,主要集中在江、浙、赣、闽、粤等 10 省和后方的川、黔、康等六省②;二是时间长,从 1931 年九一八事变到 1945 年战争结束,历时达 14 年,其中仅仅对重庆一地,从 1938 年 2 月 18 日到 1943 年 8 月 23 日,日军先后调动军机 9000 余架次进行了五年半的狂轰滥炸③;三是手段残忍,"肆意轰炸任何与军事无关的工厂、商店、医院、学校、民房、车站及码头,杀害手无寸铁的平民,以达到使中国人'恐怖'为目的"④。

### (二)沉重的历史记忆

历史证明,无差别轰炸并未摧毁中国人民的抗日意志,反而增强了中国人民的民族凝聚力和持久抗战的决心。但也毋庸讳言,持续的疲劳轰炸势必对中国民众的生活产生了严重影响,空袭警报声、轰炸声、死亡枕藉等,构成那个时代民众对空袭的特殊记忆。很多民众都有躲避空袭的经历,众多家庭直接成为了空袭的受害者,经常生活在空袭的恐怖阴影之下。

抗日战争虽然已经过去 70 多年,浙江温州籍、经历过日军空袭的冯坚老人仍对日军的轰炸记忆深刻:

> 抗战期间,温州还屡遭日机轰炸和日舰侵扰,工业、农业和商业都遭受巨大损失,老百姓流离失所,难以饱腹。国土沦丧,同胞惨遭蹂躏之际,浙南特委成立永乐人民抗日自卫游击纵队,进一步开展抗日游击战争。广大爱

---

① 中国第二历史档案馆.抗日战争正面战场:下[A].南京:凤凰出版社,2005:2042.
② 谢世康.川渝大轰炸:抗战时期日机轰炸四川史实研究[M].成都:西南交通大学出版社,2005:3.
③ 徐朝鉴,王孝询.重庆大轰炸[M].重庆:西南师范大学出版社,2002:1.
④ 高晓星.日军航空队袭击南京的暴行[J].抗日战争史研究,1998(1):104.

国学生也多次举行爱国游行活动,抗击日寇的反道德、反人性行径。作为普通老百姓,我记忆最深的就是日本人盘旋于头顶的战机和巨大的炸弹,这些东西让我们寝食难安。全城警报一响,我们就四处没命地逃亡,等日本人离开,我的家已经找不到门,所有的椅子、箱子,就像是遭到了肢解,没有一处是完好的。现在,我经常和华盖山乘凉的老人一起,讲过去,讲抗日。日本军国主义是中华民族最凶恶的敌人。没有经历过亡国苦的人,体会不到这一点的。我们这些人,都是亲历过,才有深刻体会。我们都亲眼看到日本飞机一来轰炸,不管你是穷人也好,富人也好,当官也好,随便你如何有钱,如何有势力,统统都没了,连命都保不住。那真叫家破人亡,苦不堪言。①

日军占领河内后,企图通过空袭来破坏滇缅公路,给滇西地区带来巨大的战争损害。1942 年 5 月 4 日,保山遭受了日军的大规模空袭,经历了这次空袭的市民李志正回忆道:

> 这一天正好是学生纪念日,各个学校都在召开运动会,保山市中心来了不少近郊的农民和华侨难民等外出的人群。过午,从西南方向就听到飞机飞过来的声音,由于没有拉响空袭警报,人们以为是中国军机或美国军机,因此没有人往外逃跑。然而当 27 架飞机的编队飞至上空,人们看到机翼上的"太阳旗"时,整个城市陷入了恐慌。但此时炸弹已经开始投下,繁华街区转眼就被烟雾所弥漫,血肉横飞,到处是凄惨的呻吟声。日本军机在轰炸之外,还在低空进行了机枪扫射。空袭后不久,我为了寻找父亲而进入城内,目睹了尸体堆积如山、血流成河的情景。街区已经成为死城,除了极少数的武装士兵以外没有居民,尸体的气味冲鼻,那种凄惨的状况无法用言语表达。②

---

① 袁成毅,丁贤勇.烽火岁月中的记忆:浙江抗日战争口述访谈[M].北京:北京图书馆出版社,2007:48 - 49.

② 德宏史志办公室.德宏史志资料:第 2 集[G].德宏:德宏民族出版社,1986:204.

中国空军第一大队大队长姜献祥在 1942 年底的日记中写下这样的感言：

> 回首过去五年，前后方经常遭到空袭。敌机肆虐之后，军民伤亡惨重，走在（重庆）市区的街上，看到的尽是血肉、尸首，放眼望去都是残壁断垣，实在是人间一幅最悲惨的画面。身为空军人员，未尽保卫之责，使军民遭到残酷杀害……这种身心上所受的折磨和煎熬，实在难以用笔墨来形容。①

中国民众恐慌奔逃躲避轰炸的场景，给美国著名记者白修德和贾安娜留下深刻的印象：

> 潮水一样的人，从那条旧城通到郊外的主要街道上涌出去。恐怖的传布，是由于群众的一种无言的现象，由于半明半暗中紧张的脸，由于身体的挤轧，由于婴孩的啼哭，由于妇人的悲泣，由于男人们坐在土堆和石块上摇摇摆摆，而一声不响。飞机是走了，人们在一个现代世界的玩意儿之前逃出来了，这是他们所能了解到的最可怕的东西。他们在惊慌的一霎那间，带着奇奇怪怪的东西：有的人带着活的鸡；有的人带着家用物品，褥子，茶壶，或亲戚的尸体。这一大队人很快地走入田野的黑暗中，杂乱的脚步在尘土之中翻滚，连绵不断。②

茅盾在散文《"雾重庆"拾零》中写道：

> 二十九年（一九四〇年）我到重庆刚赶上了雾季。然而居然也看见了几天的太阳，据说这是从来少有的。人们谈起去年的大轰炸，犹有余怖；我虽未曾亲身经历，但看了水潭（这是炸弹洞）那样多，以及没有一间屋子不是剥了皮——只这两点就够了，更不用说下城那几条全毁的街道，也就能够想象

① 朱力扬. 中国空军抗战记忆[M]. 杭州：浙江大学出版社，2015：261.

② 白修德，贾安娜. 重庆：风云际会的焦点[G]//戈宝权. 中国抗日战争时期大后方文学书系：第 10 编（外国人士作品）. 重庆：重庆出版社，1989：263.

到过去的大轰炸比我所听见的,实际上要厉害得多。①

当时身在重庆的郭沫若,目睹种种惨状后写下了短诗《惨目吟》:"五三与五四,寇机连日来。渝城遭惨炸,死者如山堆。中见一尸骸,一母与二孩。一儿横腹下,一儿抱在怀。骨肉成焦炭,凝结难分开。呜呼慈母心,万古不能灰!"②

日军的无差别大轰炸给中国民众造成的心理创伤是相当严重的。当时处于大轰炸下的人们看不到未来,日军的飞机随时可能把炸弹扔下来,"在残酷的敌人疯狂屠杀的氛围中,一切的安全、幸福,都不过是渺茫的幻想而已"③。在大轰炸中能够幸存下来的部分民众,在遭受了巨大的心理创伤后,产生了听天由命或玩世不恭的消极心理:

> 那些对日本空袭毫无抵抗的年代给了他们以逆来顺受的再教育。一整代人学会了接受这么一种最令人憎恨的前提:谁的生命财产也没有保障。他们知道,威胁来自别人,自己无法制止。他们学会了逃避。或者不幸无处可逃了,那就在忍受中用某种哲学来做精神安慰。他们对一切都采取玩世不恭的态度,如果那不是切身利益所关的话。④

无差别轰炸造成的心理冲击,体现在恐惧、悲伤、愤怒等方面。民众面对轰炸后的残垣断壁、亲人朋友伤亡的场面,极易引发悲观失望心理。战时胆战心惊,战后心有余悸,易造成民众的强迫性行为,如暴力倾向、抑郁症等。然而英勇的中国人民并未被吓倒,重庆市民在遭受日军的狂轰滥炸后,更坚定了抗日的决心,他们一改往日对国事的漠视,纷纷自发地投入到救亡图存的"抗战报仇"工作

---

① 葛翠琳. 茅盾作品精选[M]. 石家庄:河北少年儿童出版社,1997:138.

② 郭沫若. 郭沫若全集:第2卷[M]. 北京:人民文学出版社,1982:398.

③ 白朗. 在轰炸中[G]//碧野. 中国抗日战争时期大后方文学书系:第4编(报告文学 第1集). 重庆:重庆出版社,1989:443.

④ 贝克. 慢性自杀的腐朽统治:大后方见闻[G]//戈宝权. 中国抗日战争时期大后方文学书系:第10编(外国人士作品). 重庆:重庆出版社,1989:5.

中,许多失去学业的儿童也都积极参加儿童剧团进行抗日宣传①。

作家朱自清在饱受战乱中体味道:

> 轰炸使每一个中国人都认识到了共同的敌人,敌机哪儿都可以来,都可以扫射,天地间已经没有安全的角落,大家都一样的怕和恨,抗战是咱们大家的事儿,每个中国人自己的事儿,轰炸也使每个中国人觉得自己有了一个共同的民族和国家。②

美国著名记者埃德加·斯诺也写道:

> 三年来,对中心市民区的广泛滥炸所炸死的民众不到二十万人。但一切被炸城市里的几百万劫后余生却因此激起了深深的狂怒和厌恶,他们对于侵略者有一种特别切身的憎恨,你如果没有钻过地洞,没有伏在田野上躲过直插下来的轰炸机,没有看见过母亲找寻她儿子的尸体的破碎头颅的光景,没有闻过被烧死的学童的气味,你决不可能了解这种憎恨。这恐怕是日本对于中国的统一的最大贡献。
>
> 但最重要的,还是轰炸在中国人的脑子里唤醒一种重建中国的决心,比敌人能够毁灭的还要快。③

为了尽量减少轰炸后的灾情,国民政府也做了力所能及的工作。1939 年 5 月 5 日,蒋介石召集会议,将灾民救济工作提上日程,勉励全体与会人员全力以赴予以救济,共赴国难。其日记也作了如下记载:

> 民众遭此苦痛无一句恨抗战之言,思之更难自安,对此无知纯洁之同胞,其行动虽多难约束,然其神情之可爱,使余铭感无涯,遭此惨残不能忍受

---

① 陆诒. 敌机狂炸了重庆[J]. 群众,1939,2(24－25):80.
② 朱自清. 朱自清全集:第 3 卷[M]. 南京:江苏教育出版社,1996:417.
③ 斯诺. 为亚洲而战[M]. 北京:新华出版社,1984:127－128.

之艰难,惟见此更增余乐观与勇气矣。①

　　蒋介石日记从一个层面表明,日本这种残暴行径适得其反。在日军的大轰炸下,中国各界的战时救亡运动得到了空前发展。1941 年 6 月 5 日重庆大隧道惨案发生后,一位国军高射炮手投书《大公报》,表达抗战的决心:

大公报的先生们:

　　我是一个高射炮手,从五月七日贵报上的新闻和耳闻的一切,得知城内隧道因窒息致死的同胞这样多,死的又是那么凄惨,可怜! 我悲痛的连饭也不想吃! 晚上连长点名,官长又宣布那些惨死同胞的情形,请我们一定要复仇,大家都悲愤欲哭! 这一夜我不能入眠,我流泪,我心痛……我责打我自己,为什么不好好瞄准? 为什么不把那些瘟瘴小鬼打下,来救救这些可怜的人民? 唉! 我真是愧杀。但是每一次作战,我和我的同伴,都听长官的指挥,咬牙切齿地用尽自己生命的力量,一分一秒钟都不曾放松,一颗炮弹上去,我们都期待一只火烧油煎的瘟猪坠下来,但这样的机会总是很少。

　　瘟贼有时飞得那样看不到的高度,真是恨不得自己跟炮弹飞上去把它拉下来……对那些可怜的被难同胞,我想假贵报的一角地位,来表达我和我们这群无名小卒共同的哀感! 我们决不会忘记报这大仇! 以后我们一定要叫那些瘟猪掉下来,血祭罹难同胞的灵魂! 朝会后我便写了这封信。

炮兵 XXX 第 X 连第一炮手欧阳绰上<br>6 月 8 日②

　　日军无差别轰炸的主要意图是摧毁国民政府和重庆人民的抗战意志,从而激化民众与国民政府的矛盾,最终达到"不战而屈人之兵"的目的。日军对战时首都重庆进行的长达五年半的战略轰炸,不仅没有使重庆人民屈服,反而使中国人民空前团结起来,形成了爱国抗战的"重庆精神"。正如英国驻重庆的大使薛

---

　　①　蒋介石日记(手稿)[A].美国斯坦福大学胡佛研究所档案馆,1939 – 05 – 05.
　　②　读者投书:一个高射炮手的敌忾[N].大公报(重庆),1941 – 06 – 10(3).

穆爵士在 1942 年 6 月 15 日向英国民众发表广播演说时所讲：

> 自日本开始进侵中国，迄今已有五载……中国仍屹立不移，足以象征中国不屈不挠的意志和决心之重庆，乃成为全世界各地家喻户晓之一名词。为各自由民族而言，重庆乃联合国家所有振奋之精神之象征；为独裁者而言，重庆乃若干民众甘冒危险忍受痛苦不接受侵略之束缚之象征。……例如余可提及日机故意轰炸各大学，然此等轰炸并未达到其预想之效果，中国学生于临时之大学，继续攻读不辍。吾人于亲眼获睹此等艰苦之余，实感无限欣慰。此乃中国前途最佳保证。重庆之民气仍极高涨，斜枕于扬子江上的重庆城，到处断垣残壁，然附近山丘与河流，均经开发，市民亦孜孜不倦，使一切生活照常进行。在空袭警报网及防空洞方面，重庆直可与世界上任何城市比较而无愧色，重庆之应成为世界理想中之一项事物，实无足异。①

美国总统罗斯福对重庆市民在反轰炸斗争中的表现给予了高度评价：

> 余兹代表美利坚合众国人民，敬致此卷轴于重庆人民，以表示吾人对贵市勇毅的男女老幼人民之赞颂。远在世界一般人士了解空袭恐怖之前，贵市人民迭次在日军猛烈轰炸之下，坚毅镇定，屹立不屈。此种光荣之态度，足证坚强拥护自由的人民之精神，绝非暴力主义所能损害于毫末。君等拥护自由之忠诚，将使后代人民衷心感谢而永垂不朽也。②

重庆人民在日军残暴轰炸中的顽强斗争，为重庆及中国赢得了良好的国际声誉，从而也赢得了国际社会的广泛同情与支持。重庆精神也可以说是中华民族不屈服于强敌的精神，尤其是在无差别轰炸任意肆虐之时，这种精神显得更为可贵。

---

① 周开庆.四川与对日抗战[M].台北:台湾商务印书馆,1970:80.
② 中国人民政治协商会议重庆市委员会学习及文史委员会.重庆文史资料:第 9 辑[M].重庆:西南师范大学出版社,2006:431.

如果以上都是作为受害方的中国的历史记忆,那么作为加害方的日本,其民众及主流媒体如何看待无差别轰炸呢?

有日本学者对《朝日新闻》等报纸有关中日开战的报道进行梳理,发现日军对中国各地实施轰炸的报道数日刊登在报纸头版,"海军机空前的大壮举"这样的标题频繁出现。由朝日新闻社主办的航空展的宣传材料上写着"每份我军轰炸的通知,都给我们带来新的鼓舞和兴奋"。航空展动员了众多人前来参观,连小孩儿都为军用飞机捐了款。有中国大陆学者通过整理一手日文史料,从四个方面重点介绍了日方有关重庆轰炸的记录:对轰炸战略和轰炸进程及战果的记录,新闻媒体大量夸张性的战果报道,鲜明的加害方立场,轰炸方权益损失的交涉记录①。从中可看出,日本媒体对日军实施的空战和轰炸的描述,展现了日本空战的辉煌战绩,充满了胜利者的傲慢与偏见,却没有体现出无差别轰炸的残酷和不人道。当然,这和日本长期进行军国主义教育有直接关联,日本大部分民众深信"这是正当的自卫战争"和"解放"包括中国在内的"大东亚圣战"。

对城市的轰炸本身是一种理所当然的战斗行为,对中国的轰炸是正当行为,这是日本民众被官方灌输的战争观。在日本也有对战争目的、行为持批判和质疑态度的人,这些存在厌战、反战、失败主义倾向的言论会被日本政府取缔,这些人也成了被监视的对象②。

吊诡的是,在日占区上空被击落的美军飞行员遭到了日军的疯狂报复,宪兵队通常在大庭广众之下对他们进行处决,以达到警告当地民众以及宣传"日本在保护中国城市免遭轰炸"的目的,因为美军飞机对几座日军建有兵工厂或其他军事设施的中国城市进行了轰炸。

1944 年 12 月,一架美军飞机在上海附近杭州迫降,机上 3 名飞行员被日军俘虏。宪兵队抓住他们后先给了一顿毒打,然后推搡着这几个浑身鲜血的人沿街示众,大批中国农民一边聚在街边观看一边向美国人发出嘲弄。

---

① 潘淘,高佳.抗战时期侵华日军"轰炸记忆"的演变与建构:以"重庆大轰炸"为中心的考察[J].西南大学学报(社会科学版),2018(6):138.
② 伊香俊哉.战争的记忆:日中两国的共鸣和争执[M].韩毅飞,译.北京:社会科学文献出版社,2016:158-159.

在日本宪兵强迫下,飞行员们不得不抱头穿过敌意浓重的街道,围观民众用拳头或手头能找到的物品打他们、砸他们。最后,日本人把汽油浇在他们身上,把他们当街活活烧死。①

第二次世界大战结束后 70 余年,战争的记忆在欧美、中国和日本都被再一次唤醒,对城市轰炸的再评价也不例外,伦敦、柏林、锦州、武汉、重庆、东京、广岛、长崎等地召开了系列纪念活动或学术研讨会。著者及课题组寻访中国境内无差别轰炸的一些受害者,考察遗留在各地的大轰炸遗址和抗日战争纪念馆,每次都有所感叹:时过境迁,又有多少人能记起那段惨痛的历史记忆? 翻看过这些史料的人都深深地感到,只要认真地挖掘那些积累的历史记忆,似乎仍然能够听到那些无助民众的呐喊。在考察的同时,著者翻阅了大量的原始档案、民国报纸、地方志等资料中有关大轰炸的记录,遂决定从空中杀戮和陆上抵抗两个方面的视角,反映出加害者和被害者之间缺乏直接"对话"的这种现代战争状态。这是一种"工业时期战争的屠杀形式",也可以说是"身体并不接近的南京大屠杀"②。20 世纪是空中轰炸的世纪,而翻开空中杀戮的首页,便是日本对锦州的无差别轰炸。无差别轰炸并非是封闭的过去的历史,其思路成为"新战争"理论的原型。在第二次世界大战的最后阶段,美国继承了战略轰炸的思想,对日本各大城市实施了空袭,并向广岛和长崎投放了原子弹,使无差别轰炸升级和扩大,这样,锦州、重庆、广岛、长崎,则成为同一战略思想的"轰炸链"。日本军国主义是"自作孽不可活",理应受到惩罚,然而新的战争并未终结,历史似乎又在重演无差别轰炸的悲剧,潘多拉之盒似乎又被打开。

---

① 马克·费尔顿.日本宪兵队秘史:亚洲战场上的谋杀、暴力和酷刑[M].李学华,译.重庆:重庆出版社,2017:136.
② 袁成毅.国民政府防空建设史料整理与研究述评[J].抗日战争研究,2011(3):151.

# 第十一章　审战:无差别轰炸罪行与历史记忆

侵华战争时期,为彻底摧毁中华民族的抗战意志,日军公然违背国际空战条约,对中国大部分省份实施了旷日持久、惨无人道的无差别轰炸,给中国民众带来了巨大的财产损失和严重的身心创伤。国民政府在军事抗争的同时,也通过外交斡旋,据法力争,但始终难以用法律制裁这种"空中屠杀"式的罪行。战后的东京审判及中国国内审判,由于诸多因素叠加,国民政府近乎放弃了对日军无差别轰炸的法律责任的追究,这就造成抗战史上富有争议的一个审判悬案。审判结果体现出相关国家对轰炸性质的不同认知,从而导致各方对轰炸记忆的不同建构。历史记忆和无差别轰炸罪行之间的纠葛,势必对中日关系产生一定的影响。

## 一、国际社会禁止无差别轰炸的立法努力

如此惨绝人寰的"空中屠杀"式的无差别轰炸,势必引起国际社会的强烈反应,那么,在立法上国际法学界究竟进行了哪些探索与实践? 中日双方对历次立法又持何种态度? 我们对这一问题进行了简单梳理。

18世纪下半叶,随着战争的进行,一些欧洲国家在交战中不断利用气球、飞艇装载爆炸物空袭敌方阵地,使交战方式发生较大转变,即由海陆平面交战方式上升到海陆空立体战争。这对传统意义上的战争提出了新的挑战,此现象也引起了国际法学界的关注。

1899年5月18日至7月29日,世界上26个国家应俄国沙皇尼古拉二世的邀请,在海牙召开了第一次国际和平会议。清政府应俄国沙皇邀请,派遣正在出使俄、奥两国的大臣杨儒,参赞官何彦升、胡惟德,翻译陆徵祥、金楷理等,组成代表团参加了此次会议。

经过两个多月的讨论,会议通过了《禁止从气球上或用其他新的类似方法投

掷投射物和爆炸物宣言》(有效期 5 年)和《海牙公约》及其附属规则,即《陆战法规和惯例章程》。该规则共有 56 条,包括禁止攻击无防备的城市①。参会各国代表出于本国利益考虑,对这些条约文件有全部签署和部分签署者,英、德、意、奥等国缓签。清政府代表杨儒认为"禁用猛力军火声明文件"禁止自气球上放掷炮弹及炸裂品等项,因当时中国国内尚未生产此类产品,均可签署。

为了进一步完善前期的宣言及公约,1907 年在海牙召开了第二次和平会议,参加会议的国家增加到了 44 个。清政府对此次会议予以高度重视,认为"现在时局趋重,亚东中国外交尤其吃重,正宜公会发言,隐资补救"②。

这次会议就 1899 年的宣言进行了讨论,但在宣言上签字的仅有英、美、中等 15 国,其余各国包括日本并没有签字。该次会议还就第一次会议中有关陆战法规的第 25 条进行了修订,在原有条文中插入"以任何手段",即修改为"禁止以任何手段攻击或轰击不设防的城镇、村庄、住所和建筑物"。这里的"任何手段"中就包含了轰炸③。

1907 年第二次和平会议召开之际,飞机尚处于萌芽期。1911 年意土战争中,意大利率先用飞机实施了轰炸。第一次世界大战期间,同盟国与协约国之间出现了大规模的空中轰炸,双方除锁定军事目标进行轰炸外,对"不设防城市"也均实施了轰炸,这就使得海牙陆战法规第 25 条成为一纸空文。交战各国虽标榜只对军事目标进行轰炸,但其实质是无差别轰炸,从用轰炸摧毁敌国平民的战争意志的层面来说,又产生了以杜黑为代表的战略轰炸理论。以飞机为载体的空战和轰炸成为现实,无视海牙公约的轰炸在继续,使得对战时国际法和国际人道法的修订被提上日程。

1922 年,应美国之邀,美、英、日、法、意、荷等六国法律专家共同起草制定了《空战规则草案》,对空战规则进行了分类界定,填补了国际法学上关于战争和武装冲突法的空白。这个草案因参与各国彼此间的分歧而没能正式签署,导致这些规则不具有法律效力,然而,它的出台毕竟对规范空战实践和未来空战立法有

---

① 张正德.重庆大轰炸涉讼问题的宏观探讨[J].重庆社会科学,2006(11):105.

② 许同莘,汪毅,张承棨.光绪条约:第 6 册[G].台北:文海出版社,1976:3057.

③ 伊香俊哉.战争的记忆:日中两国的共鸣和争执[M].韩毅飞,译.北京:社会科学文献出版社,2016:138.

着重要影响。

《空战规则草案》共 8 章 62 条,从宏观层面对空战行动进行了分类界定,对非军事目标进行了详细的分类,并严格禁止对此类目标的轰炸。草案对出现的各种空中军事行动和所涉及的各种关系进行了梳理,又对一些程序性的问题作了进一步的明确。草案在以往的战争法法规和习惯规章的基础上,重新搭建起空战法的结构框架,成为国际法学界关于空战的第一个内容全面、涉及广泛、便于操作的单行法规①。

其中草案的第二十二条、二十四条对军事目标的轰炸进行了范围界定,部分摘录如下:

第二十二条

禁止以威吓非军事人员的平民、破坏或损毁非军事性质的私有财产以及伤害非战斗成员为目的轰炸。

第二十四条

1. 限于军事目标,即对通过将其加以破坏或毁损,能很明显地将给交战国带来军事利益的目标的空袭为合法。

2. 轰炸仅限于以下目标时为合法:军队、军事工事、军事建筑或军用储藏站、从事武器弹药或明显为军需品制造的工厂,同时构成了重要而众所周知的中心设施的,或为军事目的而使用的联络通道或运输通道。

3. 禁止轰炸位于地面部队作战行动的临近地区之外的城镇、乡村、住宅或建筑物。如不对非军事人员进行无差别轰炸,则无法轰炸 2 中的目标的话,飞机应对轰炸进行控制。

4. 在地面部队作战行动的临近地区实施对城镇、乡村、住宅或建筑物的轰炸,存在以下理由时为合法:即便考虑到会给非军事人员的平民带来危险,但兵力的集中非常重要,以至于轰炸本身具有充分的正当性的时候。②

---

① 阎振远.《空战规则草案》与空战法初探[J].法学杂志,1999,20(4):40.

② 阎振远.《空战规则草案》与空战法初探[J].军事历史研究,1997(4):127.

草案规定针对军事目标的轰炸原则上是合法的,针对平民的轰炸则是违法的,但误炸在法理上如何进行性质界定,并未予以说明。当时有国际法学者如此感叹:"首先,任何一个国家都确信敌军所实施的轰炸是无差别轰炸;第二,任何一个国家都坚信自己国家空军在实施轰炸的时候,很注意选择了目标,是正确的。"①第一次世界大战的到来,使一切均发生了变化,虽然《陆战法规和惯例章程》处于有效期,但处于交战中的德、俄、法等国本来就未签过字,因此章程对这些国家没有约束力,而签约的国家在战争中也都没能严格遵守。第一次世界大战期间,德国先后对英法等国实施无差别轰炸,给两国民众造成了重大伤亡和心理恐惧。

对于第一次世界大战中德国在战场上实行无差别轰炸的行为,作为战胜方的协约国在《凡尔赛和约》第八部分的"附件"中进行了详细的统计和罗列,并针对这些行为进行了严厉处罚,规定德国需要对违反空战法规所导致的平民伤害及财产损失等进行赔偿②。当然,在这部处罚战败国的条约中,不可能对取得胜利的参战国的无差别轰炸行为进行追究,这也是当时国际法框架中所缺失的。

在1922年召开的华盛顿会议上,美、英、法、日、意五国成立了以美国代表莫尔为主席的专门委员会,具体研究空战法规,其中,特别重点研究了1907年海牙会议制定的《陆战法规和惯例章程》是否适用于空战及后来战争出现的新工具,若不适用,将进行怎样的变更③。委员会经过多次讨论后,在美英两国代表提议的基础上,形成了《关于航空与无线电用于战争的法规》。在该法规的74款条文中,建议限制空战的有62款。这部法规内容具体翔实,如军队作战人员违反法规造成平民生命财产损失的交战国应担当赔偿的责任等,都有明确的规定④。从法律的角度来看,该法规可以算得上是一部真正意义上的空战法规了。

1932年的日内瓦裁军会议再次讨论了轰炸问题,加入了禁止使用燃烧武器的内容,从内容上来看要比之前的空战规则有所进步,但也没有制定相关的条

① 田冈良一. 空襲と国際法[M]. 東京:厳松堂書店,1940:32.

②③ 郭长禄. 论日机轰炸我国之违法[M]. 南京:中山文化教育馆,1938:6.

④ 郭长禄. 论日机轰炸我国之违法[M]. 南京:中山文化教育馆,1938:8.

约。在此期间,裁军会议委员会于 7 月 23 日通过了提倡完全废除从空中对市民进行攻击和轰炸的决议。日本在中国东北首次实施了无差别轰炸,以轰炸是"国防上必要"的手段为由表示了反对,但决议还是获得了通过。虽然这个决议并没有实质上的效力,但 1932 年的日内瓦裁军会议还是体现了国际社会的基本共识,即只允许根据军事目标主义实施轰炸。然而在 20 世纪 30 年代的战争中,海牙空战规则虽然得以保留,但实质上的无差别轰炸时代却由此诞生①。

## 二、日本海军航空队的轰炸规则

那么,日本军方如何看待上述有关无差别轰炸的战争法规呢?

1923 年国际法律专家委员会通过的海牙空战规则,禁止实施无差别轰炸。全国抗战爆发后,在日军不断扩大无差别轰炸的过程中,国际上多次对无差别轰炸进行谴责,明确了将军事目标主义作为轰炸合法的标准。这表明提出军事目标主义的海牙空战规则,已成为国际惯例法。

针对国际社会的严厉谴责,日方也多次进行了反驳和辩护,声称日军对中国实施的轰炸遵照了军事目标主义规则,遵守了日本海军下达的《关于空战的标准》和《有关轰炸规则的零碎事项》两部重要的文件。为更好地探究这两部文件的虚实,现将其主要内容摘录如下:

### 《关于空战的标准》

(一)轰炸目标物

1. 能够轰炸的目标物

不论城镇、乡村是否设防,下列对象可以进行轰炸。

(1)军舰(包括各舰种、伪装巡洋舰)、军用运输舰、军用供油船以及其他军用特别任务船。

(2)军队(不包括分散在城镇、乡村内的少数士兵)。

---

① 伊香俊哉.战争的记忆:日中两国的共鸣和争执[M].韩毅飞,译.北京:社会科学文献出版社,2016:142 - 143.

(3)军事建筑物,各种工事(战壕、防御物等)。

(4)军事建筑物,兵营、飞机、油库、电台、工厂等。

(5)军事储藏物,属于军队的军需品贮藏站(武器与军需的仓库,即使民用也可轰炸)。

(6)武器弹药、军需品工厂,即便是民用工厂,若符合上述内容也算作轰炸对象,但不含零部件承包工厂那样的小工厂,应仅限于较为有名的工厂。

(7)用于军事目的上的交通线、运输线、充当军队军需品运输的线路、港湾设施。

对上述目标物实施轰炸时,一定要格外注意不能损害属于第三国以及第三国的物体。

2.不能轰炸的目标物

若作为敌军的据点或被用于军事行动时,则不在此列。

(1)公众的礼拜场所:神社、寺院、教堂等。

(2)用于技艺、学术的建筑物:学校、图书馆等。

(3)用于慈善的场所:养老院、医院病房、伤病员收容所、船只等。

(4)历史上的纪念建筑物:纪念碑、庙、美术馆等。

(二)城镇、乡村的轰炸

指将所有的城镇、村庄(包括设防和不设防)作为目标……如果不能将所有城镇、乡村作为目标,则可分别对目标物实施轰炸。

可进行轰炸的:距地面部队(包括陆战队)的作战行动区域较近的,所在的城镇、村庄集中有大部队的(当然,弱国不得已要给普通百姓带来危险的话,应尽量减轻此类危险)。

不能轰炸的:

(1)不能实施仅以威慑普通百姓、损坏非军事性质的物体、损伤非战斗人员为目的的轰炸。

(2)不能对有少数军队分散宿营的、远离地面作战行动地区的城镇、村庄实施轰炸。……

## 《有关轰炸规则的零碎事项》

（一）禁止威胁轰炸

禁止实施没有直接军事上的目的,以作为威胁敌国人民为目的的轰炸。故此对远离地面战场的城镇、乡村的军事目标实施轰炸是不合适的。

（二）轰炸目标的选择

1. 轰炸一定要瞄准目标

因未瞄准目标或因不能避免的错误而给其他物体造成损害的,这些都视为因伴随战斗行为而造成的不得已的结果,是无法避免的。

即使正确地轰炸了军事目标,作为自然结果也会出现损坏其他物品的情况,属于不能完全防止的结果,所以无须为其承担责任。

2. 在军事目标不明确的情况下,按某处可能有军事目标的推测来实施的话,会导致无差别轰炸,所以这种轰炸方法不合理。

3. 即使是轰炸了军事目标,也不能保证不会出现之后发现是误炸,即轰炸了非军事目标的情况。那么在选择轰炸目标的程序上是否仔细,就成了一个问题。

如果事前对轰炸目标所在地及其周边的状况进行了考虑及认真的判断,但仍导致了上述误炸(即一般空袭执行者按上述场所、状况实施了轰炸但结果成为误炸)的话不承担责任。

（三）对陆地战场以及近距离的轰炸(与炮击地面作战区域及舰载战斗机驻守的城镇、村庄一样)

1. 这种情况下,虽在战场上也存在非战斗人员或非军事用品,不得已只能采取一并轰炸(无差别轰炸)。在这种情况下,应尽可能地保护医院、学校(不包括军校)、图书馆等地,尽量避免故意增加对非战斗人员的伤害。

2. 应将为前线输送军队及军需品而经常使用的、有铁路通过的周围地区及与战场相隔不太远的地区同样视为战场。

3. 不仅应将当时用于军事运输的列车、停车场作为军事目标,也应将其周围地区视为军事目标。

（四）对远隔陆地战场的轰炸

1. 轰炸目标以军事目标为准(军队、舰船、军事设施、军事建筑物、军需品储藏站、武器弹药军需工厂、用于军事目的的通讯、机场、港湾设施)。

2. 应适当控制对普通政府机关、经济机构的破坏(特别情况除外)。

3. 轰炸 1 中的目标时,应尽可能不对非战斗人员(特别是第三国人)以及特别保护物(医院、学校等)造成损失(有标识的情况下应格外注意)。

4. 若轰炸目标并不是很重要的物件,即便是军事目标,也尽可能从人道角度上考虑,防止对非战斗人员及非军事物体等造成重大损害。


可见,日本海军的《关于空战的标准》和《有关轰炸规则的零碎事项》原则上采用了军事目标主义,根据目标性质来判断可否进行轰炸。在全国抗战爆发后,日本海军部向各部队下达了把依照军事目标主义原则进行的轰炸视为合法的指令。作为轰炸标准,海牙空战规则所推崇的军事目标主义虽未成为正式的国际法,但日本也不得不表面上接受。

日本史学家伊香俊哉在《战争的记忆:日中两国的共鸣和争执》一书中指出,日本陆军在第一次世界大战之前的立场是,如果不禁止使用比轰炸的杀伤力还要大的武器,就没有必要只禁止轰炸。但是,在第一次世界大战后,日本陆军参谋本部在国际联盟研究委员会讨论《战时国际法修改意见(决议案)》中改变了立场,认为尽可能地主张禁止使用毒瓦斯并限制使用飞机投下炸弹是有利的,但在讨论过程中表明了一种意见,即在和中国发生战争的时候,不加禁止会更有利。从对比中我们可以看出,日本军方在空战规则上实行的是双重标准。于是,日方代表在海牙会议上提出:"以战斗之外的目的使用飞机,特别是用于破坏城镇、乡村的建筑物等行为,不仅从人道来讲应受谴责,从帝国的地理地位特殊国情上来讲也是非常危险的,因此应努力阻止。"[①]日本从被轰炸者的角度考虑,做出了希望禁止轰炸城市的决定。由此可见,禁止无差别轰炸以避免对平民进行屠杀,已成为包括日本在内的绝大多数国家公认的国际习惯法准则。

---

① 伊香俊哉.战争的记忆:日中两国的共鸣和争执[M].韩毅飞,译.北京:社会科学文献出版社,2016:140-141.

## 三、无差别轰炸悬案与沉默的记忆

七七事变后,国民政府立即向国际社会揭露日军无差别轰炸的暴行。8 月以后,日军持续对华中、华南地区进行大规模轰炸,中方于 9 月 12 日向国联发出了《日本在中国的侵略》的通告。该份报告谴责了日军对非战斗人员的轰炸。以此为依据,国联远东咨询委员会于 9 月 27 日起草并通过了谴责日军无差别轰炸的决议。此份决议在次日的联盟大会上也获得了通过。在此之后,中方就日军的无差别轰炸问题向国际联盟反复地申诉。1938 年 5 月第 105 次联盟理事会终于通过了谴责日军滥行轰炸中国平民的决议案,"对于日本飞机在中国不设防城市从事空中轰炸一事,予以紧急之考虑,并严正地予以谴责"①。但随着欧洲战争的爆发,中方的申诉也被束之高阁。

为了揭露日军对中国民众犯下的残暴战争罪行,国民政府在日本全面侵华战争爆发后,就责令中央宣传部国际宣传处、政治部和外交部等部门开展对日军罪行的调查和揭露宣传。1943 年 9 月意大利宣布投降后,为了调查轴心国的战争罪行,以英、法、美等为首的 18 个同盟国,在 1943 年 10 月 20 日于伦敦成立同盟国调查战争罪行委员会(United Nations War Crime Commission)。1943 年 12 月 15 日,国民政府司法行政部会同外交部、军政部拟定了《敌人罪行调查委员会组织规程(草案)》16 条上呈行政院,经行政院第 633 次会议通过。1944 年 2 月 23 日,行政院敌人罪行调查委员会在重庆正式成立。1945 年 6 月 27 日,中国外交部向司法行政部提出汇总日方的犯罪案件,尽快提交给远东委员会。就如何把无差别轰炸作为战争犯罪来追究,远东委员会出现了争论,经过两次会议的讨论,才对有意识轰炸不设防城市的条件与举证责任、不设防城市的界定与证据、欧洲的轰炸现象的处理手续等,形成问询提交同盟国调查战争罪行委员会。

同盟国调查战争罪行委员会指出,"有意识地轰炸不设防城市"属战争罪这一原则也适用于中日战争。但同时指出,欧洲战场交战双方都以大规模的轰炸作为战争手段,在纽伦堡对主要战犯德军最高司令官的审判中,德国空军的无差

---

① 石源华.中华民国外交史[M].上海:上海人民出版社,1994:506.

别轰炸未被起诉,这一标准也适用于日本。同盟国调查战争罪行委员会还指出"有意识地轰炸不设防城市"的举证责任在检方,对于"不设防城市"没有明确的规定,委员会认为"不设防城市"的正确标准就是不存在军事目标。这些都表明同盟国调查战争罪行委员会对追究无差别轰炸持消极态度①。

那么远东军事法庭对日军在华的无差别轰炸罪行作了何种处理呢? 在东京审判的起诉书中,起诉理由的正文部分没有涉及日军轰炸,但在附件 A 中指出了 1937年 9 月 19 日至 25 日"日军对南京及广东实施轰炸,蓄意杀害了众多的平民百姓"②。然而对于最大规模的重庆轰炸,并未提及。1942 年 8 月 13 日,日本政府曾匆忙批准了一项新条例,规定空袭任何一处日本领土和日占区目标都被列为"战争罪犯"。因此被捕的盟军飞行员被剥夺战俘身份,面临日本军事法庭的审判。日本政府在宣布条例生效的命令中称,军法惩处的结果可能是死刑,可能会被执行枪决。对于日方审判、处罚美军士兵的行为,检方以虐待战俘为由进行了起诉,无差别轰炸也因此被卷入其中。日本辩方要把轰炸正当化,就有必要证明日军的轰炸是按军事目标主义进行的。为此辩方提议让日本海军省法律顾问作为反证阶段的证人出庭作证,证明日军的轰炸是遵循军事目标主义而实施的。最后判决却认定,受日军军法会议审判的美军轰炸就像日本人在中国所实施的行为一样。此种反证,让主导审判的美方异常尴尬,无差别轰炸的责任,就以这种畸形的方式抵消了。

由于美国干预及其他诸多原因,远东军事法庭对日军的无差别轰炸犯罪既没有起诉和审判,也没有进行详细调查。

除东京审判外,战后中国也设立了战犯法庭,对乙丙级战犯进行审判③。那么,在中国的战犯审判审理了哪些犯罪行为? 无差别轰炸的起诉案件又有多少? 具体情况如表 17 所示。

---

① 伊香俊哉. 战争的记忆:日中两国的共鸣和争执[M]. 韩毅飞,译. 北京:社会科学文献出版社,2016:259 - 260.

② 朝日新聞法廷記録団. 東京審判:上卷[M]. 東京:東京裁判刊行会,1962:124.

③ 以 1945 年 12 月在北平设立战犯法庭为开端,1946 年 2 至 5 月,中国又在沈阳、济南、南京、汉口、上海、太原、广州、徐州、台北 9 地设立了战犯法庭。成立法庭的地区及法庭名称如下:南京,国防部军事法庭;沈阳,东北行辕军事法庭;汉口,武汉行辕军事法庭;上海,国防部上海军事法庭;济南,第二绥靖区司令部军事法庭;太原,太原绥靖公署军事法庭;北平,保定绥靖公署军事法庭;台北,台湾警备司令部军事法庭。

表 17　按犯罪类别的起诉件数①

| 项目 | 美国 | 英国 | 澳大利亚 | 荷兰 | 法国 | 菲律宾 | 中国 | 合计 |
|---|---|---|---|---|---|---|---|---|
| 件数(件) | 456 | 330 | 294 | 448 | 39 | 72 | 605 | 2244 |
| 人数(人) | 1453 | 978 | 949 | 1038 | 230 | 169 | 883 | 5700 |
| 针对俘虏的杀人、虐待、虐待致死(A)(人) | 1578 | 554 | 857 | 231 | 132 | 16 | 55 | 3413 |
| 针对扣押人员的杀人、虐待、虐待致死(B) | 5 | 17 | 59 | 124 | 4 | 3 | 2 | 214 |
| 对非战斗人员的杀人、虐待、虐待致死、不当逮捕拘禁(C) | 357 | 1114 | 194 | 1243 | 236 | 242 | 1003 | 4389 |
| 对俘虏救济的贪污 | 67 | 2 | | 1 | | | 1 | 71 |
| 与作战有直接关系的强制军事劳动 | 24 | 6 | 8 | 2 | 5 | 1 | 13 | 59 |
| 遗弃、亵渎、妨碍埋葬尸体等 | 189 | | 30 | 53 | | | 19 | 292 |
| 食人肉 | | | 14 | | | 15 | | 29 |
| 强制卖淫、诱拐妇女 | 1 | 1 | | 30 | | | 4 | 36 |
| 强奸 | 35 | 1 | 1 | 10 | 2 | 45 | 49 | 143 |
| 通过非法的军法会议处死 | | | 11 | | | | 2 | 13 |
| 违反停战协定 | | | | 12 | 1 | | | 13 |
| 掠夺财物、破坏、焚烧、强行剥夺 | 93 | | 6 | 17 | 32 | 41 | 261 | 450 |
| 强制性劳动、强行征用劳工、强制征兵 | | | 2 | | | 3 | 39 | 44 |
| 压迫民众、流放民众 | | 1 | | | | | 13 | 14 |
| 洗脑、毒化、奴役化 | | | | | | | 29 | 29 |

---

① 法务大臣官房司法法制调查部. 战争犯罪审判史要［M］. 東京:法务大臣官房司法法制调查部,1973:267 - 268.

续表

| 项目 | 美国 | 英国 | 澳大利亚 | 荷兰 | 法国 | 菲律宾 | 中国 | 合计 |
|---|---|---|---|---|---|---|---|---|
| 贩卖鸦片 | | | | | | | 20 | 20 |
| 开设赌场 | | | | | | | 3 | 3 |
| 使用毒气 | | | | | | | 1 | 1 |
| 轰炸不设防区 | | | | | | | 1 | 1 |
| 隐性夺取主权、破坏内政、搅乱经济等 | | | | | | | 13 | 13 |
| 助长侵略战争 | | | | | | | 28 | 28 |
| 俘虏的犯罪比率（A/A＋B＋C）（%） | 81.3 | 32.5 | 77.2 | 14.5 | 35.5 | 6.1 | 5.2 | 42.6 |
| 非战斗人员的犯罪比率（C/A＋B＋C）（%） | 18.4 | 66.5 | 17.5 | 77.8 | 63.4 | 92.7 | 94.6 | 54.8 |

从表 17 可以看出，起诉的犯罪行为多达 20 余项，其中涉及中国的起诉案件无论是起诉件数还是涉案人数均最多，这表明中国的受害程度更高。从中国实施的乙丙级战犯审判的起诉件数来看，"对非战斗人员的杀人、虐待、虐待致死、不当逮捕拘禁"的件数较多。令人震惊的是强奸案件起诉较少，只有区区 49 件，而"轰炸不设防区"的起诉件数最少，只有 1 件。这不像是一场"胜利者的审判"，更像是一场"受害者的审判"。

如果说，美国等西方国家出于自身利益等方面的考量，在东京审判中对无差别轰炸的起诉持消极态度，那么中国法庭对乙丙级战犯的审判，不应有此羁绊。然而，历史何以至此？起诉何以至此？这表明中方追究这些犯罪的态度软化？日军在华所犯罪行罄竹难书（包括无差别轰炸），国民政府无论是从民族情感还是从政治上考量，当然有权力、有责任、有义务代表中国人民将战犯绳之以法。这一令人费解的结局，主要由以下几方面造成：一是要锁定这些行为的犯罪者并加以起诉非常困难；二是即使战犯被抓捕，如果罪行不是太重，证据也不充分，则依据"宽大政策"，应按照尽早结束战犯处理的方针，免去报复性处罚；三是国民党即将发起内战，国民政府出于政治考量匆匆结束了对日审判；四是以美国为首的远东国际军事法庭对日军无差别轰炸的基调已定,国民政府从维系中美关系的角度出发,做出了近乎免于起诉无差别轰炸罪行的决定。

然而,这一审判结果所带来的客观后果又是什么呢? 它不仅导致日军在中国所犯下的非人道的无差别轰炸罪行没有得到全面的追究和清算,而且极其严重地混淆了日军对华轰炸与盟军对日轰炸的不同性质,更模糊和扰乱了人们对日军无差别轰炸罪恶的认知,留下了太多值得人们深思和探寻的地方。

众所周知,之后因美苏冷战及中国国内形势巨变,中日美三国的关系始终波诡云谲,无差别轰炸的历史记忆似乎已湮没于历史长河之中。自抗战结束已有70多年的历史了,随着大轰炸的记忆史料被进一步挖掘,我们能更进一步掌握更多的加害史实。无差别轰炸的审判有诸多缺陷,即便审判本身遭到否定,大轰炸的历史记忆也不能随风而逝,犯罪事实也永远不会凭空消失,悲惨往事绝不能如烟。尘封的历史记忆历经岁月的冲洗,可能会变得愈加深刻、清晰、冰冷。

记忆是什么? 历史学家克里斯·威克姆和詹姆斯·芬特雷斯在他们关于社会记忆的研究中指出,当我们记忆时,我们把自己展现给自己和周围人。如果是这样,那么关于记忆方式的研究——我们记忆中展示自我的方式、我们通过记忆来定义个体和集体身份的方式、我们在记忆中安排我们思想的方式、我们传承记忆的方式,就是对我们自身的研究。

由此我们认识到了记忆本身的复杂性、个体记忆和集体记忆之间的困扰性差异,以及记忆和历史之间的关系的争议性。一方面,亲历者亲眼所见,又一次揭开了无差别轰炸给他们留下的心理创伤;另一方面,日记、档案、相关人员的见闻、媒体的描述,展现了历史事件的真实性。幸存者和见证者与轰炸之间的联系得以强化,使得曾消失的"事件"可能留下深刻的记忆。恐怖事件的创伤具有一种穿透性的力量,可以在群体意识中留下集体终生难以忘却的痕迹。日军对中国民众进行无差别轰炸的相关史料,建构了个人和群体的共同的创伤记忆,这是中华民族所经历过的战争创伤①。

集体记忆是一部分社会群体对共同经历过的往事的过程和结果的一种记

---

① 贺建平,王永芬,马灵燕.受难与国耻建构:"重庆大轰炸"集体记忆的媒介话语策略[J].国际新闻界,2015(12):94-97.

忆,具有传承的延续性特征①。集体记忆的意义是什么? 是交代、谈论过去,从而为逝者招魂? 还是在一个公开的正式场合,以一种能够获得公众认可的方式来再现那段黑暗年代的记忆,从个体记忆转向集体记忆?

日军对中国所犯下的滔天罪行及中国的军事、法理等抗争,这种国家和民族的"受难"话语与创伤记忆,不仅是中国的,同时也是世界的。随着时光流逝,无差别轰炸的幸存者和见证者有些是耄耋老人,有些已"驾鹤西去",他们已无法口述"亲历"和诠释创伤细节,此时,受害方被迫选择了沉默。作为加害方的日本,审判后"应所当然"地选择了沉默。这就正如德国学者诺伊曼提出的"沉默的螺旋"理论的两个相反的样态:加害者的沉默和受害者的沉默。所谓加害者的沉默,是一种内化的、心照不宣的沉默。对于无差别轰炸事件,受害者历史的"不在场"给了历史修正主义者以否定历史"实在性"的借口,充当了"记忆的暗杀者"的角色。朴素的实证主义者希冀以铁证如山的史实进行还击,然而,经历"精神创伤"的受害者除了"受害"本身其他什么也记忆不起来的案例,在心理学和历史学上不乏其例。比起虚实杂陈的回忆,回忆不起来本身就是受害者的最有力证据②。直面幸存者即将逝去的现实,抢救当事人的"历史记忆",已经刻不容缓了。

无差别轰炸只不过是日本近代以来对中国所犯诸多罪行的一种,揭示历史的本相,唤起那段悲惨、黑暗、恐怖年代的沉痛记忆,拷问着每位有良知的日本人,也影响着中日关系的走向。正如日本著名作家堀田善卫在其《在上海》一书中所表述的,日本近代以来对中国造成的灾难,成为他内心痛苦挣扎的根源。14年后,他又再次表示:

> 在日中近代的百年史中,我们日本这一方,是在天皇的名义下对中国的侵略者、杀戮者……但是,回顾一下战败后四分之一世纪的岁月,我们做了些什么呢? 想到这一点,我就会感到一种自责之念,无法自已。③

---

① 哈布瓦赫.论集体记忆[M].毕然,郭金华,译.上海:上海人民出版社,2002:94.
② 孙江."后真相"中的"真相"[J].探索与争鸣,2017(4):9.
③ 徐静波.近代日本文化人与上海:1923—1946[M].上海:上海人民出版社,2017:458.

基于对民族、文化、历史等的深刻反思,关于中日关系的未来发展,堀田也寄予厚望,并做出如下论断:

> 日中之间的关系,无论从历史还是未来角度来看,是一种特殊的交往方式,并非像国际问题那样的冷冰的外在关系,而是我们每一个人来自于内心的内在问题。……当今这个时代的两国存在方式的基本差异,是更为本质的,当两国国民直接开始交往时所产生的问题,我们从今天开始就必须预测到,并且给予认真的关注。①

这是 1972 年中日邦交正常化后,日本学者堀田对中日关系的思考。中日两国邦交正常化至今已有近 50 年,两国关系盘根错节,无差别轰炸、南京大屠杀等事件,在两国间依然是敏感话题,其中的种种缘由令人深思,尤其是对作为加害方的日本而言。

作为受害方的中国应该如何维系和传承这一历史记忆?大轰炸被遗忘多年的缘由是否会被发现,对于大轰炸选择性使用,而对抵抗及其意义的遮蔽或强迫性失忆,是否会超越意识形态的叙事话语而重现,仍有诸多问题值得探讨。

---

① 徐静波.近代日本文化人与上海:1923—1946[M].上海:上海人民出版社,2017:458.

# 结　语

　　昨日的硝烟早已远去,今日万里长空阳光灿烂。为了捍卫我们头顶上的蓝天,多少中外英烈鏖战碧空。他们牺牲时的平均年龄只有 20 多岁,他们要么出身名门望族,要么是时代精英,但时代只留给了他们两个选择:保命或拼命。这批最杰出的时代青年,用大无畏的行动和年轻的生命,向世人展示了什么是时代担当。面对强悍残暴的日本侵略者,不愿做奴隶的炎黄子孙和侠肝义胆的友邦志士们,驾机直冲云霄,与法西斯侵略者展开了空中搏斗。

　　日本蓄意制造九一八事变并迅速侵占东北,使中华民族到了生死存亡的关键时刻,青年学子们在民族危难之际纷纷投笔从戎。日军对锦州实施的无差别大轰炸,使国人更加清醒地认识到来自头顶上的威胁。国民党政府及时制定了防空计划,并加大了航空人才的培养力度,中央航校于 1932 年成立并开始招生。清华大学的沈崇海,齐鲁大学的乐以琴,金陵大学的孟广信、毛瀛初,东吴大学的陈恩伟,之江大学的姜献祥,北平师范大学的张光明,南开中学的张锡祜等,凭借着优秀的身体素质和文化水平,应征为中央航校学员,后都成长为优秀飞行员,在捍卫国家领空的战斗中献出了宝贵的生命。

　　中国空军抗击日本侵略者的作战可以分为两个阶段:第一阶段是 1932 年的一·二八事变期间,刚刚组建的中国空军首次投入抗击日军的空战,揭开了中日空战的序幕;第二阶段是从 1937 年 8 月 13 日淞沪会战开始,至 1945 年 8 月 15 日日本宣布无条件投降,这时中国空军一开始就动用了全部力量投入战斗中,在敌强我弱的情况下,几度濒临覆灭,但先后在苏联空军志愿队和美国空军志愿队的支援下绝地重生,为彻底击败日本侵略者奏响了气壮山河的乐章。

　　抗日战争是一场反对日本侵略的全民战争,也是一场伟大的反法西斯主义的民族解放战争。中国军民前仆后继、不屈不挠,最终在世界的东方战胜了日本军国主义,也付出了惨重的牺牲。在此期间,就空战而言,全国抗战初期,中国空军将士面对强敌毫不畏惧,奋勇杀敌,但由于实力过于悬殊,血洒疆场,几乎损失殆尽。日军凭借强大的军事优势,对中国全面实施了无差别轰炸,企图消弭中国人民的抗日意志。这些轰炸无疑给中国无辜平民带来了巨大的灾难和持久的伤痛,并成为那个黑暗恐怖年代最持久的民众记忆。大轰炸带来的个人、集体和全民族的愤怒,却在客观上有利于民族凝聚力的提升,成为中华民族宝贵的精神财富。

面对日本法西斯的入侵,国民政府利用外交力量,向国际社会及组织控诉日军无差别轰炸的罪行。国际社会虽然在法理和道义上支持中国,但因时局的发展,并未对日军的这一罪行予以制裁。在东京审判中,由于美国干涉及诸多因素的干扰,对无差别轰炸的罪行并未追究。而中国的国内审判也因种种政治因素,几乎放弃了对无差别轰炸罪行的起诉。"胜利者的审判"结果变成"受害者的审判",造成了富有争议的审判悬案。审判的结果造成相关国家对轰炸的性质形成不同的认知,从而导致各方对轰炸记忆的不同建构。历史记忆和无差别轰炸罪行之间的纠葛,甚至影响着中日两国关系的未来走向。无差别轰炸只不过是人类历史中众多屠杀罪行的一种,它们都给民众留下了沉重的历史记忆。如何恰当处理历史记忆和屠杀罪行之间的关系,至今仍是令人深思的课题。

# 参考文献

## 一、档案史料

[1] 空军沿革史初稿[A]. 中国第二历史档案馆, 卷号 787 – 581,1945.

[2] 空军作战防空计划、军事航空港站计划草案等文件[A]. 中国第二历史档案馆, 卷号 787 – 16970,1931.

[3] 空军五年建设及防空计划[A]. 中国第二历史档案馆, 卷号 787 – 16963,1932.

[4] 空军 1933—1939 年建设计划及防日计划[A]. 中国第二历史档案馆, 卷号 787 – 16964,1933.

[5] 空军各队现有飞机一览表(附中部防御计划防空配备图)[A]. 中国第二历史档案馆, 卷号 787 – 16965,1936.

[6] 防空处军事报告[A]. 中国第二历史档案馆, 卷号 787 – 2038,1937.

[7] 防空设施及抗战经过概要(附南京成都汉口贵阳市防空图)[A]. 中国第二历史档案馆, 卷号 787 – 17029,1945.

[8] 防空建筑规划疏开办法及三年建设计划审核会议录[A]. 中国第二历史档案馆, 卷号 787 – 17020,1936.

[9] 中国民用航空航线航站设备及飞机概况图表[A]. 中国第二历史档案馆, 卷号 787 – 16967,1936.

[10] 全国空袭状况之检讨[A]. 中国第二历史档案馆, 卷号 787 – 17013,1942.

[11] 各省防护团组织概况、避难设备、防空机构等调查统计表册[A]. 中国第二历史档案馆, 卷号 787 – 16973,1939.

[12] 民间防空准备方法[A]. 中国第二历史档案馆, 卷号 787 – 17016,1932.

[13] 蒋介石日记(手稿)[A]. 美国斯坦福大学胡佛研究所档案馆,1939 – 05 – 05.

## 二、民国时期报刊

[1] 防空节纪念特刊

[2] 航空杂志

[3] 航空杂志:防空专号

[4] 中国的空军

［5］防空军人

［6］防空

［7］防空月刊

［8］空军

［9］中国画报

［10］群众

［11］日本评论

［12］东方杂志

［13］河南省政府公报

［14］申报

［15］大公报(重庆)


## 三、著作

［1］许蓉生,林成西.国民党空军抗战实录[M].北京:中国档案出版社,1994.

［2］唐学锋.中国空军抗战史[M].成都:四川大学出版社,2000.

［3］陈应明,廖新华.浴血长空:中国空军抗日战史[M].北京:航空工业出版社,2006.

［4］朱力扬.中国空军抗战记忆[M].杭州:浙江大学出版社,2015.

［5］马艳,李继红.抗日大空战:中国空军抗战影像全记录[M].北京:长城出版社,2015.

［6］南京市政协文史资料委员会.蓝天碧血扬国威:中国空军抗战史料[G].北京:中国文史出版社,1990.

［7］《中苏美空军抗日空战纪实》编委会.中苏美空军抗日空战纪实[M].北京:华艺出版社,2015.

［8］卓献书.战时国土防空之理论与实际[M].上海:商务印书馆,1934.

［9］黄镇球.国民防空须知[M].南京:国民周刊社,1936.

［10］袁成毅.抗日战争时期国民政府对日防空研究:1931—1945[M].北京:中国社会科学出版社,2016.

［11］郭长禄.论日机轰炸我国之违法[M].南京:中山文化教育馆,1938.

［12］徐朝鉴,王孝询.重庆大轰炸[M].重庆:西南师范大学出版社,2002.

［13］谢世康.川渝大轰炸:抗战时期日机轰炸四川史实研究[M].成都:西南交通大学出版社,2005.

［14］前田哲男.从重庆通往伦敦、东京、广岛的道路:二战时期的战略大轰炸[M].王希亮,译.

重庆:重庆出版社,2015.

[15] 利里. 龙之翼:中国航空公司和中国商业航空的发展[M]. 徐克继,译. 北京:科学技术文献出版社,1990.

[16] 姚峻. 中国航空史[M]. 郑州:大象出版社,1998.

[17] 孟赤兵,李周书. 神鹰凌空:中国航空史话[M]. 北京:北京航空航天大学出版社,2003.

[18] 欧阳杰. 中国近代机场建设史[M]. 北京:航空工业出版社,2008.

[19] 渠长根. 笕桥中央航校史话[M]. 北京:中国言实出版社,2009.

[20] 渠长根. 民国杭州航空史[M]. 杭州:杭州出版社,2012.

[21] 杜黑. 制空权[M]. 曹毅风,华人杰,译. 北京:解放军出版社,1986.

[22] 陈绍祖. 长空博击的飞机[M]. 南京:江苏科学技术出版社,2004.

[23] 李德顺. 航空兵与空战[M]. 北京:航空工业出版社,2007.

[24] 陈诚. 八年抗战经过概要[M]. 南京:国防部史政局,1946.

[25] 陈诚. 陈诚回忆录:抗日战争[M]. 北京:东方出版社,2009.

[26] 何应钦. 何上将抗战期间军事报告[M]. 上海:上海书店,1948.

[27] 何应钦. 八年抗战之经过[M]. 台北:文海出版社,1972.

[28] 蒋纬国. 国民革命战争史:第3部(抗日御侮 第2卷)[M]. 台北:黎明文化事业股份有限公司,1978.

[29] 军事科学院军事历史研究部. 中国抗日战争[M]. 北京:解放军出版社,2005.

[30] 张其昀. 抗日战史[M]. 台北:新亚出版社,1966.

[31] 秦孝仪. 中华民国重要史料初编:对日抗战时期(绪编1)[G]. 台北:中国国民党中央委员会党史委员会,1981.

[32] 秦孝仪. 中华民国重要史料初编:对日抗战时期(第2编 作战经过3)[G]. 台北:中国国民党中央委员会党史委员会,1981.

[33] 秦孝仪. 中华民国重要史料初编:对日抗战时期(第3编 战时外交1)[G]. 台北:中国国民党中央委员会党史委员会,1981.

[34] 中国第二历史档案馆. 抗日战争正面战场[A]. 南京:凤凰出版社,2005.

[35] 湖南省档案馆,中国第二历史档案馆. 抗日战争湖南战场史料[A]. 长沙:湖南人民出版社,2012.

[36] 罗玉明. 抗日战争时期的湖南战场[M]. 上海:学林出版社,2002.

[37] 郑光路. 被遗忘的抗战史:四川大抗战[M]. 2版. 成都:四川人民出版社,2015.

[38] 袁成毅,丁贤勇. 烽火岁月中的记忆:浙江抗日战争口述访谈[M]. 北京:北京图书馆出版

社,2007.

[39] 日本防卫厅防卫研究所战史室.中华民国史资料丛稿:译稿(中国事变陆军作战史 第1卷第1分册)[M].田琪之,译,北京:中华书局,1979.

[40] 日本防卫厅防卫研究所战史室.中华民国史资料丛稿:译稿(中国事变陆军作战史 第3卷2分册)[M].田琪之,齐福霖,译.北京:中华书局,1983.

[41] 日本防卫厅防卫研究所战史室.中华民国史资料丛稿:译稿(1号作战之一 河南会战上)[M].天津市政协编译委员会,译.北京:中华书局,1982.

[42] 日本防卫厅防卫研究所战史室.中华民国史资料丛稿:译稿(昭和十七、八年的中国派遣军)[M].高书全,译.北京:中华书局,1984.

[43] 日本防卫厅防卫研究所战史室.中华民国史资料丛稿:译稿(日本海军在中国作战)[M].天津市政协编译委员会,译.北京:中华书局,1991.

[44] 日本防卫厅战史室.日本军国主义侵华资料长编:《大本营陆军部》摘译[G].天津市政协编译委员会,译校.成都:四川人民出版社,1987.

[45] 防衛庁防衛研究所戦史室.中国側陆军航空作戦[M].東京:朝雲新聞社,1974.

[46] 防衛庁防衛研究所戦史室.大本営陸军省[M].東京:朝雲新聞社,1983.

[47] 防衛庁防衛研究所戦史室.満州方面陸軍航空作戦[M].東京:朝雲新聞社,1972.

[48] 防衛庁防衛研究所戦史室.陸軍航空兵器[M].東京:朝雲新聞社,1975.

[49] 防衛庁防衛研究所戦史室.海軍航空概史[M].東京:朝雲新聞社,1983.

[50] 石源华.中华民国外交史[M].上海:上海人民出版社,1994.

[51] 岳谦厚.顾维钧与抗日外交[M].石家庄:河北人民出版社,1998.

[52] 沈庆林.中国抗战时期的国际援助[M].上海:上海人民出版社,2000.

[53] 韩永利.美国"先德后日"战略与中国抗日战场:1941—1945[D].武汉:武汉大学出版社,2000.

[54] 龚学遂.中国战时交通史[M].上海:商务印书馆,1947.

[55] 徐万民.战争生命线:国际交通与八年抗战[M].桂林:广西师范大学出版社,1995.

[56] 刘凤翰.国民党军事制度史[M].北京:中国大百科全书出版社,2009.

[57] 杨志本.中华民国海军史料[M].北京:海洋出版社,1987.

[58] 宋元鹏.上海民防志[M].上海:上海社会科学院出版社,2001.

[59] 井上清,铃木正四.日本近代史[M].杨辉,译.北京:商务印书馆,1972.

[60] 徐勇.军事系列征服之梦:日本侵华战略[M].桂林:广西师范大学出版社,1993.

[61] 平田晋策.日本陆军读本[M].训练总监部军学编译处,译.南京:军用图书社,1936.

[62] 外山三郎. 日本海军史[M]. 龚建国, 方希和, 译. 北京: 解放军出版社, 1988.

[63] 服部卓四郎. 大东亚战争全史[M]. 易显石, 金明善, 路甲印, 等, 译校. 北京: 商务印书馆, 1984.

[64] 关宽治, 岛田俊彦. 满洲事变[M]. 王振锁, 王家骅, 译. 上海: 上海译文出版社, 1983.

[65] 费尔顿. 日本宪兵队秘史: 亚洲战场上的谋杀、暴力和酷刑[M]. 李学华, 译. 重庆: 重庆出版社, 2017.

[66] 中国人民政治协商会议四川省成都市委员会文史资料研究委员会. 成都文史资料选辑: 第11辑(纪念抗日战争胜利四十周年专辑之3)[M]. 成都: 中国人民政治协商会议四川省成都市委员会文史资料研究委员会, 1985.

[67] 中国人民政治协商会议重庆市委员会学习及文史委员会. 重庆文史资料: 第9辑[M]. 重庆: 西南师范大学出版社, 2006.

[68] 德宏史志办公室. 德宏史志资料: 第2集[M]. 德宏: 德宏民族出版社, 1986.

[69] 陈云枢. 苍梧县志[M]. 南宁: 广西人民出版社, 1997.

[70] 哈布瓦赫. 论集体记忆[M]. 毕然, 郭金华, 译. 上海: 上海人民出版社, 2002.

[71] 徐静波. 近代日本文化人与上海: 1923—1946[M]. 上海: 上海人民出版社, 2017.

[72] 伊香俊哉. 战争的记忆: 日中两国的共鸣和争执[M]. 韩毅飞, 译. 北京: 社会科学文献出版社, 2016.

[73] 中山大学历史系孙中山研究室, 广东省社会科学院历史研究所, 中国社会科学院近代史研究所中华民国史研究室. 孙中山全集: 第5卷[M]. 北京: 中华书局, 1985.

[74] 《产经新闻》社. 蒋介石秘录: 第3卷[M].《蒋介石秘录》翻译组, 译. 长沙: 湖南人民出版社, 1988.

[75] 罗斯福. 罗斯福选集[M]. 关在汉, 编译. 北京: 商务印书馆, 1982.

[76] 杜鲁门. 杜鲁门回忆录[M]. 李石, 译. 北京: 东方出版社, 2007.

[77] 冈村宁次. 冈村宁次回忆录[M]. 天津市政协编译委员会, 译. 北京: 中华书局, 1981.

[78] 华西列夫斯基. 毕生的事业[M]. 柯雄, 译. 北京: 生活·读书·新知三联书店, 1977.

[79] 陈纳德. 飞虎将军陈纳德回忆录[M]. 王湄, 黄宜思, 等, 译. 杭州: 浙江文艺出版社, 1998.

[80] 舒尔茨. 陈纳德与飞虎队: 独行其是的战争[M]. 于力, 译. 昆明: 云南人民出版社, 1989.

[81] 陈香梅. 陈纳德与飞虎队[M]. 金光耀, 石源华, 译. 上海: 上海人民出版社, 1986.

[82] 斯诺. 为亚洲而战[M]. 北京: 新华出版社, 1984.

[83] 怀特, 雅各布. 风暴遍中国[M]. 王健康, 康元非, 译. 北京: 解放军出版社, 1985.

[84] 贝克. 一个美国人看旧中国[M]. 朱启明, 赵叔翼, 译. 北京: 三联书店, 1987.

[85] 郭沫若.郭沫若全集:第 2 卷[M].北京:人民文学出版社,1982.

[86] 朱自清.朱自清全集:第 3 卷[M].南京:江苏教育出版社,1996.

[87] 葛翠琳.茅盾作品精选[M].石家庄:河北少年儿童出版社,1997.

[88] 唐纵.在蒋介石身边八年:侍从室高级幕僚唐纵日记[M].北京:群众出版社,1991.

[89] 吴景平.宋子文生平与资料文献研究.上海:复旦大学出版社,2010.

[90] 戈宝权.中国抗日战争时期大后方文学书系:第 10 编(外国人士作品).重庆:重庆出版社,1989.

[91] 碧野.中国抗日战争时期大后方文学书系:第 4 编(报告文学第 1 集).重庆:重庆出版社,1989.

[92] 碧野.中国抗日战争时期大后方文学书系:第 4 编(报告文学第 3 集).重庆:重庆出版社,1989.

[93] 秦牧.中国抗日战争时期大后方文学书系:第 5 编(散文·杂文).重庆:重庆出版社,1989.

[94] 朝日新聞法廷記録団.東京審判[M].東京:東京裁判刊行会,1962.

[95] 武田泰淳,堀田善卫.対話 私はもう中国を語らない[M].东京:朝日新闻社,1973.

[96] 法務大臣官房司法法制調查部.戦争犯罪審判史要[M].東京:法務大臣官房司法法制調度部,1973.

[97] 角田順.石原にっこり資料·国防倫理策[M].東京:原書房,1972.

[98] 外務省.日米交渉資料:第 2 部(日米交渉 経緯部)[M].東京:原書房,1978.

[99] давай. давай. Чудоджиев. над Китаем (1937 м / 1940):мемуары советских летчиков - волонтеров[M]. Москва: Советская научная пресса,1980.

## 四、论文

[1] 高晓星.日军航空队袭击南京的暴行[J].抗日战争史研究,1998(1).

[2] 袁成毅.国民政府防空建设史料整理与研究述评[J].抗日战争研究,2011(3).

[3] 潘洵,高佳.抗战时期侵华日军"轰炸记忆"的演变与建构:以"重庆大轰炸"为中心的考察[J].西南大学学报(社会科学版),2018(6).

[4] 秦军."鸿翔部队":中国伞兵第一团[J].钟山风雨,2008(4).

[5] 罗玉明.湘西会战简论[J].怀化学院学报(社会科学),2006(9).

[6] 蒲元华.血肉筑成的生命线:记滇缅、中印公路及"驼峰航线"的开辟[J].文史精华,1998(12).

[7] 陈应明,廖新华.胜利日:从豫湘桂到芷江[J].国际展望,2003(19).

[8] 王恩收.二战时期美国对日本的大轰炸[J].档案时空,2014(7).

[9] 刘祯贵.抗战时期四川"特种工程"修建始末[J].成都大学学报(社会科学版),1998(2).

[10] 祁雪春.中美空军在长衡会战中联合作战述评[J].中共桂林市委党校学报,2016(1).

[11] 李玉贞.抗日战争时期的中国空军和空战[J].百年潮,2005(8).

[12] 王猛.豫湘桂溃败原因再探讨:以河南会战日军为中心[J].黑龙江史志,2013(10).

[13] 钟启河.试论日本发动豫湘桂战役的原因[J].湘潭大学学报(社会科学版),1985(4).

[14] 李浩."飞虎队"偷袭新竹机场:盟国空军对台湾日军基地的首次空袭[J].环球军事,
     2003(17).

[15] 罗裕庭.略论中美空军在常德会战中的对日作战[J].湖南文理学院学报(社会科学版),
     2005(4).

[16] 马毓福.抗日战争期间的中美空军混合团[J].军事历史,1996(3).

[17] 王晓华.陈纳德航空队对中国抗战的贡献[J].民国春秋,1995(6).

[18] 吕传彬.抗日空军英雄周志开[J].军事文摘,2018(21).

[19] 谭玉龙.试论鄂西空战与中国战场空战的转折[J].湖南行政学院学报,2017(4).

[20] 顾学稼,姚波.美国在华空军与中国的抗日战争:1941年8月—1945年3月[J].美国研
     究,1989(4).

[21] 杨善.宁绍战役和浙赣战役始末[J].浙江档案,2005(6).

[22] 棵拉卡.《重庆日记》之盟军轰炸东京4[J].郑越,译.红岩春秋,2018(5).

[23] 谭刚."驼峰"航线与美国对华援助[J].长白学刊,2007(2).

[24] 徐康明.援华抗日的美国"飞虎队"[J].云南大学学报(社会科学版),2004(3).

[25] 要秋霞.远去的雄鹰:中国空军斗士金雯[J].台声,2015(7).

[26] 刘怡.志愿队大战正规军:陈纳德与"飞虎队"的诞生[J].同舟共进,2018(12).

[27] 唐学锋.让中国空军蒙羞的天水事件[J].红岩春秋,2019(6).

[28] 颜梅生.苏联空军志愿队:抗战中的另一支"飞虎队"[J].湖北档案,2015(7).

[29] 高晓星.侵华战争中的日本海军航空队[J].民国春秋,1996(2).

[30] 高萍萍.1932年中日空军第一次交锋[J].钟山风雨,2015(5).

[31] 程薇薇.孙中山与航空救国[J].档案与建设,2016(10).

[32] 陈文敬.华侨"航空救国"建功勋[J].福建党史月刊,1995(6).

[33] 何岸.中国航空之父冯如[J].源流,2009(9).

[34] 梁家林.冯如[J].历史教学,1981(12).

# 后 记

在纪念中国人民抗日战争胜利七十五周年之际,拙著《抗日战争时期的空战与历史记忆》也即将付梓,在此要对多年来关心我的家人、老师、学友、同行专家等致以诚挚的感谢。扪心自问,若没有家人的支持、各位老师的指导和培养,没有学友的无私帮助,没有同行专家的研究成果为笔者提供参考,本书是难以完成的。

家人的支持是我投入写作的保障,感谢爱人应静娜 20 多年来对我工作和学习的支持。有了你的支持,我才敢"铤而走险",辞掉 12 年的中学教师工作去读全日制研究生;有了你的支持,我才能心无旁骛地进行学术研究。感谢儿子黄宇哲,你在 2019 年高考填报志愿时把北京航空航天大学作为首选,虽因差了 2 分没能如愿,最终被华中科技大学机械工程学院录取,但你从小树立的科技强国志向让我感到欣慰。你大一的学习任务非常繁重,当我需要苏联空军志愿队的相关资料时,你和几位同学利用周末时间,前往汉口解放公园苏联空军志愿队烈士墓等地拍摄,丰富了本书的图片资料。

作为抗日战争空军作战史研究的新人,我首先要感谢的是杭州师范大学历史系的袁成毅教授、丁贤勇教授、陶士和教授、陶水木教授、潘国琪教授,五位恩师在我负笈杭城求学期间,对我进行的教育和培养让我受益终身。自 2009 年研究生毕业以来,我一直在党校从事党史教学。凭着多年来对抗日战争史的兴趣,我计划把当年撰写硕士论文时搜集的史料进行整理,出版一部关于中国空军抗战的专著。我自知学术功底薄弱,怀着忐忑的心情向恩师袁成毅教授进行咨询,得到老师的大力支持和积极鼓励。袁老师又给我这个毕业了十年的弟子悉心的学术指导,并将多年积累的与空战相关的电子和纸质史料全都送给了我。袁老师怕耽误我回舟山的乘车时间,电话中坚持要冒雨到路边等我。当我坐出租车赶来时,恩师已在雨中等了十多分钟。从略显苍老的恩师手中接过资料时,我的心中油然升起一股感动和敬意,您不仅教会了我如何做研究,更让我学会了如何做人!

还要特别感谢浙江理工大学马克思主义学院院长渠长根教授,他不仅爽快地答应为本书撰写序言,还把我的书稿从头到尾仔细地批改了一遍。打开回复的稿件,看到那些详细的批注,不禁让我想起了十多年前在杭州读研究生的快乐时光。因为之前就认识渠老师这个老乡,我经常到浙江理工大学去蹭课。渠老师能把枯燥的历史知识用生动的语言讲得鲜活,如邻家大哥讲故事般娓娓道来,让那些怀疑一切的青年学生心悦诚服,亲切地称他为"根叔"。他多次被评选为浙江理工大学学生最喜爱的老师,这是有原因的。渠老师一直把我这个小老乡当作弟子一般培养,我除在学术上受益外,还乐得在周末能跟随渠老师一起逛逛西湖,品品龙井茶,蹭些吃喝。我记得这是渠老师除硕士论文外帮我第二次修改"长篇大作"了,感谢渠老师的辛勤付出,让这本书更加规范和完整。

本书中引用的很多史料,来源于杭州师范大学浙江民国史研究中心、浙江省档案馆、浙江图书馆、中国第二历史档案馆、南京图书馆、南京抗日航空烈士纪念馆等,在此一并致谢。在写作过程中,我拜读了中山纪念馆原文史室主任范方镇先生、南京大学孙江教授等学术前辈们的研究成果,受益匪浅。《民国档案》编辑部的杨斌主编对本书的初稿进行了指导,并提出了宝贵的修改意见,在此表示感谢。感谢华中师范大学的刘来兵博士,他为本书中涉及的武汉空战和重庆大轰炸提供了诸多材料。

为了丰富本书的史料,经渠长根教授推荐,我电话预约了杭州笕桥抗战纪念馆的高建法馆长。他在繁忙的工作中特意抽出半天时间,陪同我参观了他的个人收藏。当看到那些上百平方米房间都无处安放的抗日战争时期的实物、文件、书籍时,我完全被震撼了,这些藏品从海峡两岸、美国等各地通过各种渠道搜集而来,具有非常高的史料价值。藏品中大部分都与杭州笕桥机场、笕桥中央航空学校及笕桥飞机制造厂等相关。交谈中才得知,高馆长用了几十年的精力和几百万的资金才把这个收藏馆建立起来。我问他为什么要把自己的身家性命押在这个馆上时,他非常纯朴地回答我:"因为我是笕桥人,我爱笕桥,更为笕桥这个小地方能在抗战中发挥那么重要的作用而骄傲。我要为自己的家乡做些什么,希望通过我的努力,能使后代的孩子们了解笕桥的历史。"我为他保护笕桥抗战时期的历史遗存和挖掘本地文化资源的情怀所感动,正是因为有这些富有历史文化情怀的民间收藏家,我们的历史才能够接地气,才能有更强的生命力,我们的历史研究才能有更丰富的史料,人们才能更加全面深入地了解历史的真面目。

　　这本书能够成稿,还要感谢杭州师范大学历史系 2009 届的研究生集体。正如校友马云先生所说:"杭州师范大学是世界上最好的大学!"我非常幸运,能够在这世界上最好的大学里读书,遇到了世界上最好的导师,结识了世界上最好的同学,他们是潘标、陶荣、刘大伟、王大伟、陈国连、胡兵、汪晓浩、王志、揭丽萍。我们这届有十个研究生,是杭州师范大学历史系成立以来研究生招生数量最多的一届,共有五位导师。我们在校园里是团结奋进的集体,毕业十几年来,大家虽各自奋斗在不同战线上,但彼此仍然切磋、交流学问,精诚友爱的传统从未丢失,这使我在繁重的工作之余,还能留意学术研究,砥砺前行。因为有这个团队的支撑、各位同学的督促和激励,我才有了出版此书的想法和冲动。陶荣对本书的框架和逻辑方面进行了"打磨",潘标和刘大伟为史料的搜集和引用"出谋划策",胡兵等几位同学是我书稿的第一批"读者"和"拍砖人"。毋庸置疑,如没有我们杭州师范大学历史系 2009 届研究生集体的团结合作和给我的无私帮助,我将无法顺利完成此书。在此,我要再一次向他们致以崇高的敬意!一切的一切,缘于 2006 年在母校的萍水相逢!正是有了你、我、他(她),杭州师范大学才是世界上最好的大学! 2019 年杭州师范大学历史系 2009 届研究生十年聚会的标语是:"十同门十年,忆往昔峥嵘岁月今约重聚;五导师吾爱,度未来百舸争流学不停歇。"我定以此自勉!

　　在舟山市委党校领导的支持和同事们的帮助下,书稿被列为 2021 年度浙江省社科联社科普及年度课题,此书也成为"浙江省社科联社科普及课题成果",并得到浙江省社科联 3 万元的资助。感谢浙江省社科联和中共舟山市委党校的领导们对此书出版的支持和鼓励。

　　本书的出版,离不开国家图书馆出版社的大力支持,感谢总编辑殷梦霞和责任编辑李强为此书的辛勤付出。李强编辑对本书的每个字句都进行了规范和把关,为本书的出版付出的精力,绝不亚于我这个作者。通过这本书的撰写和出版,我真正体味到了做学问的艰辛,更加理解了编辑们的不易!我只能用"感谢"来表达对编辑们的敬意:编辑们,你们辛苦了!

黄正光

2020 年 4 月